Kohlhammer
Urban-
Taschenbücher
T-Reihe

Band 628

Gert Otto

Predigt als Rede

Über die Wechselwirkungen von Homiletik und Rhetorik

Verlag W. Kohlhammer
Stuttgart Berlin Köln Mainz

CIP-Kurztitelaufnahme der Deutschen Bibliothek

Otto, Gert
Predigt als Rede: über die Wechselwirkungen
von Homiletik und Rhetorik.
1. Aufl.
Stuttgart Berlin Köln Mainz:
Kohlhammer 1976.
(Urban-Taschenbücher; Bd. 628: T-Reihe)
ISBN 3-17-002985-1

Verlagsort: Stuttgart
Umschlag: hace
Gesamtherstellung: W. Kohlhammer GmbH
Grafischer Großbetrieb Stuttgart
Printed in Germany

Vorwort

Ich möchte, um es vorweg zu sagen, mit diesem Buch die herrschende Lehre von der Predigt in Frage stellen und ein „neues“ Predigtverständnis in die Debatte bringen, ein Verständnis der Predigt, das sie als das nimmt, was sie ist: *Rede* – also haben wir es mit *Rhetorik* zu tun. Was so selbstverständlich klingt, ist es doch nicht, wie man in der Predigtlehre seit Karl Barth und Rudolf Bultmann, aber in ihrem Schatten bis heute, lernen kann.

Um das Buch so lesbar wie möglich zu machen, gerade auch für die, die Woche für Woche *predigen* müssen und deswegen nur in Grenzen bereit sind, etwas *über* das Predigen zu lesen, stricke ich mit zwei Fäden:

- in normalem Druck wird schrittweise der Grundgedanke entwickelt, zur Erprobung, zur Überprüfung an eigener Praxis, zum alsbaldigen Verbrauch bestimmt;
- davon abgesetzt, in anderer Drucktype, werden ergänzend zum Grundgedanken Belege, Materialien, Hintergründe dargeboten, für diejenigen, die die Probleme weiterverfolgen wollen, für Seminare oder Arbeitsgemeinschaften.

Das Buch wäre nicht entstanden ohne die eigene Lust am Predigen – und nicht ohne die sie immer begleitenden Zweifel: Ist's möglich? Darf der Monolog sein? Hat's Sinn? Was habe ich denn zu sagen? Und wie?

Denen, die die Lust teilen und die Zweifel nicht minder, in Mainz und anderswo, ist das Buch gewidmet.

Mainz/Salzburg, im Winter 1976 *Gert Otto*

Abkürzungen in den Literaturangaben

dtv	Deutscher Taschenbuch Verlag
dtv – sr	Deutscher Taschenbuch Verlag – Sonderreihe
es	edition suhrkamp
FAT	Fischer Athenäum Taschenbücher
LTW	List Taschenbücher der Wissenschaft
rororo	Rowohlt Taschenbuch
SL	Sammlung Luchterhand
st	suhrkamp taschenbuch
stw	suhrkamp taschenbuch wissenschaft
TB	Taschenbuch
UT	Urban-Taschenbücher
UTB	Uni-Taschenbücher

Inhalt

0. Verständigung mit dem Leser

Rhetorik, rhetorisch meint im deutschen Sprachgebrauch: glanzvolle Rede, *formal* gekonnt – was immer auch der Inhalt sei. Wer also von Rhetorik spricht, ist bei uns abgestempelt. Was könnte er anders meinen als schön schimmernde Außenseiten?

Ich bitte den Leser, dieses *Vorurteil,* also die mitgebrachte Meinung, was Rhetorik sei oder vermöge, vorerst aufzugeben – nur um zu überprüfen, ob es sich dennoch bestätigt, ob es also in der Rhetorik wirklich nur ums Äußerliche, nur ums Formale geht. Denn das ist die Frage.

Ich biete ein anderes Vorurteil an, auch ein *Vorurteil,* das nicht minder zur Überprüfung ansteht. Mein Vorurteil – es hat übrigens ebenso ehrwürdige Väter wie das andere – lautet so:

Wahrheit ist nicht zu haben ohne den Prozeß der *Wahrheitsfindung* und der *Mitteilung* von Wahrheit. Was wahr ist, ist nicht per se wahr, sondern in Auseinandersetzung mit dem, was unwahr ist, und es ist wahr für die, denen ich es mitteilen will. Mit dem *Weg,* auf dem ich Wahrheit finde, und mit der *Weise,* sie andern mitzuteilen, damit es *ihre* Wahrheit werde, hat es Rhetorik zu tun.

Das heißt: Wahrheit ist nicht eine Substanz, von der ich die Form ihrer Verbreitung abtrennen könnte. Freilich, wenn man diesen Satz bestreitet, dann ist Rhetorik in der Tat etwas, wie man gern sagt, nur »Formales«. Mit diesem Rhetorik-Verständnis wird hier nicht gearbeitet.

In diesem Buch wird Rhetorik, unter Berufung auf ihre beste inhaltliche Tradition und gegen ihren eigenen Formalismus, bei ihrer stärksten Seite genommen. Rhetorik ist das Stichwort, das den komplexen Prozeß signalisiert, in dem es geht: um das *Finden* von *Wahrheit,* die *mitteilbar* gemacht werden soll für *Zeitgenossen.* In diesem Sinne ist hier von Rhetorik die Rede.

Daß dies alles im Blick auf *Predigt* geschieht, wird manchen zusätzlich irritieren, weil wir gewöhnt worden sind, Predigt *theologisch,* nicht aber rhetorisch zu betrachten. Das ist eine vergleichsweise moderne Gewohnheit – und hier bitte ich den Leser ein zweites Mal, mitgebrachte Vorentscheidungen für eine kurze Zeit aufzugeben, um *mein* Vorurteil zu überprüfen: Predigt gehört in die Rhetorik hinein, weil sie eine genuine Redesituation darstellt (was übrigens in der Rhetorik noch nie jemand zu bestreiten in den Sinn gekommen ist, sondern nur in der Theologie; die Geschichte der Rhetorik ist nämlich ohne die Geschichte der Predigt und der Predigtlehre gar nicht denkbar).

Wie gesagt: Für den Leser seien dies Vourteile – sie stehen der Überprüfung, der Widerlegung oder auch der Bewahrheitung offen. Worum es mir geht, ist der Versuch, Rhetorik als inhaltliche Kategorie für die Predigt zu verstehen, wobei die Form immer zum Inhalt gehört. So wie es Konfuzius auf seine Weise verdeutlicht hat:

»Wenn die Sprache nicht stimmt, so ist das, was gesagt wird, nicht das, was gemeint ist; ist das, was gesagt wird, nicht das, was gemeint ist, so kommen die Werke nicht zustande; kommen die Werke nicht zustande, so gedeihen Moral und Kunst nicht; gedeihen Moral und Kunst nicht, so trifft die Justiz nicht; trifft die Justiz nicht, so weiß die Nation nicht, wohin Hand und Fuß setzen. Also dulde man keine Willkürlichkeit in den Worten. Das ist es, worauf alles ankommt.«

Ich möchte mit diesen Hinweisen von vornherein über mein Interesse und mein Ziel keinen Zweifel lassen, damit sich der Leser darauf einstellen kann, und sei es, um sich zu wehren. Weil ich dies erwarte – denn es ist des Lesers Recht –, werde ich nichts unversucht lassen, den geneigten oder abgeneigten Leser zu überzeugen. Darum habe ich auch für die Mitteilung des Hauptgedankens (siehe Vorwort) der bei uns zu Lande als »wissenschaftlich« geltenden kühlen Distanz gegenüber dem Gegenstand wie dem Adressaten den Abschied gegeben.

Ich kann und mag hier nicht »distanziert« oder »objektiv« reden, und ich scheue die Mitteilung des subjektiven Engagements nicht, soweit meine Argumente dafür reichen. Vielleicht gelingt es auf diese Weise, ein Buch zu schreiben, das der Praxis annähernd gerecht wird – was ja wohl heißen wird: das die Praxis verändern, verbessern hilft. Insofern ist das Buch selber ein »rhetorisches« Experiment. Ob es zugleich nach andern Maßstäben »wissenschaftlich« genug ist, ist mir ziemlich gleichgültig, wie vermutlich auch den Lesern, die ich mir wünsche.

1. Vorklärungen und Ausgangspunkte

1.1. Zur gegenwärtigen Problematik von Predigt und Homiletik

1.1.1. Zu Situation und Wertung der Predigt

Allgemeine Urteile

Der durchschnittliche außerkirchliche Sprachgebrauch ist verräterisch. In Willy Brandts großer Rede vor der Vollversammlung der Vereinten Nationen am 26. September 1973 – anläßlich der Aufnahme der Bundesrepublik – findet sich eine allein durch die Wortwahl bezeichnende Passage. Nach eher analytischen Ausführungen über Konfliktsituationen im weltweiten Maßstab fährt Brandt fort: »Ich *predige* dabei kein konfliktloses, kein spannungsloses Dasein. Das wäre eine blutarme Illusion. Ich *rede* von den fruchtlosen und negativen Konflikten, die uns täglich bestätigen, daß der Mensch in Furcht vor dem Menschen fähig ist, sich selbst zu zerstören.«
Was zeigt sich hier wie in einem Brennspiegel? Das Wort »predigen« legt sich für Brandt nahe, wo es um eine unwirkliche Sicht der Welt geht, um die – gemessen an den wahren Zuständen – naive Vorstellung eines konfliktlosen, spannungslosen Daseins. »Predigen« steht also hier für »blutarme Illusion«. Der parallel gebaute Folgesatz, in dem die Realität hart dagegen gehalten wird, beginnt mit einem vom Redner offensichtlich ebenfalls als gegensätzlich empfundenen Verb: »Ich *rede* von . . .«
Das zugespitzte Beispiel kann für viele andere stehen. Der Sprachgebrauch dokumentiert die Predigtverdrossenheit des Zeitgenossen. Und schon im Sprachgebrauch ist der Lasterkatalog enthalten, den man auf näheres Befragen von vielen zu hören bekommen kann. Daß er durch Einzelbeispiele immer auch widerlegt werden kann, darf nicht hindern, ihn ernsthaft zur Kenntnis zu nehmen. Die Hauptvorwürfe, die sich in der Tat allesamt am Material von Predigten verifizieren lassen, kann man so zusammenfassen:
– Ich, als Hörer, komme mit meinem konkreten Leben, mit meinen Problemen in der Predigt nicht vor.
– Die Predigt ist so allgemein oder so abstrakt, daß sie nichts-

sagend ist, wo sie konkret sein müßte, wenn ich verstehen soll, was gemeint ist.
– Die theologischen Probleme, die der Prediger verhandelt, mögen *seine* Fragen betreffen – *meine* Fragen sind es nicht.
– Ich will nicht dauernd mit dem moralischen Zeigefinger bedroht werden, auch nicht die Schelte bekommen, die denen gilt, die nicht zuhören.
Diese Einwände tauchen in zahllosen Variationen auf. Es ist einfach, viele mit diesen Einwänden zusammenhängende Mißverständnisse, sicher auch Ungerechtigkeiten, zu erklären – zu einfach. Denn der Tatbestand bleibt bestehen: So reagieren viele auf viele Predigten. Dies ist zur Kenntnis zu nehmen, ehe man es wegerklärt. Denn es könnte ja sein, daß es mit der durchschnittlichen Predigt zusammenhängt, selbst wenn es komplizierter ist, als die Vorwürfe vermuten lassen? Deswegen muß die Lehre von der Predigt solche Einwände und Pauschalurteile zum Ausgangspunkt der Überlegung machen, statt sie durch dogmatische Setzungen, durch fachtheologische Axiome oder steile Prämissen zu überspielen.
Anders gesagt: In den Ansatz des Nachdenkens über die Predigt als Rede gehört die Reaktion des Hörers auf die Rede *grundlegend* hinein. Und die öffentliche Reaktion – also die der Nichtkirchgänger vor allem – aufs Predigen schwankt zwischen belanglos, langweilig und überflüssig. Ist ein Predigtverständnis denkbar, ist eine Wahrnehmung der Predigtaufgabe möglich, die geeignet wären, dieses Urteil zu widerlegen?

Erwartungen der Predigthörer

Dem Allgemeinurteil der Öffentlichkeit steht das Bild gegenüber, das sich aus Erwartungen, Einschätzungen und Wertungen der Gemeindeglieder ergibt. Trotz aller Vorbehalte, die gegenüber Meinungsumfragen, speziell im kirchlich-religiösen Bereich, bestehen, sind die beiden empirischen Untersuchungen der VELKD und der EKD über Gottesdienst und Kirchlichkeit für uns aufschlußreich.
»Die Predigt ist wesentliches Element des Gottesdienstes. Gefragt, weswegen man zur Kirche gehe, suchen ... 45 % der Kirchenbesucher im weitesten Sinne die Antwort heraus: wegen der Predigt« (91).* Die knappe Hälfte der Gottesdienstbesucher begegnet nach der VELKD-Untersuchung der Predigt mit er-

* Für Zitate sind die bibliographischen Angaben jeweils dem am Ende des Kapitels stehenden Abschnitt »Belege, Materialien, Hintergründe« zu entnehmen; die Seitenangaben sind im Text in Klammern beigefügt.

heblichen Erwartungen. Dies scheint mir aufschlußreicher als das andere Ergebnis, daß 75 % als Predigtthema das »Wort Gottes« wünschen, aber nur 10 % »Politische Tagesfragen«; hier verfehlt die Themenliste eindeutig die Problematik und führt die Befragten auf falsche Wege: Wenn man »Wort Gottes« als abgelöstes Thema gegenüber andern selbständigen Themen wie »Gewissen«, »Mensch und Gesellschaft« oder eben »Politische Tagesfragen« zur Auswahl anbietet, so suggeriert man den Befragten, daß eine solche unsinnige Aufteilung möglich sei – und sie fallen prompt darauf herein (was freilich auch etwas sagt, und zwar über das, was sie z. B. in Predigten gelernt haben).
Inhaltlich ergiebiger ist in diesem Zusammenhang die Auswertung der EKD-Erhebung. Hier zeigt sich, daß sich, gegenläufig zu verbreiteter theologischer Kritik, positive Erwartungen gegenüber der Kirche vorzugsweise im Zusammenhang der Amtshandlungen ausdrücken. »Das sind Handlungen, in denen sich das kirchliche Angebot mit wichtigen lebensgeschichtlichen und sozialen Bedürfnissen der Mitglieder besonders deutlich verschränkt« (236). Die Interpretation dieser Beobachtung lautet: »Je stärker das liturgische Handeln und die Predigt der Kirche auf die lebensgeschichtlichen und sozialen Bedürfnisse der Mitglieder (an deren Ernst und gleichsam evangelischer Berechtigung und Relevanz nicht gezweifelt werden kann) eingehen, desto größer ist die Nachfrage und die Teilnahme« (240).
Daraus wird hinsichtlich der Bedeutung und Funktion des Gottesdienstes und der Predigt – und zwar jetzt verallgemeinernd: des Sonntagsgottesdienstes und der Sonntagspredigt, nicht der sog. Amtshandlungen – im Erwartungshorizont des Gottesdienstbesuchers die Folgerung gezogen: Sie erfüllen offensichtlich bestehende Erwartungen nicht zureichend. Vielmehr zeigt sich in ihrem Angebot »ein Defizit an lebensgeschichtlich und sozial relevanter Religion, letztlich ein Mißlingen von Kommunikation und Interpretation. Daß dieses Mißlingen ein zwangsläufiges Ergebnis schicksalhaft sich vollziehender gesellschaftlicher Prozesse sei, kann nicht als ausgemacht gelten« (240).
Nimmt man jetzt das öffentliche Pauschalurteil über die Belanglosigkeit der Predigt und die hohe, weitgehend *unerfüllte* Erwartung der Gottesdienstbesucher zusammen, so ergibt sich trotz verschiedenem Ausgangspunkt und unterschiedlicher Beziehung zur Kirche ein verblüffend gleichartiges Urteil: Beide Seiten vermissen bzw. fordern in der Predigt die konkrete, lebensbezogene Aussage. Das sollte für die Predigttheorie zu denken geben.

Die Zeit, die Prediger in die Vorbereitung ihrer Predigt investieren, ist erheblich. Eine Befragung über »Berufsverständnis und Berufswirklichkeit Berliner Gemeindepfarrer 1963« ergibt für die Vorbereitung auf Gottesdienste und Amtshandlungen wöchentlich im Durchschnitt 13,3 Stunden (in den verschiedenen Altersgruppen etwas schwankend). Das ist der höchste Wert in der Skala der verschiedenartigen Tätigkeitsfelder eines Gemeindepfarrers. Nimmt man die etwas andere Fragestellung einer katholischen Erhebung über »Priester und Predigt«, nämlich nach der durchschnittlichen Vorbereitungszeit *einer* Sonntagspredigt, so ist das Bild nicht wesentlich anders: Bei über 80 % der Befragten sind es durchschnittlich ca. fünf Stunden (44,8 % bis zu drei Stunden; 41,6 % bis zu sieben Stunden). Das ist, vorsichtig verglichen mit entsprechenden Tätigkeiten in andern Berufen (z. B. Lehrern auf der Oberstufe des Gymnasiums oder Richtern oder Anwälten), für die Bewältigung einer allwöchentlich wiederkehrenden Aufgabe im zeitlichen Umfang von etwa zwanzig Minuten ein unverhältnismäßig zeitintensiver Aufwand.
Diese Intensität läßt sich vermutlich kaum vom Umfang oder Schwierigkeitsgrad der Aufgabe her erklären; sie hängt vielmehr mit *Verständnis* und *Funktion* der Aufgabe im Zusammenhang des *Selbstverständnisses* des Pfarrers zusammen. Kurz gesagt: Ihre *Identität* gewinnen viele Pfarrer als *Prediger*. Predigt ist Ort der Identitätsfindung für Pfarrer. Dies hängt mit Weichenstellungen der Dialektischen Theologie, aber in deren Folge durchaus auch der kerygmatisch-existentialen Theologie zusammen, in deren Zusammenhang Verkündigung allein im Vollzug der Predigt kulminierte und Predigt – zugespitzt – weniger als Rede zu Menschen, sondern eher als Ausruf des Wortes Gottes verstanden wird – weitgehend unabhängig davon, wie immer die menschliche Situation auch beschaffen sei, oder existential: gegenüber gleichbleibenden menschlichen Grundsituationen. Predigt ist weniger Rede zu konkreten Adressaten, sondern Ort theologischen Selbstvollzugs. Nimmt man hinzu, daß man nach Karl Barth oder Eduard Thurneysen nur predigen kann als einer, der weiß, daß er's *nicht* kann, und macht man sich die aus dieser These folgende psychische Lebenslage eines Menschen klar, der allwöchentlich predigen *muß* (als einer, dessen Theologie ihm das Bewußtsein gibt, es nicht zu *können*), so liegt die überanstrengte Situation auf der Hand. Kein Wunder, daß es

schwer ist, mit Pfarrern *sachlich* über Probleme der Predigt zu diskutieren; kein Wunder, daß es schwer ist, mit Pfarrern über ihre *eigene* Predigt zu diskutieren, denn jede kritische Anfrage trifft viel tiefer ins Persönliche, als es der Fragesteller meint oder will.

Charakteristisch ist nun, daß diese theologische Hochstilisierung, ablesbar am unübertrefflichen Stellenwert, den man der Textbindung und der Textauslegung für die Predigt zumißt, für die konkrete, die faktisch produzierte und gehaltene Predigt wenig oder gar nichts austrägt. Das kann man an Beobachtungen, die uns später noch beschäftigen werden, leicht belegen (vgl. 1.1.2.).

Fassen wir die drei Aspekte – allgemeine Urteile, Erwartungen der Predigthörer, Probleme der Prediger –, unter denen wir uns skizzenhaft und stichwortartig der gegenwärtigen Problematik von Predigt und Predigtlehre genähert haben, zusammen, so ergibt sich:

- Im öffentlichen Bewußtsein ist die Predigt blutleer und wirklichkeitsarm.
- Predigthörer verlangen nach Einbeziehung ihrer konkreten Lebenssituation in die Predigt.
- Der arbeits- und zeitintensiven Predigtvorbereitung entspricht eine theologische Überanstrengung, die dem Identitätsgewinn des Predigers als Theologen, nicht aber dem Zuhörer in seiner Lebenswirklichkeit dient.
- Ausnahmen bestätigen die Regel.

1.1.2. Zur herrschenden Lehre von der Predigt

Sonntag für Sonntag und dazu noch in der Woche wird landauf, landab gepredigt. Teils neben, teils hinter dieser Praxis – die Beziehungen sind ambivalent – steht eine Predigtlehre, die in ihrem Kern relativ klar umreißbar ist. Sie ist durch theologische Weichenstellungen charakterisiert, die mit den Namen Rudolf Bultmann und Karl Barth verbunden sind, Weichenstellungen, die direkt oder indirekt nachwirken, unabhängig davon, ob sich der einzelne dessen bewußt ist oder nicht. Damit ist zugleich die durchgängige Warnung verbunden: Hände weg von der Rhetorik!

Das ist leicht an Aufsätzen Bultmanns und Barths zu verdeutlichen. Ich gehe dabei von Bultmanns Aufsatz »Allgemeine Wahrheiten und christliche Verkündigung« (1957) aus, ergänze ihn mit dem Aufsatz »Echte und säkularisierte Verkündigung im 20. Jahrhundert« (1955) und schlage die Brücke zu sehr viel früheren Ausführungen Barths und Thurneysens.

Für Bultmann steht fest: »Verkündigung ist *Anrede,* und zwar autoritative Anrede, die Anrede des Wortes Gottes, das paradoxerweise durch einen Menschen, eben den Prediger, gesprochen wird« (166; vgl. auch 124). Es geht um den »Ruf Gottes« (123) und seine besondere Autorität (123). Predigt kennzeichnet sich gegenüber andern Anrede- oder Aussageformen dadurch, daß ihr »ein Wort der Schrift als Text zugrunde l(i)egt, in dessen Auslegung sie besteht« (167). Dieses Schriftwort unterscheidet sich qualitativ schier unermeßlich vom Dichterwort, weil in jenem immer nur »allgemeine Wahrheiten, d. h. Wahrheiten, die jedermann zugänglich sind« (167) ausgesprochen werden können; oder anders: weil sich in der Kunst immer nur »der Mensch selbst« ausspricht (123). Dagegen hat die »Anrede des Wortes Gottes ihren Sinn darin ..., daß sie hier und jetzt dich und mich trifft« (167). Dabei wird etwas Spezifisches mitgeteilt, nämlich das Ereignis der Offenbarung Gottes in Jesus Christus. Das Paradoxe ist dabei, »daß in dieser ›Mitteilung‹ sich jenes Geschehen stets neu vollzieht, indem ein historisches Ereignis als eschatologisches Ereignis verkündigt wird« (168; vgl. auch 127). Mitteilende Anrede in diesem Sinn kann sich der Mensch niemals selbst sagen, er kann sie sich »immer wieder nur sagen lassen« (170). Der Ton liegt dabei ebenso auf »sagen lassen« wie auf »immer wieder«, weil die Wahrheit der Verkündigung »gerade nicht ›einleuchtend‹, sondern paradox, ein Ärgernis für den ›natürlichen‹ Menschen« (170) ist. Diese je hier und jetzt dem einzelnen geltende Wahrheit der Verkündigung ruft in die Entscheidung. »Über diese Verkündigung gibt es daher keine Diskussion; sie fordert einfach Glauben« (123). Oder: »Glauben heißt in Einem: Vertrauen und Gehorchen« (128; vgl. auch 129).

Auf dem Hintergrund der prinzipiellen Trennung zwischen allgemeinen Wahrheiten und der Wahrheit christlicher Verkündigung kann Bultmann nach ihrer Zusammengehörigkeit fragen. Es ist der Zusammenhang von Gesetz und Evangelium, der hier das begriffliche und theologische Gerüst abgibt. »Das Evangelium wendet sich an den Menschen. Zum Menschsein gehört es, unter dem Gesetz zu stehen – oder wir können jetzt auch sagen: im Bereich der allgemeinen Wahrheiten zu leben« (174). Dabei geht es nicht um die Frage der »Anknüpfung«, sondern um die schlichte Tatsache, daß der von der Gnade Angeredete eben der Mensch ist, der unter dem Gesetz (im weiteren Sinne gemeint) lebt. Nur als ein solcher kann er überhaupt die Rede von der Gnade verstehen. Von hieraus haben »allgemeine Wahrheiten, sofern sie in der konkreten Situation als Anrede begegnen, ihren notwendigen Platz in der Verkündigung des Evangeliums« (175).

Schließlich stellt die Verkündigung in ein bestimmtes Verhältnis zur Welt. Da Jesus als das Ende der Welt zu verkündigen ist, folgt daraus für den Glaubenden, »die gleiche Paradoxie für das eigene Leben gelten zu lassen und, obwohl innerhalb dieser Welt lebend, ihr doch enthoben sein, sich von ihr schon gelöst zu haben« (128).

Was kennzeichnet dieses Verkündigungsverständnis? Ich hebe eine Reihe von Gesichtspunkten hervor, deren Auswahl – um eine solche handelt es sich – durch die weiteren Überlegungen gesteuert ist:

- Verkündigung wird als *Predigt* verstanden, und zwar nahezu ausschließlich.
- Predigt ist *autoritative Anrede.*
- Formale und inhaltliche *Schriftbindung* gehören notwendig zur Predigt. Das Wort der Schrift hat eigene Autorität und eigene Qualität gegenüber jedem andern Wort.
- Der Predigthörer wird in die *Entscheidung* gestellt. Dem autoritativen Charakter der Predigt entspricht es, daß Glauben, und das heißt *Gehorsam,* gefordert ist, über den nicht zu diskutieren ist.
- Der Inhalt der Verkündigung *distanziert* von der vergehenden Welt.

Mit diesem Verständnis von Verkündigung repräsentiert Bultmann, urteilt man nach landläufig zu hörenden Predigten, nicht nur den common sense der Diener des Wortes, sondern zugleich steht er in einem breiten theologischen Traditionsstrom: dem der Dialektischen Theologie. Dies scheint mir in unserem Zusammenhang schwerer zu wiegen als die Differenzen, die etwa Barth und Bultmann bezüglich ihrer Predigten in ihrem jetzt vorliegenden Briefwechsel selbst thematisiert haben.

Wenn zum Beispiel Barth in seinem 1935 gehaltenen Vortrag über »Die Gemeindemäßigkeit der Predigt« gegen die »freundliche Synthese« zwischen einer Argumentation »von Christus her« und »vom Menschen her« votiert, so mag seine Polemik gegen wen auch immer gerichtet sein – die Zusammenfassung liegt jedenfalls wieder sehr dicht bei Bultmanns eigener Gedankenführung: »Die interessierte Frage nach der Gemeinde und

ihren anthropologischen, soziologischen und politischen Möglichkeiten würde zur *ersten* Frage werden, die Form würde den Inhalt vergewaltigen, die Predigt würde von daher bestimmt und dann würde die Predigt das, was sie wirklich nicht werden soll: eine Aktion im luftleeren Raum!« Von daher stimmen Barth und Bultmann in ihren prinzipiellen Äußerungen zur Bindung der Predigt an den Text, in ihrem Grundverständnis der Predigt als Textauslegung und der Ablehnung anthropologisch orientierter Fragen überein.
Dem gegenüber wirken die einschlägigen Äußerungen Thurneysens wie eine nochmalige Übersteigerung. Aber unabhängig von ihrem historischen Ort scheint mir ein Nachklang dieser Emphase bis in die heutige Predigtpraxis deutlich spürbar:
»Der *deus absconditus*, die ganz tiefe Verborgenheit und Unzugänglichkeit Gottes für den Menschen auf der einen Seite – Gott wäre nicht Gott, wenn es Brücken, direkte Wege und Zugänge ebenen Fußes vom Boden des Menschen zu ihm hinüber gäbe –, und auf der anderen Seite der Mensch und sein Deuten, Benennen und Künden dessen, was kein Auge (*kein* Auge!) gesehen und kein Ohr (*kein* Ohr!) gehört und was in keines Menschen (in *keines* Menschen!) Herz gekommen ist, unser Begreifen dessen, das nur als unbegreiflich begriffen werden kann, unser Reden von dem, über den zu reden nicht möglich ist, weil nur in seinem eigenen Worte von ihm geredet werden könnte, die unerhörte Frohbotschaft vom Begegnen Gottes mit dem Menschen, des Gottes, der in einem Lichte wohnt, da niemand zukann, mit dem Menschen, der sterben, nichts weniger als sterben muß, wenn er Gott begegnet. Wer will hier einen Brückenschlag wagen ...?« Folgerichtig lautet die Konsequenz: »Nur in der tiefen Einsicht kann gepredigt werden, daß eigentlich *nicht* gepredigt werden kann.«
Es wäre dringlich einer Untersuchung wert, welche psychischen Wirkungen für den Prediger und sein Selbstverständnis, seine Selbsteinschätzung, sein Selbstgefühl diese Sicht auf die Dauer haben *muß* – diese Sicht einer Aufgabe, von der man zugleich sagt, sie sei innerhalb der Vielfalt des zu Leistenden die größte.
Daß dies nicht vergangene Positionen, sondern bis heute wirksame Orientierungen sind, ist an neueren Untersuchungen und an Predigthilfen leicht nachweisbar. Am nächsten liegt ein Blick in die neueste große Homiletik, die weit ausgreift, aber festhält: »Nichts gegen den Glanz der Rhetorik, nur ist die Schönheit der Predigt von anderer Qualität, wenn sie nicht einen falschen Schein gibt.« Oder auch: »Abstrahiert eine Predigtlehre vom

Inhalt, um sich dem Rhetorischen zuzuwenden, in Absehung von dem, *was* zu verkündigen ist, verliert sie den Inhalt an ein fremdes Gesetz.« So Rudolf Bohren in seiner Predigtlehre (1971).

Natürlich ist hier der Einwand berechtigt: Bultmann ist nicht Barth, und Thurneysen ist nicht Bohren. Aber mein Interesse ist hier auch nicht, eine detaillierte Analyse vorzulegen (die gewiß notwendig sein mag), sondern *Ausgangspunkte* und *Wirkungen* zu zeigen, mit denen wir es bis heute, vielfältig gebrochen, zu tun haben. Den Wirkungen gegenüber relativieren sich die theologischen Differenzierungen (und Differenzen) bei den Vätern. Sogar der eigene *andere* historische Ort der Ausgangspunkte – der für damals alle Legitimierungen in sich bergen mag – spielt für die *Wirkungen* nicht immer eine Rolle. Das haben die Väter nicht in der Hand. Und bemerkenswert bleibt, was *nicht* nachwirkt: Daß etwa *Barths* Sprache zutiefst rhetorisch geprägt ist, nicht nur in der expressionistischen Färbung des Römerbriefkommentars, auch in weiten Teilen noch der Kirchlichen Dogmatik, hatte für die Predigtlehre keine Folgen, weder für seine eigene noch für die seiner Anhänger; *Thurneysens* antirhetorische Polemik ist rhetorisch gekonnt angelegt, aber *dies* hat nicht gewirkt. Oder: *Bohrens* eindrucksvolle Nähe zur Poesie, zu poetischer Sprache, die Teile seiner Predigtlehre so überzeugend macht, wirkt sich, wenn ich's recht verstehe, für den theologischen Ansatz des Ganzen nicht aus. Das macht ja den Umgang mit diesem Buch oft so schwierig: daß es implizit poetisch-rhetorisch in der Ausführung *ist*, aber explizit *theologisch* gerade dies nicht sein will.

Also bleibt jenseits aller Differenzierungen, fast unvertretbar pauschal, für unsern Zusammenhang zweierlei festzuhalten.

Einerseits wird prinzipiell von einem Rhetorikverständnis ausgegangen, das, vom Vorurteil traditioneller antirhetorischer Polemik in Deutschland besetzt, unter Rhetorik nach wie vor nichts anderes verstehen kann als etwas Äußerliches, etwas dem Inhalt gegenüber Außenseitiges – und diese Außenseite ist Mache, ist falscher Glanz, ist im Grunde Mittel der Verführung, also zumal dem Worte Gottes gegenüber unangemessen. *Andererseits*, damit aber tief zusammenhängend, regiert nach wie vor das Denkmodell: Von der Exegese zur Predigt – also die normierende Vorstellung, die für die Theologie der letzten Jahrzehnte so ungemein folgenreich gewesen ist, daß aus der Exegese eines biblischen Textes (mitsamt seiner Autorität) sich nahezu alles, alle Entscheidungen und alle Verwirklichungen, mehr

oder minder »automatisch« ergeben, so daß anderweitige Erwägungen, etwa rhetorische für die Predigt, nicht nur überflüssig, sondern schlicht unangemessen sind.
Daß die Qualität einer Predigt, also die Frage, *ob* und *wie welcher Inhalt* den *Predigthörer erreicht* – und das wäre ja vielleicht nicht gerade das nebensächlichste Kriterium –, von vielem, aber nachweislich nicht von der Exegese allein abhängt, ist offenbar ein ungehörter Einwand, obwohl man ihn langsam, aber sicher schlüssig nachweisen kann. Will man ein sehr plattes Beispiel, so nehme man zehn Examenspredigten: in der Regel steht hinter jeder eine handwerklich *gute*, solide gemachte (wenn auch meist lediglich aus Kommentaren zusammengeschriebene) Exegese – aber die Predigten sind, von Ausnahmen abgesehen, weltfremd, klischeehaft, langweilig, blaß, unvital. Will man ein anspruchsvolleres Beispiel als Beleg, so nehme man ein paar Predigten »berühmter Leute«, die nachweisbar theologisch unterschiedlich orientiert sind; man nehme ein paar Predigten von ihnen über *denselben* Text – und was wird man feststellen? Entweder, trotz vermutbar unterschiedlicher Exegese, oft verblüffend gleichartige Predigten – oder Unterschiede in der Predigt, die keineswegs *exegetisch* gedeckt oder erklärbar sind. Das hat Dietrich Rössler schon vor Jahren nachgewiesen. Was zeigt sich also? Eben dies, daß die homiletische Theorie eines ist und die Praxis der Predigt ein anderes. Aber was? Vielleicht kann die Orientierung an der *Redesituation*, also an der Rhetorik, neben manchem andern auch dies durchschaubarer machen: daß nämlich die faktische Predigt und ihre Vorbereitung sich längst schon an vielem andern orientiert als an der Exegese allein – nur die einen wollen's nicht wahrhaben (weil nicht sein kann, was nicht sein darf), und die andern sind sich dessen gar nicht bewußt, aber *beide* fahren längst einen andern Kurs. Täten sie's *bewußt* und *reflektiert* und vor allem guten Gewissens, könnte die Predigt sowohl an Freiheit wie an Qualität gewinnen.
Auch wenn es so ist, daß sich die Praxis vieler Prediger weniger an der herrschenden Predigtlehre orientiert, darf man sich nicht dabei beruhigen. Denn:
- Die Diskrepanz zwischen Praxis und Theorie führt noch nicht ohne weiteres zu einer Verbesserung der Praxis.
- Viele, die in ihrer Praxis andere Wege gehen, meinen dennoch der gängigen oder traditionellen oder einmal gelernten homiletischen Theorie zu entsprechen, weil sie diese Versicherung brauchen.

- Andere irritiert – und zwar in hemmendem Sinne –, daß ihre Praxis der herrschenden Homiletik widerspricht, und sie fragen mit Recht nach besserer Fundierung ihrer Praxis.

Deswegen ist neu mit der homiletischen Überlegung einzusetzen.
Neu? Nicht so neu, wie es auf den ersten Blick scheinen mag. Bis ins neunzehnte Jahrhundert hinein, angefangen bei der Alten Kirche, ist eine Homiletik, die sich nicht in Kontakt und Auseinandersetzung mit der Rhetorik begreift, schlicht unvorstellbar. Hier wäre eine Fülle von Material aufzuarbeiten. Daß dies nicht geschehen kann, um unreflektiert an vergangene Vorstellungen anzuknüpfen, wird sich von selbst verstehen. Wenn wir durch die Dialektische Theologie verschüttete Problemstellungen, hier also die des Zusammenhangs von Rhetorik und Homiletik, heute wieder aufnehmen, dann wissen wir dabei zweierlei: Die Dialektische Theologie hatte *Gründe* für ihre große, aggressive Polemik gegen das neunzehnte Jahrhundert – aber die Theologie, die Praktische Theologie, insonderheit die Homiletik des neunzehnten Jahrhunderts war so flach nicht immer, wie sie zu Beginn des zwanzigsten Jahrhunderts erschien, der Dialektischen Theologie erscheinen *mußte*. Das kann man heute sehen, *nach* den Wirkungen der Dialektischen Theologie.

1.2. Der »neue« Ansatz: Predigt als Rede oder Homiletik als Rhetorik. – Sieben Thesen mit Erläuterungen

Die folgenden sieben Thesen stecken den Rahmen ab. Sie sind für Leser gedacht, die *zuvor* wissen wollen, worauf sie sich einlassen. Wer eher dazu neigt, sich *zuerst* mit Beispielen und Materialien auseinanderzusetzen, sollte die Thesen am Ende, als eine Art systematischer Zusammenfassung, lesen.

These 1: Die Predigt ist eine Rede.
vgl.: 2.1./3.2.0.

Was heißt das?
Daß die These zu formulieren und zu erläutern notwendig scheint, kennzeichnet die Lage. Denn was wäre denn selbstverständlicher als eben dies, daß die Predigt eine *Rede* ist, die Rede eines einzelnen, der erreichen möchte, daß eine Gruppe von

Zuhörern ihn versteht? Dennoch wird so in gängiger Homiletik nicht argumentiert, vielmehr von theologischen Setzungen her. Dies wollen wir umkehren und das Faktum Rede ernst nehmen. Also: Homiletik als Rhetorik.

Rhetorik ist, so scheint es, nach der Geschichte ihrer Verachtung in Deutschland, wieder gesellschaftsfähig geworden. Einschlägige Veröffentlichungen bis in Taschenbuchreihen hinein, neue Lehrbücher für Schulen, Programmangebote von Volkshochschulen belegen es.

Die Wendung ist verblüffend. Im Jahre 1965 stellte die Deutsche Akademie für Sprache und Dichtung die Preisfrage: Gibt es Maßstäbe für die Kunst der öffentlichen Rede in Deutschland? Die Situation, in der die Frage gestellt ist, wird durch den Titel jener Schrift charakterisiert, die preisgekrönt wurde: Das öffentliche Schweigen (Magass). Und noch 1969 schreibt Walter Jens in den Vorbemerkungen zu seinem Buch »Von deutscher Rede«: »Wer anno 69 das Epitheon ›rhetorisch‹ benutzt, hat Pejoratives im Sinn. Eloquenz: Das ist Scholastik, Periodenputz, Phrase und routinierter Betrieb, ein mechanisches Transportieren von längst nicht mehr gültigen Formeln ...« Das ist mindestens teilweise anders geworden, sicher nicht zuletzt unter dem Einfluß der Arbeiten von Jens. Bedeutende rhetorische Untersuchungen über verschiedene Autoren (z. B. Schiller, Nietzsche) oder Zeiträume (z. B. Barock) sind erschienen; qualifizierte Einführungen in die Rhetorik (z. B. Geissner; Kopperschmidt) – nicht äußerlich bleibende Redetechniken – liegen vor, und die Sammlungen bemerkenswerter Reden mehren sich.

Was heißt es, auf diesem Hintergrund Aufgabe, Gestalt und Vollzug der Predigt rhetorisch zu begreifen? Man kann es sich an einer genuin rhetorischen Fragestellung leicht verdeutlichen: am Verhältnis von *Form* und *Inhalt*.

Gängige Argumentation meint, der Inhalt sei das Entscheidende, die Form das Zweitrangige. Die klassische Aufteilung in »materiale« und »formale« Homiletik folgt genau diesem Schema. Letztlich steht dahinter die Auffassung, man könne die Wahrheit an sich, den Inhalt an sich haben; die Form, auch der Weg, auf dem die Wahrheit gewonnen oder vermittelt werden, seien dagegen sekundär. Beschränken wir das komplexe Problem hier auf die Redesituation: In ihr jedenfalls gilt, daß Form und Inhalt, Wahrheit und die Weise ihrer Vermittlung untrennbar ineinander verwoben sind. Der Weg der Mitteilung entscheidet über die Mitteilung selbst. Es gibt keinen Inhalt an sich (in der Rede), sondern nur Inhalte für andere, Inhalte, die durch die Tatsache ihrer Übermittlung mitkonstituiert werden. Folglich sind Fragen des Redeaufbaus, der Wahl der sprachlichen Mittel, der Entscheidung zwischen verschiedenen Materialien, Beispielen, Themen usw. keine dem »eigentlichen« Inhalt äußerlichen Fragen, nicht »nur« rhetorische Erwägungen, die ja lediglich die Form angehen, nichts nur »Formales« – und wie die üblichen Redewendungen alle heißen –, sondern sie betreffen immer die Sache selbst. Preisfrage: Wie müßte eigentlich aussehen, was sich in der homiletischen Tradition »Meditation« nennt, wenn *Form* und *Vollzug* der Predigt in *diesem* Sinne erwogen würden?

These 2: Tendenziell will die Predigt einen Dialog eröffnen.
vgl. 2.4./3.2.2./4.2.2.

Was heißt das?
So viel Mißbrauch auch mit einer inflationistischen Rede von *Dialog* und *dialogischer Struktur* getrieben worden ist, so wenig ist bisher realisiert, worum es geht: um die Überwindung autoritärer Struktur *trotz* des monologischen Charakters. Daß augenblicklich nur einer redet, soll ihn, den Redenden, nicht zur Befehlsausgabestelle machen und soll sie, die Hörenden, nicht unversehens zu bloß Gehorchenden machen. Wie ist das erreichbar? Indem die alte rhetorische Einsicht nicht nur beschworen, sondern wahrgemacht wird, daß sich jede Rede eines einzelnen allein aus der Grundsituation des *Gesprächs* heraus versteht. *Adam Müller* sagt 1816 in seinen »Zwölf Reden über die Beredsamkeit und deren Verfall in Deutschland«: »Eine Rede ist also nichts anderes als ein abgeschlossenes Gespräch, welches in allen seinen wesentlichen sichtbaren und unsichtbaren Teilen durch den Mund *eines* Menschen an die Welt tritt. Der Redner vereinigt drei Personen in sich, zuvörderst die beiden Sprecher des Gesprächs in ihrer eigentümlichen Farbe und Manier, dann aber, beide gedämpft, veredelt sichtbar und unsichtbar versöhnt durch eine dritte höhere Person, die Seele des Redners, die über dem Streite der Glieder thront ... Der Kanzelredner, welcher das Gemeinschaftliche allein zur Sprache bringen wollte, der die göttlichen Wahrheiten, der die harmonische Regel für das höhere Leben unseres Geschlechts allein darreichen wollte, ohne die Parteien, ohne den Kampf der irdischen Wahrheit mit dem irdischen Irrtum, würde einsam bleiben in seiner Höhe, zurückschrecken, anstatt zu erheben.« Gewiß, Adam Müllers Suada

ist nicht die unsere; aber geht es deswegen um anderes? Allenfalls darum, den Gesprächscharakter einer Rede, einer Predigt noch extremer zu fassen, als er es getan hat: Nicht ein »abgeschlossenes Gespräch« ist eine Rede, sondern eine *Zwischenstation* im Gesprächslauf. Gespräch geht ihr voran und ermöglicht sie, Gespräch folgt ihr. Oder anders: Rede lebt von *sozialer* Situation. Dies ist nicht einfach abgehakt mit sogenannten Predigtnachgesprächen, sondern es hat mit dem Selbstverständnis des Predigers zu tun, als eines Menschen, der nur reden kann, weil und wenn er mit andern redet und andere mit ihm reden. Und es hat fernerhin mit der Struktur seiner Rede zu tun: Sie ist in dem Maße dialogisch, das weitere Gespräch fördernd, in dem sie nicht nur seine (selbstverständlich richtige) Auffassung bringt, sondern Gründe und Gegengründe. Daraufhin analysiere man Reden, Wahlreden oder Werbereden oder – Predigten.

These 3: Die Sprache biete viele Möglichkeiten.
vgl.: 2.6./3.2.6./4.9.2.

Was heißt das?
»Beredsamkeit ist die Poesie der Prosa«, hat der amerikanische Dichter William Cullen Bryant einmal gesagt. Rückt also die Predigt in die Nähe der Poesie, wird sie gar zur Lyrik?
Analysiert man Predigten in sprachlich-stilistischer Hinsicht, so kann man oft ein eigentümliches Schwanken beobachten: Der Redner bewegt sich zwischen der Sprache der Wissenschaft, der Sprache begrifflichen Denkens, der Sprache der Abstraktion einerseits und billiger Konkretisierung, salopper Modernisierung, modischem Slang andererseits. Wie das kommt, ist leicht erklärbar. Hier spiegelt sich in der Rede vieles und verrät nur zu deutlich, wer der Redner ist und woher er kommt:
– aus einer Studiensituation, auch schon Schulsituation, die dem Menschen in aller Regel nur erlaubt, Kopf auf zwei Beinen zu sein;
– aus einem theologischen Wissenschaftsbetrieb, der kaum Antennen für nichtintellektuelle Faktoren hat, weswegen ja auch das Studium eher an der Heranbildung künftiger Professoren orientiert ist als an künftiger Berufspraxis;
– aus einer gesellschaftlichen Situation, die Bedingung seiner Erziehung war, in der Emotionen unfein sind, und erst recht, sie zu zeigen: »Ein deutscher Junge/Mann weint nicht!«

Die Folgen liegen auf der Hand. Entweder wird in der Predigt die Sprache der Wissenschaft fortgesetzt, natürlich vereinfacht, so weit es gelingt, aber damit ist das Genus »Rede« mit dem Genus »Sachvortrag« gründlich verwechselt; oder, in der Erkenntnis, daß es so nicht geht, also besten Willens, wird ins Arsenal der Banalitäten und Geschmacklosigkeiten gegriffen. Das Deutsch der Regenbogenpresse auf der Kanzel.
Was verlorengegangen ist, was in der Vorbereitung gewonnen werden muß, ist der Mut zur bildhaften Sprache, die Kraft, ansatzweise »poetisch« zu werden.
Die These mag befremden. Das beweist nur, wie wenig uns vertraut ist, was den Redner zum *Redner*, die Rede zur *Rede* macht: nämlich die Nähe ihrer Sprache zur Poesie. Rhetorik und Poetik sind ursprünglich verwandt, und beide sind dabei als erlernbar gedacht. Auch wenn wir weder alte rhetorische noch alte poetische Stilmuster werden imitieren wollen, die *Nähe* zwischen Rhetorik und Poetik, also die Sprache der Bilder *als* Sprache der Rede werden wir nicht entbehren können. Bilder literarischer Herkunft, aus verschiedensten Bereichen, Fabel oder Parabel, Lyrik oder Sprichwort, Bilder der Umgangssprache oder des alltäglichen Lebens, wir sind auf ihre transzendierende, d. h. den Hörer *weiter-bringende* Sprachkraft angewiesen, wenn wir mehr sagen wollen als Banalitäten, die nicht tragen. Wir sind auf sie angewiesen, wenn wir »Leben« ansagen wollen. Dabei wird zugleich sichtbar: Das kann die historisch-kritische Exegese eines Textes allein gar nicht leisten; dies ist vielmehr ein eigener Arbeitsgang, wenn die Predigt in ihrer Aussage produktiv, eigenständig sein soll. Dahinzukommen regen nichttheologische, literarische Arbeiten an, jene wichtigsten Helfer bei der Predigtvorbereitung: z. B. Ernst Blochs bedeutendes Kapitel »Der Tagtraum ist keine Vorstufe des nächtlichen Traums« aus dem »Prinzip Hoffnung«; Peter Hacks' großer Essay über das Poetische; Hans Magnus Enzensbergers und Hilde Domins Vor- und Nachworte zu ihren Anthologien – aber auch des antirhetorischen Poeten Rudolf Bohrens Ausführungen zur Poesie, um nur diese paar Beispiele zu nennen und von der für die Predigt notwendigen permanenten Lektüre von Dichtung ganz zu schweigen.

These 4: Gottesdienst (Ritual) nötigt zur Predigt.
vgl.: 3.0./4.

Was heißt das?
Jede Gruppe, die Kontinuität, Bestand zwischen gestern und heute und in Zukunft haben will, braucht zweierlei: *Symbolische Vergegenwärtigungen* und *diskursive Weiterführungen.* Das gilt im säkularen Bereich ebenso wie im religiösen Zusammenhang. Strukturell ist es wiederzufinden bei Cliquenbildungen wie bei politischen Versammlungen wie in der Grundform jeden Typs von Gottesdienst. Liegt auf der Seite der Liturgie, der Lesungen, der feststehenden Sprachelemente stärker die symbolische Vergegenwärtigung, so auf der Seite der dialogischen, der gesprächseröffnenden oder -weiterführenden Predigt (vgl. *These 2*) der Beitrag zur diskursiven Weiterführung.
Weiter zugespitzt heißt das:
Das Verständnis von Gottesdienst und Predigt hängt vom Verständnis von *Kirche und Glaube* ab. Kirche ist der Ort, wo im Sinne der Botschaft Jesu und in Auseinandersetzung mit ihrer Wirkungsgeschichte gefragt wird, was in der *jeweiligen* Gegenwart konkret heißt: christlicher Glaube und christliches Leben. Kirche ist also der Ort der Auseinandersetzung mit *konkretem Leben,* weil Glaube nur als *konkreter Glaube* inmitten *seiner* Zeit in Übereinstimmung mit Jesus ist.
Der Gottesdienst bietet *Formen* an, in denen sich Leben und Glauben artikulieren können. Solcher Formen bedürfen wir (von Grußformeln bis zu Liturgien), weil wir dem Leben nicht permanent originale »Fassungen« geben können. Aber gleichzeitig ist die Gefahr solcher Formen unübersehbar: Sie erstarren und werden unverständlich; sie verselbständigen sich und werden funktionslos. Dieser Gefahr ist dadurch zu wehren, daß als *gleichwertig* angesehen wird, was im Widerspruch zueinander steht: die Fortsetzung überlieferter Formen *und* ihre Durchbrechung.
Die Predigt ist in diesem Zusammenhang *»Gelegenheitsrede«.* Die biblische Tradition kritisch aufnehmend, wird in der Predigt am Material von Welt/Leben/Erfahrung der Hörer wie des Predigers jeweils konkretisiert, was in *dieser* Situation, angesichts *dieser* Gelegenheit, bei *diesem* Anlaß heißt: von Gott reden und an Jesus glauben. »Christlich« ist also nicht nur, »was Jesus ... wirklich gelehrt und vorgetragen, wörtlich befohlen und verboten« hat. »Christlich ist und heißt auch alles das-

jenige, was Jesus und seine Gesandten ... ganz gewiß lehren und vortragen, befehlen oder verbieten würden, wenn sie unter uns lebten, wenn sie unsere Denk- und Sinnesart beobachteten und unsere Lebensweise sähen« (J. G. Marezoll, Über die Bestimmung des Kanzelredners, 1893).
Damit ist abgewehrt: Predigt als bloße Wiederholung der Tradition; Predigt als Vervielfältigung wissenschaftlicher Theologie oder Exegese oder Dogmatik; Predigt als akademisch-theologisches Privileg.

These 5: Der Prediger spricht zu Menschen in Situationen.
vgl.: 2.2./3.2.1./3.2.3./4.1.2./4.2.2./4.3.2./4.4.2.

Was heißt das?
Alle theologisch-dogmatischen Feststellungen über das Wort Gottes als fremdes Wort können nicht aus der Welt schaffen, daß ein Redner sich verständlicherweise wünscht, seine Zuhörer mögen *verstehen,* was er sagt. So doch wohl auch der Prediger. Gleichwohl ist bekannt genug, daß viele, die versuchen, Predigten anzuhören, bekennen: Ich verstehe nicht, wovon die Rede ist, weil sich mein Leben woanders abspielt. Wie ist das zu überwinden?
Es gibt nur einen Weg, einen, wie ich finde, sehr menschlichen Weg: Der Hörer – mit seinen spezifischen Erfahrungen, mit seinen Erwartungen, mit seinen Erlebnissen, in seiner Gestimmtheit usw. – ist ebenso ernst zu nehmen wie der »Inhalt«. Es gibt den Inhalt nicht ohne den Hörer! Er ist nicht der »Adressat«, dessen Namen ich lediglich auf den Umschlag schreibe, ohne weiter zu bedenken, an wen ich denn eigentlich schreibe. Es gibt keinen Inhalt für sich, sondern was Inhalt einer Predigt ist, wird immer durch den Hörer *mitkonstituiert.* Andernfalls kann einer noch so viel reden, es ist Nicht-Inhalt. Nicht-Inhalt bewirkt nichts. Jede Rede aber will wirken, will etwas bewirken, und so auch die Predigt. Was man im Blick auf *diese* Hörer, in *dieser* Situation, innerhalb *dieser* Begrenztheit *erreichen* und *bewirken* will – z. B. an Ermutigung oder Trost, an Kritik oder Aufklärung oder Information, an schärferer Einsicht oder hochgestimmter Freude – ist eine der wichtigsten Fragen, die offen oder insgeheim hinter jeder Vorbereitung steht.

These 6: Die Predigt ist eine unter anderen Mitteilungsformen.
vgl.: 2.3.

Was heißt das?
Im Zusammenhang des Bultmannschen Verkündigungsbegriffs und des Predigtverständnisses der Dialektischen Theologie ist Verkündigung = Predigt (also nicht nur Predigt = Verkündigung).
Vielleicht ist dies die letzte Ausprägung einer Tradition, die bis in die Anfänge zurückreicht und – neben vielem andern – durch zweierlei charakterisiert ist. Mündliche Predigt, durch einen für mehrere, die zuhören, ist als der entscheidende Verbreitungs- und Verständigungsmodus des Glaubens *entstanden*, als die Mehrheit der Bevölkerung weder lesen noch schreiben konnte. Dies nötigte zur mündlichen Weitergabe in Form der Predigt. Sie ist sodann zu ihrer Blüte und zu ihrer stärksten Wirkung gelangt, als sie in dieser Form unter den Bedingungen ihrer Zeit, nämlich des Mittelalters, das entscheidende Medium der Veröffentlichung und der Herstellung voröffentlicher Verhältnisse war. Weder die Entstehung noch die Blüte der Predigt sind aus ihrem sozialen Kontext zu lösen. Der heutige soziale Kontext ist aber ein anderer. Nimmt man hinzu, daß die bisher vorliegenden kommunikationswissenschaftlichen Untersuchungen in all ihrer Vorläufigkeit doch den Schluß zulassen: Effekt und Reichweite der Predigt sind begrenzt – so wird man sich nur dann für eine optimale Handhabung der Redeform Predigt einsetzen können, wenn zugleich deutlich ist: Gleichberechtigt neben der Predigt stehen vielfältige andere Mitteilungsformen, z. B. das Flugblatt, der Brief, der Zeitungsartikel, die Funk- und Fernsehsendung. Wenn hier nur die Predigt rhetorisch reflektiert wird, so hängt das mit ihrem traditionellen Ort zusammen und mit selbstgewählter Begrenzung des Themas, nicht etwa mit ihrer Überschätzung bzw. der Unterschätzung anderer Mitteilungsformen, die nicht minder der rhetorisch orientierten Erörterung bedürfen.

These 7: Viele Wege führen zur Predigt (nicht nur die Exegese).
vgl.: 1.1.2./3.2.5./4.7.2./4.8.2.

Was heißt das?
Die rhetorische Tradition kann lehren, daß zur Vorbereitung einer Rede diverse Schritte, verschiedenartige Arbeitsgänge

nötig sind. Diese Einsicht ist gegen die theologische Forderung zu setzen, daß der Weg allein von der Exegese zur Predigt führe. Gleichwohl bleibt zu beachten, welche Funktion und welchen Stellenwert biblischer Text und historisch-kritische Exegese für die Predigtvorbereitung haben.

Daß Predigt (wie die Kirche überhaupt) mit biblischer Überlieferung zu tun hat, wird kein vernünftiger Mensch bestreiten. Was zur Debatte steht, ist differenzierter: Wie kommt der Text in der Predigtvorbereitung ins Spiel, und was trägt er für die Gestaltung der Predigt aus? Die Frage stellen, heißt der Vorstellung den Abschied geben, daß *allein* die Exegese des Textes Profil und Inhalt der Predigt bestimmen würde – eine Vorstellung, die gewiß als solche noch vertreten wird, aber in der Predigtpraxis gar nicht mehr leitet (hat sie *faktisch* je geleitet?).

So sehr der, der allsonntäglich predigen muß, auf Anregungen und Material und also zum Beispiel auf das »Potential« biblischer Überlieferung angewiesen ist, so sehr ist vor einer Bindung der Predigt an den »Text« zu warnen, die so beschaffen ist, daß sie unfrei oder den Prediger zum Rezitator von Tradition statt zum lebendigen Redner in einer konkreten Situation macht. Wo immer biblische Texte die Predigt mitbestimmen, da gilt: Predigt schmilzt den Bibeltext ein, schmilzt ihn um in Wort, Vorstellung, Problematik, Leben gegenwärtiger Hörer. Das Bild vom Einschmelzen sagt deutlich genug, daß biblische Texte in der Predigt unkenntlich, unerkennbar werden können. Sehr oft werden sie es müssen, soll ihre Intention zur Geltung kommen und heute verstanden werden können. Das Kriterium der »Bibelgemäßheit« einer Predigt ist also niemals ihre äußerliche Nähe zu biblischen Aussagen oder Vorstellungen, wie ja auch die Verlesung eines Textes vor der Predigt nicht automatisch sichert, daß die Predigt »textgemäß« ist.

Biblische Texte sind *Material,* das bei der Bewältigung der Predigtaufgabe helfen kann. Es gibt notwendiges anderes Material. Deswegen wird man sinnvollerweise am biblischen Material nicht vorbeigehen; man wird es vielmehr in großer Freiheit benutzen, in jener Freiheit, die nötig ist, um dem Vorgang einer öffentlichen Rede, die den Hörern gerecht werden und d. h. sie *erreichen* soll, zu entsprechen. – Anders gesagt: Der Prediger ist auf der Hut davor, nicht in den schlimmen, weil der Eigenart christlichen Glaubens zutiefst widersprechenden Fehler zu verfallen, gerade durch die Predigt das Beieinander von geglaubtem Leben und gelebtem Glauben umzufunktionieren in schlechte Buchstabenreligion (was leider viele Predigten tun und auch noch für »schriftgemäß«, »textgebunden«, »Textpredigt« usw. halten).

Belege, Materialien, Hintergründe zu Abschnitt 1.

Zur Einführung in die Gesamtthematik des Buches:

a) rhetorisch:

A. Müller, Zwölf Reden über die Beredsamkeit und deren Verfall in Deutschland (1816)
W. Magass, Das öffentliche Schweigen (1967)
H. Geissner, Rede in der Öffentlichkeit (1969)
W. Jens, Rhetorik, in: Merker-Stammler, Reallexikon der deutschen Literaturgeschichte, Bd. III (1971) (Bibliographie!)
J. Kopperschmidt, Rhetorik (1973) (Bibliographie!)
H. Schanze (Hg.), Rhetorik. Beiträge zu ihrer Geschichte in Deutschland vom 16.–20. Jahrhundert (FAT 2095/1974) (Bibliographie!)

b) homiletisch:

M. Josuttis, Homiletik und Rhetorik, in: Monatschrift für Pastoraltheologie 57. Jahrg./1968/511 ff.
Ev. Theologie, 32. Jahrg./1972/Heft 1 (Beiträge von Josuttis, Barie, Wiedemann, Kaufmann)
J. Kleemann, Die Predigt, in: Klostermann/Zerfass (Hg.), Praktische Theologie heute (1974)
G. Otto, Der Mensch in seiner Welt, in: Theologia Practica II. Jahrg./1967/289 ff.
ders., Thesen zur Problematik der Predigt in der Gegenwart, in: Cornehl/Bahr (Hg.), Gottesdienst und Öffentlichkeit (1970)
ders., Wider den »Mythos« der Verkündigung, in: Theologia Practica VII. Jahrg./1972/316 ff.
ders., Zum Thema: Predigt, Kommunikation und Rhetorik, in: Betz/Schottroff (Hg.), Neues Testament und christliche Existenz. Festschrift für Herbert Braun (1973)
ders., Predigt als Rede, in: Theologia Practica XI. Jahrg./1976/82 ff.
(Meine Arbeiten sind, an einigen Stellen auch wörtlich, in das Buch eingegangen; das schließt Korrekturen an früheren Thesen ein.)

Zu 1.1. zitierte Literatur:

G. Schmidtchen, Gottesdienst in einer rationalen Welt (1973)
H. Hild (Hg.), Wie stabil ist die Kirche? (1974)
Y. Spiegel, Der Pfarrer im Amt (1970)

Sozialteam Adelsried, Priester und Predigt (1971)
R. Bultmann, Allgemeine Wahrheiten und christliche Verkündigung
ders. Echte und säkularisierte Verkündigung im 20. Jahrhundert, beide in: Glauben und Verstehen, Bd. 3 (1960)
K. Barth, Die Gemeindemäßigkeit der Predigt, in: G. Hummel (Hg.), Aufgabe der Predigt (1971)
E. Thurneysen, Die Aufgabe der Predigt, in: G. Hummel (Hg.), Aufgabe der Predigt (1971)
R. Bohren, Predigtlehre (1971; 3. Aufl. 1974); vgl. dazu auch die Besprechungen von H.-G. Geyer, Zum Lob einer Homiletik, in: Verkündigung und Forschung 18. Jg./1973/1 ff. und von G. Mainberger, in: Theologia Practica VIII. Jg./1973/69 ff.
D. Rößler, Das Problem der Homiletik, in: Theologia Practica I. Jg./1966/14 ff.

weitere Literatur:
W. Trillhaas, Die wirkliche Predigt, in: H. Gerdes (Hg.), Wahrheit und Glaube (1963)
ders., Einführung in die Predigtlehre (1974)
F. Wintzer, Die Homiletik seit Schleiermacher bis in die Anfänge der »dialektischen Theologie« in Grundzügen (1969)
C. Möller, Von der Predigt zum Text (1970)
K. Adloff, Die Predigt als Plädoyer (1971)
G. Nemec, Predigt unter der Lupe (1972)
J. Roloff (Hg.), Die Predigt als Kommunikation (1972)
J. Tolk, Predigtarbeit zwischen Text und Situation (1972)
M. Josuttis, Das Wort und die Wörter, in: H.-G. Geyer (Hg.), Freispruch und Freiheit (1973)
ders., Praxis des Evangeliums zwischen Politik und Religion (1974)
H. Arens u. a., Kreativität und Predigtarbeit (1974)
A. Grözinger, »Verkündigung« bei Rudolf Bultmann – untersucht unter rhetorischem Aspekt. Examensarbeit Fachbereich Evangelische Theologie, Mainz (1974)
K.-P. Hertzsch, Predigt als Rede und Anrede, in: Theologische Literaturzeitung 99. Jg./1974/881 ff.
G. Otto, Praktische Theologie als kritische Theorie religiös vermittelter Praxis in der Gesellschaft, in: ders. (Hg.), Praktisch-theologisches Handbuch (2. Aufl. 1975)

Daß Predigt und Homiletik von ihren Anfängen an mit der Rhetorik verbunden sind, kann man, in unterschiedlicher Sicht, studieren mit Hilfe von:

P. Kleinert, Zur christlichen Kultus- und Kulturgeschichte (o. J.)
B. Stolt, Docere, delectare und movere bei Luther, in: Deutsche Vierteljahresschrift für Literaturwissenschaft und Geistesgeschichte 44. Jg./1970/433 ff.
U. Nembach, Predigt des Evangeliums. Luther als Prediger, Pädagoge und Rhetor (1972)

R. Breymayer, Bibliographie zum Thema »Luther und die Rhetorik«, in: Linguistica Biblica 21/22/1973/39 ff.
U. Schnell, Die homiletische Theorie Ph. Melanchthons (1968)

Für die Zeit nach Schleiermacher bietet F. Wintzer (a.a.O.) eine zwar wenig eindringende aber übersichtliche Darstellung unter der Überschrift: »Nachtrag (sic!): Letzte (sic!) Darstellungen der Homiletik in enger Verbindung mit der Rhetorik« (103 ff.), wo er H. A. Schott, F. Theremin und A. Vinet vorstellt.

Die einzige bisher vorliegende Monographie zum Thema Rhetorik und Homiletik stammt von:
W. Grünberg, Homiletik und Rhetorik. Zur Frage einer sachgemäßen Verhältnisbestimmung (1973).
Grünberg analysiert L. Hüffel, A. Schweizer, A. Tholuck, F. Theremin und A. Krauß, um von dort aus zu einer systematischen Verhältnisbestimmung vorzustoßen. Aber dazu kommt es nicht recht, weil Grünberg sich aus den Denkkategorien der Dialektischen Theologie nicht wirklich zu lösen vermag.

Um einen Einblick in die homiletisch-rhetorische Diskussion gerade des 19. Jahrhunderts zu geben und so vielleicht zum Abbau von Vorurteil und Unkenntnis zu helfen, zitiere ich ein originelles Beispiel:
F. V. Reinhard, Geständnisse, seine Predigten und seine Bildung zum Prediger betreffend, in Briefen an einen Freund (1811):
»Ich habe nie einen Unterricht in der Homiletik gehabt, auch nie an homiletischen Uebungen theilgenommen. Das mag man meinen Predigten vielleicht ansehen; es mag ihnen der Zuschnitt und die Einrichtung gar sehr fehlen, welche sie nach den Regeln der Homiletik haben sollten. Daß ich aber, ohne diese Regeln gelernt zu haben, im Stande gewesen bin, so viele Predigten zu machen, und ihnen wenigstens erträgliche Gestalt zu geben; das bin ich dem fleißigen Lesen der alten Rhetoren und Redner, und dem nicht weniger eifrigen Studio der Philosophie schuldig ... und noch immer bin ich der Meinung, daß mir dieses Studium mehr genüzt hat, als ein Collegium über die Homiletik ...« (51)
»So ist denn, dieß wurde mir immer klärer, je länger ich diesen Redner (= Demosthenes) las, die wahre Beredsamkeit etwas ganz anders, als Schönrednerey; etwas ganz anders, als ein Tändeln mit Gegensätzen und witzigen Spitzfindigkeiten; etwas ganz anders, als poetische, oder, wie Kant sie sehr richtig nennt, tollgewordne Prosa; etwas ganz anders endlich, als jener Sturm und Drang, als jenes Sprudeln und Schäumen, als jener Bombast und Schwulst, der den großen Haufen in Erstaunen sezt, den er bewundert, weil er ihn nicht versteht. Könntest du, dieß war die Folge, die ich für mich selbst zog, könntest du also auf der Canzel so sprechen, daß deine Rede allezeit ein streng geordnetes, in allen seinen Theilen vest verknüpftes, und in der natürlichsten Ordnung fortschreitendes

Ganzes wäre; könntest du allezeit einen interessanten, in einem nahen Zusammenhange mit den wichtigsten Angelegenheiten deiner Zuhörer stehenden, und für das Leben fruchtbaren Stoff behandeln; könntest du dieß so thun, daß du jeden Gedanken immer in die Worte kleidetest, die ihn im ganzen Schatz der Sprache am richtigsten und treffendsten bezeichnen; könntest du folglich beym Lehren immer den faßlichsten, beym Beschreiben immer den anschaulichsten, beym Ermahnen immer den kräftigsten, beym Warnen den erschütterndsten, beym Trösten den beruhigendsten Ausdruck finden; könntest du dich der Sprache so bedienen, daß jede Schattirung der Begriffe, jeder Wechsel der Gefühle, jede Steigerung des Affects durch sie sichtbar würde, und immer die Saite des Herzens träfe, die angeregt werden soll; könntest du endlich deiner Rede eine Fülle ohne Wortschwall, einen Wohlklang ohne erkünsteltem Rhythmus, und einen leichten, ungehinderten, Ohr und Herz gleichsam überströmenden Fluß verschaffen: so würde das die Beredsamkeit seyn, die sich für die Canzel schickte; dein Vortrag würde deutlich für den Verstand, behältlich für das Gedächtniß, erweckend für die Empfindung, ergreifend für das Herz seyn; du würdest von der Religion mit der hohen Einfalt, mit der edlen Würde und mit der wohltätigen Wärme sprechen, mit der man von ihr sprechen soll.« (53–55)

Vgl. außerdem:

H. A. Schott, Kurzer Entwurf einer Theorie der Beredsamkeit mit besonderer Anwendung auf die Kanzelberedsamkeit (1807)

E. G. W. Crome, Theoretisch-practische Anleitung zur Vervollkommnung der geistlichen Beredsamkeit durch das Studium der alten Classiker (2., nach den Ansichten geschätzter Kanzelredner völlig umgearbeitete und vermehrte Aufl., 1838)

F. Theremin, Die Beredsamkeit eine Tugend oder Grundlinien einer systematischen Rhetorik (1888)

Zu 1.2. zitierte Literatur:

W. Magass, Das öffentliche Schwaigen (1967)

W. Jens, Von deutscher Rede (1969)

G. Ueding, Schillers Rhetorik (Diss. Tübingen 1969)

J. Goth, Nietzsche und die Rhetorik (1970)

H. Geißner, Rede in der Öffentlichkeit (1969)

ders., Rhetorik (1974)

J. Kopperschmidt, Rhetorik (1973)

A. Müller, Zwölf Reden über die Beredsamkeit und deren Verfall in Deutschland (1816)

E. Bloch, Das Prinzip Hoffnung Bd. 1 (1969)

P. Hacks, Das Poetische (es 544/1972)

H. M. Enzensberger, Museum der modernen Poesie (dtv-sr 35/36-1964)
H. Domin (Hg.), Nachkrieg und Unfrieden (1970)
dies., Wozu Lyrik heute (1968)
R. Bohren, Nur Poesie kann für die Liebe sprechen, in: Ev. Kommentare 5. Jg./1972/649 ff.
ders., Novalis: Verheißung und Versuchung der Romantik, in: Theologia Viatorum XI (1973), 27 ff.
J. G. Marezoll, Über die Bestimmung des Kanzelredners (1893)

weitere Literatur:
H.-E. Bahr, Verkündigung als Information (1968)
P. Cornehl/H.-E. Bahr (Hg.), Gottesdienst und Öffentlichkeit (1970)
J. Schreiber, Predigt, in: G. Otto (Hg.), Praktisch-theologisches Handbuch (2. Aufl. 1975) 476 ff.

Als Paradigma vieler vergleichbarer Äußerungen gerade von exegetischer Seite (z. B. E. Grässer, G. Klein u. a.) vgl. F. Hahn, Thesen: Zur gegenwärtigen Aufgabe der Predigt (in: Ders., Mainzer Predigten, 1972). Sie eignen sich zur Gegenüberstellung, weil Hahns Thesen zeigen, was sich in der Folge der Dialektischen Theologie aus einem absolut gesetzten biblisch-exegetischen Ansatz einerseits und aus begrenzter rhetorisch-homiletischer Kompetenz andererseits ergibt: Thesen, die wenig beitragen zur *konkreten homiletischen* Aufgabe. Daß ein Exeget *dafür* auch nicht ohne weiteres zuständig ist, möchte man ihm gerne zugestehen – wenn er nicht gleichzeitig den Anspruch erheben würde, für *praktisch-theologische* Aufgaben die *Normen* statuieren zu müssen, eben weil er Exeget ist.
Preisfrage: Wann werden Exegeten akzeptieren, daß praktisch-theologische Probleme nicht durch Deduktionen aus exegetischen Aussagen zu lösen sind, sondern ihren eigenen sachlich-methodischen Zusammenhang haben? Damit wäre den Exegeten nichts genommen – abgesehen von einem ungedeckten theologischen Monopolanspruch –, allen Beteiligten aber bliebe manche unergiebige Kontroverse erspart. Stattdessen würde so allererst eine Diskussion *zwischen* den Fachdisziplinen möglich.

2. Was heißt und was will Rhetorik?

2.0. Vorbemerkung

In Abschnitt 1. ist das Thema »Homiletik als Rhetorik« umrißartig angedeutet; in Abschnitt 3. soll es konkret entfaltet werden. Zwischen diesen beiden Abschnitten ist eine Einführung in Grundfragen der Rhetorik am Platze.
Dabei geht es um den Versuch, einen knappen Einblick in das verzweigte und komplexe Problemfeld zu vermitteln. Das soll in sechs »Zugängen« (2.1. bis 2.6.) erfolgen. Natürlich ist nicht mehr als die Kennzeichnung einiger Grundfragestellungen möglich. Die Auswahl ist von dreierlei bestimmt:

- Uns interessiert nicht die klassische rhetorische Formenlehre in ihren mannigfachen Ausprägungen.
- Vielmehr geht es um eine Zusammenfassung solcher rhetorischer Einsichten und Intentionen, die geeignet sind, uns *heute* die *Problematik einer Rede* und die *Situation von Redner und Hörer* zu verdeutlichen.
- Zwar steht Rede überhaupt im Mittelpunkt des Interesses; jedoch sei nicht bestritten, daß die Frage nach der Predigt die Beschäftigung mit Problemen der Rede gelegentlich auch hier steuert.

Diese Übersicht will kein »System« liefern. Vielmehr leitet die Absicht, von den verschiedenen »Zugängen« aus, die sich zum Teil durchaus überschneiden, im Rückgriff auf alte und neue Einsichten zu zeigen, auf welche »Fährten« uns rhetorische Überlegungen heute bringen können – uns: die *Redenden,* auch als Prediger, im Interesse einer »Sache«, welche immer die der *Hörer* ist.

2.1. Der Ansatz

These: Rhetorik hat es mit Bedingungen und Möglichkeiten sprachlicher Verständigung zu tun.
vgl.: 3.2.

Um den Ansatz rhetorischen Denkens zu skizzieren, bietet sich eine Umschreibung an, die wesentliche Anregungen einer

Passage aus Theodor Adornos »Negativer Dialektik« (63 f.) verdankt. Ich stelle sechs Hinweise nebeneinander:

– Wo immer das, was uns beschäftigt, sprachlicher Art ist, um so *Wirkungen* zu erzielen, haben wir es mit Rhetorik zu tun. Rhetorik erwägt den sprachlichen *Vorgang* und reflektiert seinen *Inhalt* ebenso wie seine *Ermöglichung* und *Verwirklichung*.
– So problemlos, wie die Umschreibung klingen mag, ist das Unternehmen nicht. Denn die Geschichte der Rhetorik kann ihre Janusköpfigkeit lehren. Der einen Seite korrespondiert und widerspricht zugleich die andere. Die *eine* Seite: Der sprachliche Vorgang ist Ort der Wahrheitsfindung, Medium wirksam werdender Wahrheit und also vom Inhalt niemals ablösbar zu denken; das ist Rhetorik als Ermöglichung von Wahrheit und ihrer Mitteilung. Die *andere* Seite, die genaue Umkehrung der ersten: In der Rhetorik selbst wird der sprachliche Vorgang als vom Inhalt ablösbar gedacht, verselbständigt zur Formen- und Figurenlehre, manipuliert zum Instrument, zu »Maschinen der Überredung« (Kant) – Rhetorik als äußerlich bleibender Glanz, auswechselbar und jedem Inhalt überzustülpen. Die Verachtung der Rhetorik in Deutschland hat also ihren Grund (von anderen, nämlich dialektisch damit verbundenen politischen Motiven hier noch zu schweigen). Diese Verachtung ist zu überwinden, indem die erstgenannte, die starke Seite rhetorischer Tradition, die unverzichtbare, wiedergewonnen und neu bedacht wird. Es ist nicht nur zu billig, unter Verweis auf die zweite, die andere Seite der Rhetorik eine Absage zu erteilen, es ist auch schlicht unsinnig, den immer gegebenen Vorgang sprachlichen Verkehrs, die immer zu erhoffende Verständigung, also den Vorgang des Sprechens und seine Wirkungen nicht zu reflektieren. Es wird zuviel geredet, um es sich leisten zu können, über das Reden nicht nachzudenken.
– Geht man davon aus, daß zwischen »Sache« und »Ausdruck« hypothetisch unterschieden werden muß, wiewohl es die »Sache« niemals ohne ihren »Ausdruck« gibt, so hat es Rhetorik mit der *tendenziellen Aufhebung* eben dieses Unterschiedes zu tun, damit die »Sache« unverstellt, unverkürzt, »ganz« zum »Ausdruck« komme. Eben hier wird der innerste Zusammenhang des Denkens mit der Sprache sichtbar, hier ist er zu wahren.
– Rhetorik, so verstanden, ist dann zwar nicht alles, wohl aber Bedingung der Möglichkeit aller Kultur, Bedingung der Möglichkeit einer jeden Gesellschaft, sich mit sich selbst zu verständigen, Bedingung der Möglichkeit, sich mit Inhalten, mit Ge-

schichte oder Gegenwart, mit Tradition oder deren Abweisung auseinanderzusetzen. Das gilt für die Gesellschaft als ganze, aber ebenso für jede Gruppe in ihr. »Das blank Antirhetorische ist verbündet mit der Barbarei ...« (Adorno); denn es wäre der Verzicht auf den Vorgang der Selbstverständigung, damit der Abschied von der Geschichte, und so auch von der Gegenwart.
– Gegen die Vorstellung, Rhetorik sei jeweiligem Inhalt gegenüber äußerlich, folglich auch verzichtbar oder beliebige Geschmackssache, ist also festzuhalten: In der rhetorischen Perspektive steckt allemal *inhaltliche* Parteinahme. Wie wäre sonst eigentlich vorstellbar, daß ausgerechnet die Gerichtsrede und die Lehre, zwei didaktische Grundsituationen, die Ausgangspunkte abendländischer rhetorischer Traditionen gewesen sind? Dabei ist das Charakteristikum inhaltlicher Parteinahme in rhetorischer Perspektive nicht das Diktat des Richtigen, das unmündig macht, sondern die Offenlegung des Wegs, die Abwägung, die Aufschlüsselung des Pro und Contra, damit der Hörer *durchschauen* kann, woran er ist – bis hin zur Möglichkeit, eine andere als des Redners Position zu beziehen. Dies ändert nichts daran, daß der Redner natürlicherweise überzeugen will. Im Nachruf auf den Juristen Adolf Arndt hat Gerhard Mauz geschrieben: »Adolf Arndt war der Rede mächtig wie wenige, denn er versuchte nicht, sich der Zuhörer durch seine Rede zu bemächtigen. Seine Reden forderten zum Denken auf, zur Gegenrede. Seine Reden erinnerten den Zuhörer daran, daß auch er eine Stimme hat.« Das ist *das* Bild des Redners.
– Schließlich: Der Redner will nicht nur sagen, was gestern war. Er ist, versteht er sich als *Redner*, nicht Referent für Archivalien, sondern er möchte seinen Zuhörern den nächsten Schritt tun helfen; er möchte zeigen, was noch nicht ist, aber sein könnte. Insofern gehört gerade zur konkretesten Rede ein *utopischer* Zug – der Zug ins Morgen hinein, der den Hörer mitnehmen will. Dies ist jeder Redesituation eigen, so besonders es auch erscheinen mag. Wer eine Geburtstagsrede hält, zeigt den Weg ins *nächste* Lebensjahr; wer eine Trauerrede hält, sagt, wie wir ohne den Verstorbenen *weiterleben* sollen; wer anläßlich des dreißigsten Jahrestags des Kriegsendes spricht, will zeigen, was es für *heute und morgen* heißt, daß dieser Krieg Teil unserer Geschichte ist; wer am Sonntagmorgen predigt, hat die *Zukunft* seiner Hörer im Sinn. Aus diesem utopischen Zug gewinnt die Rede ihre Dynamik, ihre Farbe. Rede ist nicht nur Referat. Dies wird nicht zuletzt an der sprachlichen Gestalt sichtbar werden müssen.

2.2. *Zugang: Wirkung*

These: Jede Rede, jeder Redner will etwas bewirken, will auf die Hörer einwirken. Fragt man nur nach der »Wirkungstechnik«, macht man Rhetorik zur Manipulation. Fragt man, *was – auf welche Weise – mit welchem Ziel – für wen – warum* bewirkt werden soll, gerät man in die Mitte rhetorischer Problematik: in den Zusammenhang von Rhetorik und Ethik.
vgl.: 3.2./4.1.2.

Daß Worte wirken, ja wirken *sollen,* könnte jeder wissen und macht sich doch lange nicht jeder klar. Man kann es sich (fürs erste und dabei andere Aspekte vernachlässigend) verdeutlichen an Sprachformen wie Fluch oder Segen, an formulierten Glückwünschen, am beschwörenden Wort, das Wirklichkeit rufen oder verändern möchte. Und doch herrscht nach wie vor die Meinung: Worte, nichts als Worte ...
In der Philosophie (zum Beispiel Hegel oder Kant) wie in der Rhetorik (zum Beispiel Adam Müller) ist unter dem Aspekt der Wirkung zwischen Dichtung und Rhetorik unterschieden worden: Poesie sei zweckfrei – Rede sei absichtsvoll und darum minder zu achten. Diese Unterscheidung hat historische Gründe. »Die Einheit von Rhetorik und Dichtung zerbrach, sehr konsequent, in einem Augenblick, als die Poetik ihren normativen Charakter verlor und die historisch bestimmte Ästhetik an die Stelle der Regel-Rhetorik trat: um 1700 ...« (Jens). Heute aber, da sowohl Dichtungstheorie wie Rhetorikverständnis andere sind als um 1700, ist zu fragen: Wird nicht in der Trennung von Rhetorik und Poetik sowohl der Poesie wie auch der Rede unrecht getan, weil *beider* Absicht und beider Ausgestaltung in der Entgegensetzung verzeichnet werden? Poesie ist *intentional,* insofern sie den Leser für sich einnehmen will. Nicht anders die Rede. Wilfried Barner hat dies in seiner großen Monographie überzeugend für die Epoche des Barock gezeigt. Für andere Dichter mehren sich die rhetorischen Untersuchungen nicht zufällig. Poesie und Rede, Poetik und Rhetorik sind einander in der Kategorie des Wirkenwollens verbunden. Darum kommt große Rede nicht ohne poetische Sprache aus.
Wir verdeutlichen uns den Horizont der Wirkung an drei verschiedenen Autoren.

Heinrich Böll sagt in einer Rede (1959):
»Worte wirken, wir wissen es, haben es am eigenen Leib erfahren. Worte können Krieg vorbereiten, ihn herbeiführen, nicht immer sind

es Worte, die Frieden stiften. Das Wort, dem gewissenlosen Demagogen ausgeliefert, dem puren Taktiker, dem Opportunisten, es kann zur Todesursache für Millionen werden ... Eine beliebig zu klassifizierende Gruppe von Mitbürgern kann durch Worte dem Verderben ausgeliefert werden. Ich brauche nur ein Wort zu nennen: Jude. Es kann morgen ein anderes sein: das Wort Atheist oder das Wort Christ oder das Wort Kommunist, das Wort Konformist oder Nonkonformist.«

Der Redner benennt, was die Rede bewirken kann. Schlimm genug, wenn der Redner es beabsichtigt, ohne daß der Hörer sich der Wirkung der Beeinflussung *bewußt* werden soll. Dann zeigt sich das Ausmaß der Ambivalenz jenes Satzes, mit dem Walter Jens – in Aufnahme von Aristoteles – das entscheidende Charakteristikum einer Rede bezeichnet: »Eine Rede, die nicht auf die Überredung zielt, ist ein Widerspruch in sich selbst« (11).

An eben dieser Stelle setzt in der »Kritik der Urteilskraft« *Kants* folgenreiche Kritik an der Rhetorik ein – folgenreich, weil seitdem die negative Wertung der Rhetorik in Deutschland ihren großen Ahnvater hat:

»Die Beredsamkeit, sofern darunter die Kunst zu überreden, d. i. durch den schönen Schein zu hintergehen (als ars oratoria), und nicht bloße Wohlredenheit (Eloquenz und Stil) verstanden wird, ist eine Dialektik, die von der Dichtkunst nur so viel entlehnt, als nötig ist, die Gemüter, von der Beurteilung, für den Redner zu *dessen* Vorteil zu gewinnen, und dieser die Freiheit zu benehmen; kann also weder für die Gerichtsschranken, noch für die Kanzeln angeraten werden. Denn wenn es um bürgerliche Gesetze, um das Recht einzelner Personen, *oder* um dauerhafte Belehrung und Bestimmung der Gemüter zur richtigen Kenntnis und gewissenhaften Beobachtung ihrer Pflicht, zu tun ist: so ist es unter der Würde eines so wichtigen Geschäftes, auch nur eine Spur von Üppigkeit des Witzes und der Einbildungskraft, noch mehr aber von der Kunst, zu überreden und zu *irgend jemandes* Vorteil einzunehmen, blicken zu lassen. *Denn,* wenn sie gleich bisweilen zu an sich rechtmäßigen und lobenswürdigen Absichten angewandt werden kann, *so* wird *sie* doch dadurch verwerflich, daß auf diese Art die Maximen und Gesinnungen subjektiv verderbt werden, wenn gleich die Tat objektiv gesetzmäßig ist: indem es nicht genug ist, das, was Recht ist, zu tun, sondern es auch aus dem Grunde allein, weil es Recht ist, auszuüben.«

Daß »die Maximen und Gesinnungen subjektiv verderbt werden« könnten, und zwar eben dadurch, daß der Redner die, wie es wenig später heißt, »Maschinen der Überredung anlegen« will, das ist Kants Spitze gegen die Rhetorik, gegen ihren Wirkungscharakter. Fraglos ein Vorwurf, der mit reichem Material leicht zu belegen ist – nur: Ist mit dem Aufweis des Mißbrauches, mit dem Aufweis der Gefahren schon hinreichend umschrieben, was Rhetorik zu leisten vermag? Ist mit der berechtigten Abwehr jeglicher Manipulation die ebenso berechtigte Kategorie der Wirkung von Rede und Redner außer Kraft gesetzt? Nein, die Mißbrauchsgeschichte der Rhetorik verbietet uns nicht, der Rhetorik positive Möglichkeiten abgewinnen zu wollen.

Um aber die Warnung vor dem Mißbrauch unüberhörbar und dem Leser die Gegenargumente so plastisch wie möglich zu machen, mag hier als dritter Autor *Adolf Hitler* stehen. Er hat in »Mein Kampf« zu einem Zeitpunkt, als dies alles andere als selbstverständlich war, von der Bedeutung der Rede gehandelt (und er hätte damit doch allen, die lesen können, hinsichtlich seiner eigenen Reden rechtzeitig ein Licht aufstecken können) – und zwar genauso, wie Kant die Gefahren beschworen hatte. Oder umgekehrt: in einer Weise, die uns heute lehren kann, daß die Frage nach der Wirkung nur dann ihr Recht hat, wenn sie mit der Frage nach der ethischen Verantwortbarkeit des zu Bewirkenden gekoppelt ist. Wirkungsabsicht ist allein *inhaltlich* legitimierbar. Das Gegenbeispiel Hitler kann es lehren:

»Die Macht aber, die die großen historischen Lawinen religiöser und politischer Art ins Rollen brachte, war seit urewig nur die Zauberkraft des gesprochenen Wortes.

Die breite Masse eines Volkes vor allem unterliegt immer nur der Gewalt der Rede. Alle großen Bewegungen aber sind Volksbewegungen, sind Vulkanausbrüche menschlicher Leidenschaften und seelischer Empfindungen, aufgerührt entweder durch die grausame Göttin der Not oder durch die Brandfackel des unter die Masse geschleuderten Wortes und sind nicht limonadige Ergüsse ästhetisierender Literaten und Salonhelden. Völkerschicksale vermag nur ein Sturm von heißer Leidenschaft zu wenden, Leidenschaft erwecken aber kann nur, wer sie selbst im Innern trägt ...« (116)

»Fast immer war es so, daß ich in diesen Jahren vor eine Versammlung von Menschen trat, die an das Gegenteilige von dem glaubten, was ich sagen wollte, und das Gegenteil von dem wollten, was ich glaubte. Dann war es die Aufgabe von zwei Stunden, zwei- bis dreitausend Menschen aus ihrer bisherigen Überzeugung herauszuheben, Schlag um Schlag das Fundament ihrer bisherigen Einsichten zu zertrümmern und sie schließlich hinüberzuleiten auf den Boden unserer Überzeugung und unserer Weltanschauung.

Ich habe damals in kurzer Zeit etwas Wichtiges gelernt, nämlich dem *Feinde die Waffe seiner Entgegnung gleich selber aus der Hand zu schlagen.* Man merkte bald, daß unsere Gegner, besonders in Gestalt

ihrer Diskussionsredner, mit einem ganz bestimmten »Repertoire« auftraten, in welchem immer wiederkehrende Einwände gegen unsere Behauptungen erhoben wurden ...
Es war wichtig, sich in jeder einzelnen Rede vorher schon klarzuwerden über den vermutlichen Inhalt und die Form der in der Diskussion zu erwartenden Gegeneinwände und diese dann in der eigenen Rede bereits restlos zu zerpflücken. Es war dabei zweckmäßig, die möglichen Einwände selbst immer sofort anzuführen und ihre Haltlosigkeit zu beweisen; so wurde der Zuhörer, der, wenn auch vollgepfropft mit den ihm angelernten Einwänden, aber sonst ehrlichen Herzens gekommen war, durch die vorweggenommene Erledigung der in seinem Gedächtnis eingeprägten Bedenken leichter gewonnen. Das ihm eingelernte Zeug wurde von selbst widerlegt und seine Aufmerksamkeit immer mehr vom Vortrag angezogen.« (522 f.)

Zugegeben, *diese* Inanspruchnahme von Rhetorik, *diese* Art, Wirkungen zu erzielen, kann beängstigend lehren, was wir uns *auch* vor Augen zu halten haben, wenn wir uns der Rhetorik zuwenden – eben die Geschichte des Mißbrauchs. Die Geschichte der Verachtung der Rhetorik in Deutschland ist ansatzweise geschrieben, die ihres Mißbrauchs, übrigens auch ihres Mißbrauchs in Predigten, noch kaum.
Darum darf aus der rhetorischen Reflexion selbst die Frage nach *Zielsetzung* und *Begründung* des Redeinhalts nicht entlassen werden.

2.3. Zugang: Kommunikation und Sprache

These: Reden gehören in den komplexen Zusammenhang sprachlicher Kommunikation. Diese wiederum ist unter verschiedenen Blickwinkeln zu erörtern: Kommunikationsforschung, Soziolinguistik, Linguistik. Diese Fragerichtungen haben, rhetorisch gesehen, ihre Bedeutung darin, daß sie die Redesituation aufhellen helfen, in der Kirche wie in der Gesellschaft. Denn sprachliche Kommunikation kann weder von ihren sozialen Bedingungen absehen noch davon, welche Interessen sich durch die, die reden können, durchsetzen.
vgl.: 3.2.2./3.2.6./4.2.2./4.9.2.

Die Probleme der Wirkung haben uns eben vorrangig unter dem Aspekt ethischer Verantwortbarkeit beschäftigt. Nehmen wir ernst, daß Wirkungen durch *Reden* erfolgen sollen, sind wir in den Umkreis der Probleme sprachlicher Kommunikation verwiesen. Dabei ist vor allen Einzelerörterungen festzuhalten:

Sprachliche Kommunikation ist eine von *vielen* Weisen, eine von vielen möglichen, wenn auch zum Teil weitgehend verkümmerten Weisen, wie Menschen miteinander kommunizieren können. Daß allenthalben, bewußt und programmatisch oder unreflektiert, sprachliche Kommunikation als einziger Modus verabsolutiert wird, ist für diese selbst die gefährlichste Hypothek. Die Last dieser Hypothek steigert sich in der Kirche noch zusätzlich: einer »Theologie des Wortes«, einer Kirche des Wortes, die den Glauben aus der Predigt kommen sieht, legt sich die Reduktion der Kommunikation, die Reduktion des Reichtums von Kommunikationsmöglichkeiten und -strukturen auf die Rede *allein* besonders gefährlich nahe. So gerät gerade die Rede in die fast perverse Gefahr, selbst an der Verkürzung und Verkümmerung menschlicher Kommunikation schuldig zu werden. Deswegen muß man, bevor man auf Probleme sprachlicher Kommunikation eingeht, deutlich genug sagen: Erst wenn Kommunikation dem Reichtum humaner Möglichkeiten entsprechend vielfältig gelebt wird – in Gestik und Mimik, in Tanz und Spiel, in körperlicher Zuwendung und Berührung, in Bildern, in Musik und Gesang – erst dann kommt Rede-Kommunikation in ihr Recht. Dabei sind die Schwierigkeiten, kommunikationswissenschaftliche, linguistische und soziolinguistische Erkenntnisse und Fragestellungen unter das Dach der Rhetorik zu bringen, fast unüberwindlich. Nötig scheint es uns, weil in allen genannten Disziplinen Fragestellungen verhandelt werden, die ursprünglichen rhetorischen Interessen folgen, auch wenn die klassische Rhetorik sie natürlicherweise anders artikuliert hat. Vernachlässigt rhetorische Betrachtung diese Fragestellungen heute, entsteht die Gefahr, daß Rhetorik »schöngeistig« wird, zugleich aber auch die andere Gefahr, daß Kommunikationstheorie und Linguistik eines umfassenderen Fragehorizontes beraubt werden, was zu falschen Isolierungen oder Verabsolutierungen ihrer Einsichten und Ergebnisse führt.

Die Schwierigkeiten, die ganz eindeutig auch die Grenze unseres Versuchs bestimmen, sind vorweg folgendermaßen festzuhalten:

– »Die Kommunikationswissenschaft will erst eine werden. Eine zureichende empirisch abgesicherte Kommunikationstheorie mittlerer Reichweite liegt noch nicht vor« (Rammenzweig, 12).

– In der Linguistik konkurrieren verschiedene Interessen und Ansätze miteinander, was ihre Rezeption für die Rhetorik ungemein erschwert. Das soziolinguistische Interesse korrigiert in gewisser Weise eine typische Gefahr der Linguistiker: nämlich sprachliche Einheiten mit letzter Akribie zu analysieren, sie aber

gleichzeitig aus ihrer konkreten Situation herauszulösen. So sehr Rhetorik linguistischer Analysen bedürfen wird, so wenig wird sie sich auf eine Trennung von Rede und Situation verstehen können.
Auf diesem Hintergrund entspricht es unserem Versuch, hier lediglich einige Hauptprobleme aus dem Zusammenhang von *Kommunikation* und *Soziolinguistik* zu benennen – eher als Problemanzeigen denn als schon bewältigte Fragen.

Zu Fragestellungen der Kommunikationswissenschaft

Es ist beliebt, in der Kirche, in der Praktischen Theologie und anderswo, einzelne (meist frühe) Ergebnisse amerikanischer Kommunikationsforschung (meist aus dem Zusammenhang der Werbung stammend) herauszunehmen und sie auf andere Bereiche, z. B. auf die Predigt, zu übertragen. Das wirft eine doppelte Rückfrage auf:

– Meist handelt es sich dabei um technologische Kommunikationsmodelle und Ergebnisse aus der massenmedialen Forschung. Aber wer sagt eigentlich, daß die Kommunikationsprozesse und -probleme, die sich einem Redner stellen, der von Angesicht zu Angesicht zu fünfzig Menschen spricht – von denen er vielleicht sogar mit einem Teil persönlich bekannt ist –, dieselben sind, die sich dem Fernsehen, dem Rundfunk oder der Massenwerbung stellen? Jedoch, nicht selten tun wir so, um ebenfalls hantierbare Formeln zu haben. Nur, die Wirklichkeit, hier: was Kommunikation ist, dürfte sich den Formeln verweigern.

– Welches Verständnis von Kommunikation herrscht eigentlich, wo man sie auf den Aspekt ihrer Machbarkeit reduzieren zu dürfen glaubt? Wenn Rhetorik mehr ist als ihr Mißbrauch (»Maschinen der Überredung«), dann muß Kommunikation, unter rhetorischem Aspekt betrachtet, anderes sein als die Frage nach dem psychologisch geschicktesten Verkaufstrick – um welchen Inhalt es sich auch handle. Probleme der Kommunikation gehen nicht auf in der Anpassung an (vermeintliche oder gegebene) psychische Strukturen der Zuhörer und einer daran orientierten Mitteilungstechnik.

Kurz: Nach Kommunikation im rhetorischen Zusammenhang fragen heißt die *Gründe* für gestörte, zerstörte und die *Bedingungen* für bessere Kommunikation in jener Gruppe zu erheben, *mit* der ich, *für* die ich und/oder *zu* der ich zu reden habe. Das ist die bedrängende Frage, in die mich jede Redesituation aufs neue führt – es sei denn, ich wollte meine Zuhörer gerade nicht (wenigstens potentielle) Gesprächspartner sein lassen, sondern unmündig bleibende Konsumenten.

Damit ist der Punkt markiert, an dem der Zusammenhang rhetorischer mit kommunikationstheoretischen Fragen in Wahrheit belangvoll wird: nicht in der Beschreibung des psychotechnischen Ablaufs von Kommunikation, sondern in einem umfassenden, an der gesamtgesellschaftlichen Situation orientierten Interesse an

– Befähigung zu *besserer* Kommunikation der Glieder einer Gruppe, letztlich der Gesellschaft untereinander;
– Überwindung von die Kommunikation zerstörenden Macht- und Herrschaftsverhältnissen;
– Hilfen, die sprachlich verkürzte Kommunikation wieder in den Reichtum ihrer Möglichkeiten zu überführen;
– oder auch (mit J. Habermas und andern): an »kommunikativer Kompetenz« und Emanzipation.

Dieses Interesse ist von der Soziolinguistik her leicht weiter zu verdeutlichen.

Zu Fragestellungen der Soziolinguistik (und Linguistik)

Als nicht in die hochdifferenzierten linguistischen Fragestellungen (und deren Fachsprache) Eingeweihter kann man den Zusammenhang zwischen Rhetorik, Kommunikation und Linguistik eher in soziolinguistischen Untersuchungen begreifen, d. h. dort, wo nach dem Zusammenhang von sozialer Schichtzugehörigkeit, gesellschaftlicher Rolle und Sprache, sei es auf seiten des Redenden oder des Hörenden, gefragt wird. Wer heute über »Reden« und »Hören« und gar über die Möglichkeit von Antwort oder Widerspruch gegenüber einer Rede nachdenkt, muß sich klarmachen, wie unterschiedlich, ja unvereinbar und oft unvermittelbar die Ausgangssituationen des Redners einerseits und des Hörers andererseits sein könnten. Es geht in der Soziolinguistik also um die Wechselbeziehungen zwischen Sprache und Gesellschaft, genauer: zwischen Sprachcode, Zugehörigkeit zu gesellschaftlichen Schichten und den daraus resultierenden Barrieren für gegenseitiges Verstehen.

Hermann Glaser hat diese Problematik an einem schlagenden Beispiel verdeutlicht: Er hat dem Bericht der Hausfrau Erna E. über ihre familiäre Lebenssituation eine Predigt des Landesbischofs D. Dr. D. gegenübergestellt. Die Gegenüberstellung dokumentiert im unterschiedlichen Sprachmuster zugleich eine total verschiedene Beziehung der beiden Sprecher zur Wirklichkeit – und darin die vermutbare Unmöglichkeit der Kommunikation zwischen beiden. Es hat also nicht sein Bewenden bei der linguistischen Analyse, sondern rhetorisch bedeutsam ist, was sie aufdeckt:

»Der Landesbischof spricht mit großem verbalen Aufwand über wenig: die exegetischen Variationen und Spekulationen vermitteln gerade wegen ihrer ausgefeilt-syntaktischen Brillanz kaum Betroffenheit. Dem elaborierten Kode entspricht ein restringiertes Realitätsverhältnis.
Erna E. vermittelt auf unkomplizierte Weise, was in der Wirklichkeit sehr vielfältig und nuancenreich ist. Mag ihre Artikulationsfähigkeit auch reduziert sein, selbst die reduzierte Artikulation spiegelt mehr Wirklichkeitsbewußtsein als der linguistische Reichtum des Landesbischofs. Die Umsetzung von Gefühl und Erlebnis gelingt Hausfrau E. auf unmittelbare Weise; freilich fehlt jeder Versuch, die konkreten Verhältnisse auf ihre Bedingtheiten hin zu hinterfragen.
Die Sprachbarriere besteht auf beiden Seiten; der Gottesmann kapselt sich ab im Sprachmuster unverbindlicher Erbauung; die verbale Weitschweifigkeit dringt zu den Gefilden der Realität nicht vor. Erna E.s Sprachmuster steht jenseits syntaktischer Sublimierung; sie artikuliert gegenständlich. Die Stärke der konkreten Sprache ist zugleich ihre Schwerkraft; das restringierte Sprachmuster verschließt sich abstrahierender Reflexion.
Ich mutmaße, daß die Hausfrau nicht den Landesbischof, dieser aber auch nicht die Hausfrau versteht.« (35)

Wenn ich hier auf das Gewicht linguistischer Fragestellungen nur hinweise, so hat das seinen Grund darin, daß die Rezeption für den Nichteingeweihten auf größere Schwierigkeiten stößt als im Falle der Kommunikationstheorie und der Soziolinguistik und daher in einer knappen Einführung nicht zu leisten ist.

Josef Kopperschmidt hat den bisher konsequentesten und umfassendsten Versuch gemacht, Rhetorik in »enger Anlehnung an die Fragestellung der modernen Linguistik« zu entfalten. Genauer noch, er bezieht durchgängig aufeinander:
– rhetorische Tradition,
– linguistische Fragestellungen,
– kommunikationswissenschaftliche Fragestellungen.
Im Begriff der »persuasiven Kommunikation« und in der Darlegung ihrer Theorie verknüpft Kopperschmidt Schritt für Schritt diese drei Aspekte. Damit gelingt ihm nicht nur, die rhetorische Tradition aufzuarbeiten, sondern zugleich kommunikationswissenschaftliche Erkenntnisse so zu integrieren, daß deren nur technokratischer Gebrauch, wie er weithin üblich ist, hier nicht aufkommen kann. Außerdem erreicht er durch die Be-

rücksichtigung des linguistischen Denkmodells und zugleich die Korrektur dieses Modells hinsichtlich seiner Situationslosigkeit (eine Korrektur, die auch innerhalb der Linguistik schon begonnen hat) eine Verbindung zwischen Rhetorik und Linguistik, die es unmöglich macht, der Rhetorik vorzuwerfen, sie entwickle sich abseits moderner sprachwissenschaftlicher Fragestellungen. Allerdings mahnt Kopperschmidt gegenüber seinem Vorgehen selbst zur Vorsicht: »Damit soll nichts über die wissenschaftstheoretisch noch zu klärende Beziehung zwischen Rhetorik und Linguistik ausgesagt werden; damit ist nur auf eine verwandte Problemstellung hingewiesen, die sich sachlich in dem gemeinsamen Objekt von Rhetorik und Linguistik, nämlich Sprache, begründet« (22).

2.4. Zugang: Politisch-soziale Funktionen der Rede

These: »Rhetorik als soziale Wissenschaft ist in unseren Tagen zeitgemäßer denn je« (Jens). Wenn Handeln von gegenseitiger Verständigung, von Kommunikation abhängt, dann liegt der Zusammenhang zwischen Rede und Aktion auf der Hand – ebenso das Dilemma aktionsleerer Rederei und wortlosen Aktionismus.
vgl.: 3.2.2./4.2.2.

Wirkung und sprachliche Kommunikation stiften Sozialität. Das bedeutet zugleich, daß soziales Leben in seinen vielfältigen Gestalten, von der Kleingruppe bis zum Staat, alle dazwischenliegenden Formen eingeschlossen, auf mündliche Rede, auf sprachliche Artikulation angewiesen ist. Inwiefern das gilt, zugleich mit welcher innewohnenden Problematik, läßt sich in verschiedener Hinsicht verdeutlichen.

Reden und Handeln

Es gibt offenbar unausrottbare Entgegensetzungen. Die zwischen Reden und Handeln ist eine. Schon Kindern sagt man: »Red' nicht so viel, tu lieber was!« So beginnt Unmündigkeit als Verachtung der Rhetorik. Sie setzt sich auf anderer Ebene fort in der beliebten deutschen Verachtung der Parlamente und vergleichbarer Gremien (»Schwatzbuden«). Die politischen Gründe, die dafür jeweils namhaft zu machen sind, sind keine andern als eben die, die den Nährboden der Verachtung des freien Wortes darstellen. Wie nimmt sich in diesem Zusammenhang eigentlich die jüngst beliebt gewesene Forderung aus, die Predigt abzuschaffen? Sollte als Motiv neben aller verständlichen Resignation angesichts der Inflation belangloser Predigten etwa auch die zwar unbedachte, aber traditionsreiche Alternative zwischen Reden und Handeln eine Rolle gespielt haben?

Es gibt kein Handeln, das nicht der Artikulation bedürfte, also vorgängiger Erwägung oder begleitender Kommentierung oder nachfolgenden sprachlichen Resümees durch die Beteiligten. Aber natürlich auch umgekehrt: Reden, deren Horizont nicht faktisches, konkretes Verhalten ist, die also nicht »Einreden« in Handlungs- und Entscheidungsprozesse beabsichtigen, sind leeres Geschwätz.

Diese Umschreibung läßt sich noch einen Schritt weiterführen, so daß nicht nur Sprache auf Handeln *bezogen* verstanden werden kann, sondern Reden *als* Handeln.

Menschliches Handeln, Entscheiden oder Verhalten ist an handlungsleitenden Grundsätzen orientiert. Soziales Handeln, also das einer Gruppe, ist nur möglich, wo es über diese handlungsleitenden Grundsätze zu einer Verständigung, zum Konsens kommt. Im Anschluß an Jürgen Habermas bestimmt Joseph Kopperschmidt genau von hier aus, was Rhetorik zu leisten habe. Ein Konsens der genannten Art ist nämlich niemals aus sich heraus zwingend, ist nicht einfach eine Sache logischer Ableitung, der sich – in der Art der Lösung einer Mathematikaufgabe – niemand entziehen könnte, sondern er ist allein durch »überzeugende Rede« (Habermas, 75) erreichbar. Mit ihr hat es Rhetorik zu tun, denn sie »gilt herkömmlicherweise als die Kunst, einen Konsens in Fragen herbeizuführen, die nicht mit zwingender Beweisführung entschieden werden können« (ders., ebd.). Dies aber sind jene praktischen Fragen, die sich im Zusammenleben von Menschen und in der Erwägung der im Zusammenleben zu realisierenden Sinn- und Wertvorstellungen als unausweichlich ergeben – in politischen Auseinandersetzungen ebenso wie in jedweder Rede, die eine Gruppe von Menschen in ihrer konkreten Lebenssituation ansprechen will.

Hat es Rede aber damit zu tun, dann steht sie nicht dem Handeln gegenüber, sondern ist gleichsam Mitte alles bedachten Handelns. »Wenn sprachliches Handeln eine besondere Qualität des Handelns darstellt, insofern im Medium Sprache Handeln über sich selbst Rechenschaft zu geben imstande ist, wenn weiter die Fähigkeit sprachlichen Handelns als Voraussetzung verantwortlichen Handelns zu gelten hat«, dann kann man sagen:

sprachliches Handeln ist geradezu ein »Paradigma verantwortlichen Handelns« (Kopperschmidt, 44).

Monolog und Dialog

Dies ist die andere, ebenso unausrottbare Entgegensetzung. Dabei ist sie eine eklatante Verkürzung und belegbar doch nur vom *schlechten* Beispiel her.

Rede ist erst da bei der ihr gegebenen Möglichkeit, ist erst da als sozialer Akt begriffen, wo schon im Wort des einen, der zeitweilig redet, der Hörer mit zum Zuge kommt, der Hörer sozusagen mit »im Wort« ist. Das heißt zugleich: Die Rede, die nicht darauf aus ist, den Hörer schließlich zum mitredenden Partner zu machen, die Rede also, die sich am Stummsein und Stummbleiben des Hörers erfreut, hat sich selbst korrumpiert. Rede will, recht verstanden, nicht stumm machen, sondern die Zunge lösen helfen.

Der Ansatz dafür liegt in der Struktur und in der Argumentationsweise der Rede. Das hat wiederum schon Adam Müller im Stil seiner Zeit unübertrefflich ausgedrückt:

»Die Beredsamkeit will ergreifen, aber durch Reiz, durch Motive, die in der Brust dessen liegen, auf den sie es abgesehen: sie will ihre Beute nicht tot haben wie der gemeine Eroberer, aber im vollen Sinne des Wortes lebendig. Sie will eine freie Seele bezaubern und beherrschen; sie will ihren Gegner nur zwingen und reizen, niederzuknien vor der Wahrheit, die größer ist als sie beide. Sobald also der Redner allein spricht, ohne seinen Gegner, vielmehr sobald in der Rede des Redners nicht alle Argumente des Gegners enthalten sind, sobald ist er seines Gegenstandes Meister noch nicht und seines Sieges nicht gewiß. *Jede wahre Rede ist also Gespräch:* in dem Munde des einen Redners sprechen notwendig zwei, er und sein Gegner. Das ist der Punkt ...: Um die Beredsamkeit in allen ihren unendlichen Formen zu verstehn, muß man das *Gespräch* verstehn.«

Ist dies die ideale Struktur der Rede, so gilt prinzipiell: Die Rede des einzelnen rechtfertigt sich insofern, als sie aus dem Dialog *entsteht,* den Dialog in sich *darstellt* und erneut den Dialog eröffnen, *weiterführen* hilft. Rede ist Teil des Dialogs, der weitergeht. Rede ist der glatte Gegensatz zum Diktat. Aber wie vieles, was sich als Rede ausgibt, ist doch in Wahrheit nichts anderes als Diktat? Bedenkt man dies, dann wird ein weiteres Mal deutlich, in welchem Ausmaß gerade Reden dazu beitragen können, andere unmündig, das heißt sprachlos, des Mitredens ohnmächtig, zu halten. Die politische Geschichte lehrt es. Was lehrt die Geschichte der Predigt? Das Gegenteil? Dies zu klären, ist auch eine Aufgabe der Rhetorik – und der Homiletik.

Ist die Rede aus ihrer dialogischen Struktur, ihrer Einladung zum Mitreden zu begreifen, so liegt auf der Hand, daß große Redekultur nur blühen kann, wo Demokratie ist. Die Geschichte des Verfalls der Beredsamkeit in Deutschland ist zugleich die Geschichte des Obrigkeits- und Untertanenstaates. Dies kann hier im einzelnen nicht dargestellt werden, muß aber als der Hintergrund und der Stachel jeden Versuchs, der Rhetorik heute zu ihrem Recht zu verhelfen, wo auch immer, im historischen Gedächtnis bleiben. Jens, Geissner, Magass haben es jeder auf seine Weise instruktiv beschrieben. Hier mag als Zusammenfassung eine Passage von Hans Gerd Schumann stehen:

»Insgesamt war in Deutschland von der Kunst der politischen Rede wenig die Rede. Wenn man sich ihrer erinnerte, kam sie meist ins Gerede oder entartete in Gerede. Der Rhetorik einen ihr gemäßen Platz im politischen Leben einräumen zu wollen, bedeutete nicht selten, sich verdächtig zu machen. Denn hierzulande fand politisches Leben vornehmlich als obrigkeitsstaatliches Handeln und Verwalten statt, das des rhetorischen Disputs nicht bedurfte, höchstens der Festrede als affirmativer Dekoration. So waren das falsche Pathos und das ideologische Redetalmi des Wilhelminismus und des Nationalsozialismus einerseits Ergebnisse der Denunziation politischer Rhetorik, andererseits selbst wieder Stabilisatoren für den weiteren negativen Gebrauch von ›rhetorisch‹. Auch der ›Jargon der Eigentlichkeit‹ oder das ›Wurzeldeutsch‹ wie deren Nachfolger, der Jargon der seriellen Progressivität und der scheinrevolutionären Verbalinjurien, sind in unseren Tagen Folgen einer defizitären rhetorischen Tradition deutscher Geschichte« (208).

An diesem rhetorischen Defizit heute auf Schritt und Tritt leiden müssen, bedeutet zweierlei: Einerseits leiden unter dem unübersehbaren rhetorischen Qualitätsmangel in der deutschen Öffentlichkeit. Was wird uns da nicht alles in Parlamenten, Versammlungen, Feierstunden oder Kirchen als »öffentliche Rede« zugemutet! Und ist denn etwa *Predigt* nicht öffentliche Rede, wenn sie doch das Evangelium »für alle Welt« proklamieren will? Zugleich aber: Nicht zur Ruhe kommen können über die *Gründe*, warum dies so ist – sind's denn nur *historische* Gründe? Oder ist es etwa so, daß die Selbstverständlichkeit dialogischen, d. h. demokratischen Lebens, in dem *alle* potentiell Mitredende sind, als Grundform noch immer so fraglich, noch immer so bedroht ist, im Staat, in Institutionen, in Kirchen, daß Rhetorik bei uns nicht blühen kann?

2.5. Zugang: Didaktik und Aufklärung

These: Zu aller Rhetorik gehört ein didaktischer Grundzug, weil die Situation des Hörers zum Ausgangspunkt der Rede genommen wird, Wege und Strukturen des Verstehensprozesses reflektiert werden und Einverständnis zwischen dem Redner und seinen Hörern das Ziel ist. Aufklärerisch ist in alledem ebenso die Absage an Diktat und Dekret wie die Bemühung, in der Sprache nicht zu lügen (vgl. Kraus); vielmehr leitet die Absicht, »einen sensus communis befördern zu helfen« (Jens, 447).
vgl.: 3.2.3./3.2.4./4.3.2./4.4.2./4.5.2./4.6.2.

Von zwei Seiten her kann man der didaktischen Komponente, die aller Rhetorik innewohnt, gewahr werden: einerseits, eher implizit, als einer Art Baugesetz jeder rhetorischen Bemühung; andererseits explizit, historisch ausgeprägt und bis heute nachwirkend, in der Bildungstheorie und im Schulwesen.

Der Hörer soll etwas erfahren, was ihn in Bewegung bringt; was er noch nicht gewußt hat und ihm nun eine neue Perspektive ermöglicht; was ihm verborgen war und jetzt aufgedeckt wird – der Hörer soll etwas erfahren, was ihn zu einem andern macht, als er zuvor war: Das ist die didaktisch-aufklärerische Dimension der Rhetorik. Beim Hörer ansetzend, reflektiert sie Inhalte, Mittel und Wege, oder aber, wenn es nicht zureichend geschieht, geht der Inhalt verloren, weil der Hörer nicht erreicht wird. Didaktisch gedacht, und darin rhetorisch: kein Inhalt, es sei denn er wird aufgenommen.
Der verfehlte Hörer, der nicht zum Ziel gekommene Redeinhalt und sein aufklärerisches Interesse – am Beispiel solchen tausendfach vorkommenden Dilemmas läßt sich die Notwendigkeit der didaktischen Dimension im rhetorischen Kontext leicht verdeutlichen.
Wir sagen von einem Redner: »Er hat über die Köpfe seiner Hörer hinweggeredet« (und meinen in der Regel nicht nur deren Köpfe). Was er sagen wollte, hat er nicht im Blick auf die Lebens- und Verstehensvoraussetzungen, im Blick auf den Erfahrungshorizont und die emotionalen Bedingungen seiner Hörer reflektiert, also nicht didaktisch durchdacht (was mehr wäre als die Frage nach der richtigen Methode im Sinne des technischen Verfahrens). Mit dem didaktischen Defizit geht die möglicherweise vorhandene aufklärerische Kraft der Aussage

verloren, weil rhetorisch nichts erreicht wird. Auf dieser Linie liegt eine Beobachtung, die jeder machen konnte: Wie ist es zu erklären, daß in einer Bevölkerung, die wahrlich wußte, was verbrannte Erde, was Tod und Hungersnot und Grausamkeit des Krieges ist, die politische Kampagne gegen den Vietnam-Krieg eine so erschreckend geringe Resonanz gefunden hat, und zwar gerade bei den Älteren, zum Beispiel auch in den Kirchen? Vermutlich *auch* (freilich nicht nur) damit, daß eben *diese* spezifische Situation der Zuhörer, der Angeredeten – einschließlich des bundesrepublikanischen politischen Kontextes der vergangenen Jahre – nicht ausreichend bzw. nicht zutreffend reflektiert worden ist. Es genügt nicht, über Grausamkeiten zu »informieren« und an die Informationen Appelle anzuschließen. Zu fragen ist vielmehr, wie die Information bei Menschen ansetzen muß, deren Lebensgefühl augenblicklich weitgehend dadurch bestimmt ist (befördert durch wen auch immer), daß es ihnen gelingt zu *vergessen,* was Krieg heißt. Es genügt also für den Erfolg einer Rede nicht, das »Richtige« zu wollen; didaktische Reflexion könnte gerade vor solcher Naivität bewahren. Erst wenn als Teil des »Richtigen« der Weg seiner Vermittlung in einer spezifischen Situation mitgedacht wird, erst dann ist der Ansatzpunkt der Orientierung des Redners am Hörer, der verstehen soll, was ihm gesagt wird, um *qualifiziert* ja oder nein sagen zu können, erreicht. So verschränken sich rhetorische und didaktische Reflexion miteinander.

Der Redner will den Hörer *weiterbringen;* das ist sein aufklärerisches Interesse. Gerade deswegen muß er beim jeweiligen status quo ansetzen und nicht beim noch nicht erreichten Ziel. Andernfalls ist seine Rede bereits überflüssig.

Diese Struktur dürfte für jede belangvolle Redesituation gelten, also immer dann, wenn der Redner etwas bewirken will. Dabei mag man an die politische Rede ebenso wie an die Rede vor Gericht, an die argumentierende Laudatio (nicht bloß die schönrednerische) wie an die Predigt denken, die doch – unter diesem Aspekt – nichts anderes will, als dem Hörer Aufschluß geben, über sich oder einen Zustand, Orientierung anbieten, Maßstäbe in die Debatte bringen, die nicht einfach mit immer schon Gewußtem übereinstimmen.

Diese prinzipielle Verschränkung von Rhetorik und Didaktik gewinnt noch an Gewicht, wenn man sie von ihrer andern Seite betrachtet. Bis jetzt hat uns interessiert, inwiefern man *in der Rhetorik didaktisch denken* muß. An der Umkehrung erst wird

sichtbar, worauf wir uns einlassen, wenn wir von Rhetorik reden: *In der Didaktik rhetorisch denken*, heißt darauf aufmerksam werden, daß Rhetorik die Mitte eines bis heute nachwirkenden Bildungsverständnisses ist. In allen historischen Brechungen – wir leben weder im Mittelalter noch in der frühen Neuzeit – bleibt davon dies erhalten: Die Wiederentdeckung der Rhetorik führt auch heute zu einem andern Verständnis geistigen und politischen, sozialen Lebens als in Lebensformen, in denen die Glieder der Gesellschaft, in welcher Institution oder Gruppierung auch, keine Stimme, kein Rederecht und also auch naturgemäß keine Redefähigkeit haben. Rhetorik ist kein billig zu habender Zusatz, sondern wo man sich auf sie einläßt, im Staat, in der Bildung, in der Kirche, verändert sie das Ganze.
Im historischen Exempel sei dies (nach Barner) verdeutlicht, nämlich an der Stellung der Rhetorik in der Sprachkultur des Barock:

»So sehr man sich ... des geschichtlichen Stellenwerts der Disziplin »Rhetorik« bewußt bleiben muß, so nachdrücklich ist ihre *Schlüsselposition* im Hinblick auf die sprachliche Kultur der Barockepoche hervorzuheben. Dem Unterricht fällt es zu, den Menschen in der ihm eigenen Fähigkeit zum Wort auszubilden, ihm die Konventionen des sprachlich-repräsentativen Miteinanders einzuprägen ...
›Rhetorik‹ wird ... in einem zweifachen Sinn zu verstehen sein, als Bezeichnung für das *Spezialfach* des traditionellen Triviums und als *Prinzip* des gesamten ›verbalen‹ Unterrichts einschließlich der Grammatik und der Poesie (eventuell auch der Logik bzw. Dialektik). In jedem dieser Fächer schreitet der Unterricht von den praecepta über die exempla zur imitatio fort, wobei alle drei Übungsbereiche in Wechselwirkung stehen, dem eigenen literarischen Produkt aber die Prävalenz zukommt. So wird z. B. auch Lektüre nicht um ihrer selbst willen betrieben, sondern zum Zweck der Einprägung kanonischer Muster. Mündlichkeit ist bei alledem tragendes Unterrichtsprinzip. Immer wieder hat der Schüler sich vor Lehrern und Mitschülern rhetorisch zu bewähren, sei es in ›Dialog‹ bzw. Disputation, sei es in der Form der Deklamation. Auch das schriftlich Ausgearbeitete muß grundsätzlich vortragbar sein. Im übrigen bedient sich der Unterricht in den nichtliterarischen Disziplinen ebenfalls gern der bewährten rhetorischen Formen zur Darstellung des Lehrstoffs oder zur Überprüfung der Kenntnisse, ansatzweise schon in den Gymnasien, ausgeprägter dann an den Universitäten ...
Theorie und Praxis, doctrina und exercitatio rhetorischen Könnens gehen demnach bereits im normalen Unterricht ständig ineinander über.« (242 f.)

Gewiß, niemand wird aus dieser Schilderung barocken Bildungsverständnisses den Schluß ziehen wollen, wir hätten daran heute eine Reform unseres Schulwesens zu orientieren. Aber so viel kann am historischen Beispiel deutlich werden: Solange man nicht sieht, daß Rhetorik – sei es ihre Verachtung oder ihre Wiederentdeckung – nie als »Fach« isolierbar, auf sich beschränkt, zu haben ist, sondern immer das ganze Gesellschafts- und Bildungsverständnis betrifft, bleibt die Reichweite der Rhetorik verkannt. Dies scheint im Augenblick zu betonen nötig, da allenthalben Rhetorik zum neuen Thema erhoben wird.

2.6. Zugang: Poesie und Rede

These: Der in der Wirkungsqualität liegende Zusammenhang von Poetik und Rhetorik, von Rede und Poesie (vgl. 2.2.) verweist auf die Notwendigkeit, poetische Sprache ansatzweise als Sprachebene der Rede wiederzugewinnen, zumal sie allein ermöglicht, von konkreten Utopien zu reden (vgl. 2. 1.). Es kommt hinzu, daß gerade in bestimmten poetischen Formen (parabolische Sprache) ein spezifisch didaktisches Moment aufbewahrt ist (vgl. 2.5.). Insofern faßt der Verweis auf Poesie im Zusammenhang der Rhetorik wesentliche Momente des Gesamtverständnisses vom eigenen Blickwinkel her zusammen.
vgl.: 3.2.6./4.9.2.

Um vermeidbaren Mißverständnissen vorzubeugen, sei von vornherein betont, daß der Begriff »Poesie/poetisch« hier in einem sehr weiten Sinn gebraucht wird (und ganz und gar nicht in der einfachen Entgegensetzung von Poesie und Prosa). Als »poetisch« bezeichne ich die Sprachebene, die im Gegensatz zum logisch-diskursiven oder faktisch-berichtenden Stil durch *gestaltete Bilder* charakterisiert ist. Diese Sprachebene kann sowohl zur Lyrik wie zur Epik gehören, zum Gedicht wie zur Kurzgeschichte – oder zur Rede. Beispiele solcher poetisch-rhetorischen Prosa finden sich etwa auf je verschiedene Weise in Ernst Blochs Prinzip Hoffnung (»Der Tagtraum ist keine Vorstufe des nächtlichen Traums«), in Günter Grass' Reden oder in Pablo Nerudas Autobiographie und in seiner Rede anläßlich der Verleihung des Nobelpreises »Der strahlenden Stadt entgegen«.
Rede ansatzweise poetisch zu verstehen, fällt uns schwer, weil wir auf Begriffs- und Informationssprache fixiert sind, auf Sprache der Naturwissenschaft statt auf Sprache der Bilder, auf

Abstand nehmende, »objektivierende« Sprache statt auf Sprache der »Verwicklungen« zwischen Redner und Hörer. Solche Verkürzung sprachlicher Möglichkeiten dürfte das absehbare Ende der Möglichkeit sein, im wahren Sinn des Wortes in der Rede auf den Hörer *einzugehen*. Dies Ende abwenden wollen, heißt bildhafte Rede wiedergewinnen müssen, heißt notwendig Rückgewinn der Poesie für die Rede.

Das verbindende Moment zwischen Poesie und Rede (vgl. 2.2.) liegt darin, daß beide den Leser bzw. Hörer gewinnen wollen für das, was gesagt wird. Und dies nicht allein durch logische Ableitung, durch argumentative Kraft – dies in der Rede natürlich immer auch! –, sondern unter Einbeziehung *aller* Ausdrucks- und Reaktionsmöglichkeiten des Redners wie des Hörers, der emotionalen nicht weniger als der rationalen. Für die Rhetorik dürfte gelten: Poesie erst läßt in der Rede der Emotionalität des Hörers ihr Recht, sie hilft, den Hörer allererst als den anzusprechen, der er ist, ein Mensch, der nur insoweit Mensch ist, als er denkt *und* fühlt. Dann gilt aber auch umgekehrt: Die Einbeziehung poetischer Sprache ermöglicht überhaupt erst, die Fülle und Vieldimensionalität des Lebens zu artikulieren, jenes konkreten Lebens, das von der Sprache der Logik und des Begriffs immer nur partiell erreicht werden kann.

Dabei ist Poesie nicht dann erreicht, wenn der Redner in der richtigen Einsicht, daß der gedankliche Inhalt, den er vermitteln will, für den Hörer schwer oder gar nicht zugänglich ist, *nachträglich* Illustrationen sucht oder dabei gar ins Seichte gerät, zu billigen Analogien greifend, in die Sprache des Kitsches oder der Sentimentalität abrutschend. Poesie meint in unserm Zusammenhang: *gestaltete Sprachbilder*, seien sie selbst gewonnen (was immer der Glücksfall sein wird, aber Glücksfälle bestimmen nicht den Alltag) oder reflektiert übernommen und mit dem eigenen Sprachduktus verwoben (was häufig ertragreicher ist als die Sucht nach Originalität, die zu schlechten Ergebnissen führt).

Ich lasse dabei hier die – literaturwissenschaftlich fraglos berechtigte und notwendige – Differenzierung zwischen der Vielzahl für den Redner zu berücksichtigender unterschiedlicher literarischer Formen und Gattungen absichtlich auf sich beruhen: Gedicht; Kurzgeschichte; Parabel, Gleichnis, Vergleich, Metapher, Allegorie; Sprichwort, Sentenz, Maxime; Fabel, Legende, Märchen usw. Was für den Redner zu lernen und von Fall zu Fall geprüft zu entlehnen ist, ist dies: *in Bildern* zu

denken und zu *sprechen*. Es geht also um viel mehr als etwa die bloße »Umsetzung« eines schon vorhandenen Gedankens in ein Bild. In Bildern denken, das ist die ansatzweise poetische Gestalt der Rede, eine Möglichkeit, die der Redner im Umgang mit poetischer Sprache kultivieren muß, und zugleich eine Möglichkeit, in der die Dichtung den Redner nicht allein läßt, weil sie ihm »Material« an die Hand gibt. Die Wirkung der Rede lebt wesentlich davon. Vernachlässigt man diese Seite rhetorischer Vorbereitung und Gestaltung, gelingt keine Rede, sondern vielleicht ein Sachreferat, das das Faktum zu überzeugender Hörer nicht ernstnimmt.
Ich kenne kein überzeugenderes Plädoyer für die Notwendigkeit und die Funktion poetischer Sprache als Peter Hacks' großen Essay über »Das Poetische« (zuerst 1966, in der BRD 1972). Daher zeichne ich seine Argumentation hier nach.

Hacks geht davon aus, daß wir zwar nicht in einer poetischen Welt leben, »aber wir empfinden die Welt als poetisierbar« (119). Was bei dieser Poetisierung der Welt vor sich geht und wozu sie dient, dem gelten seine Überlegungen, die er nicht mit dem Ziel einer Definition des Poetischen anstellt, sondern in der Analyse einiger poetischer Stücke will er »zu erraten trachten, was an ihnen poetisch ist« (120).
Sein Ausgangspunkt ist das Gedicht »Die Räuberbraut« (An einem Fluß, in einem tiefen Tale, ...) und dessen außerordentliche Wirkung. Popularität und Wirkung eines Kunstwerks hängen ab von dessen Identifikationswert. »Der Identifikationswert eines literarischen Erzeugnisses ist die Chance, die es dem Leser gibt, es direkt auf seine eigene Lage anzuwenden, also sich mit seiner Hauptperson und ihren Umständen zu identifizieren. Der Identifikationswert ist hoch, wenn das Erzeugnis möglichst grundlegende Erlebnisse einer möglichst umfassenden Zahl von Menschen trifft« (120 f.).
Bei einer Übersetzung des Gedichts in die reine Tatsachensprache (»Am Wäschebottich im Souterrain saß, während das Wasser aus dem Hahn lief ...«) zeigt sich, daß die Wirkung dahin ist, weil mit einem Male etwas fehlt. Der Identifikationswert macht die Wirkung des Gedichts nämlich erst gemeinsam mit einem zweiten aus, das in der Übersetzung in die Sprache der Fakten verlorengegangen ist. Was ist dieses zweite? »Es ist offenbar das, was wir als bloße Zutat, Verzierung oder allenfalls Tarnung des Köders glaubten vernachlässigen zu können, das genaue Gegenteil von dem, was wir für das Eigentliche

hielten: das Unerreichbare, das Unwirkliche« (123). Der Erfolg des Kunstwerks, in diesem Falle der »Räuberbraut«, liegt in der *Verbindung* jener beiden gegensätzlichen Eigenschaften zur Einheit: *Identifikationswert* und *Unwirklichkeitswert.* Das Gesetz dieser widersprüchlichen Einheit ist das »Gesetz der künstlerischen Wirkung« (125).

Vielleicht kann man, Hacks interpretierend, sagen, daß erst die Kategorie der Unwirklichkeit dem Identifikationswert seine Chance gibt. Das Unwirkliche mobilisiert den Betrachter oder Zuhörer, beläßt ihm aber seine Freiheit. »Die Wissenschaft, die immer mit Vollmacht der Realität auftritt, fordert, wie die Realität, Entscheidungen ... Die Kunst, welche die Realität durch das Gegengewicht der Poesie im Schweben hält, übt eine sanftere aber oft nachhaltigere Gewalt. Das ist ... auch eine inhaltliche Funktion. Das Verlangen nach dem Unwirklichen kann nur verstanden werden als das Mißbehagen am Wirklichen, als das Verlangen nach dem andern« (127).

Poesie kommt – dritte Einsicht – in ihrem Sprachbilder-Vorrat nicht aus ohne das *Unveränderliche,* das Alte. (Das sagt einer, der unverdächtig ist, auf die reaktionäre Seite zu gehören!) Moderne Sprachbildungen sind (ebenso wie Altertümelei) unpoetisch. »Worte wie Sachen müssen, um poetisch zu werden, lagern« (129). Dies gilt es zu bedenken, gerade wenn man sich vom Neuen, vom Fortschreitenden, von der Notwendigkeit zu verändern, bestimmen läßt. Auch dann können wir ohne das Bedürfnis nach Beharrung nicht leben. »So wie das Alte seine Tauglichkeit beweist durch die Fähigkeit, in Neues umzuschlagen, muß das Neue, taugt es was, umschlagen können in Altes« (130). Von hier aus kommt Hacks zur Kategorie des Unveränderlichen, auf die das Leben wie die Poesie gerade inmitten aller Veränderbarkeit angewiesen ist. »Beide, der natürliche Mensch wie die humane Utopie, werden in der historischen Wirklichkeit nicht angetroffen. Sie existieren in der Vergangenheit und in der Zukunft, vielleicht auch in der Erinnerung und in der Hoffnung. Sie sind zwei gedachte Gegenentwürfe zur Welt. Hieraus erklärt sich die abrupte Art ..., womit das Unveränderliche in der Kunst ... aufzutreten pflegt: ob nun als Liedanfang, Balladenrefrain, klassischer Jambus oder Gott aus der Maschine« (131).

Was Hacks mit diesem Plädoyer für die Poesie – ich habe vieles übersprungen und nur das Wichtigste akzentuiert – erreichen will, läßt sich so zuspitzen: Das Poetische unterliegt bei uns dem Verdacht, der Realität besonders ferne zu sein. Diesem Verdacht ist zu widerstehen, weil Realität in ihrer Vielschichtigkeit, ihrer Hintergründigkeit, weil reale Hoffnungen in ihrer Offenheit nicht anders sagbar sind als auf poetische Weise. Das gilt gegen »Tatsachenkitsch«, »Faktensalat« und »Dokumentarismus, diesen Realismus des kleinen Mannes« (135).

Dieses Verständnis des Poetischen, diese seine Funktion im Blick auf den Hörer ist in die *rhetorische* Aufgabe einzubeziehen. Das ist ein Schluß, den Hacks nicht vollzieht, von seinem Interesse her hat er gar keinen Anlaß dazu; aber es ist ein Schluß, der keineswegs Hacks' Interesse widerspricht. Denn wenn das Poetische *diese* Bedeutung hat, dann ist es gleichsam »einzuzeichnen« in mannigfache Lebensbereiche, also auch und gerade in den rhetorischen – wie sich nicht zuletzt von unseren Überlegungen in 2.2. her nahelegt.

2.7. *Zusammenfassung*

vgl.: 3.0./3.2.

Versucht man, diese Hinweise zum Verständnis von Rhetorik direkter, als es gelegentlich am Rande schon geschehen ist, auf die Problematik der *Predigt als Rede* zu beziehen und damit den Zusammenhang sowohl mit Kapitel 1. wie mit Kapitel 3. (und den Beispielen in Kapitel 4.) zu verdeutlichen, so läßt sich folgendes herausheben:

– Die Trennung zwischen Form und Inhalt trägt nicht. Darum ist auch die Frage, was denn dies alles nun *inhaltlich* austrage, so nicht beantwortbar. Wer sich auf Rhetorik einläßt, muß sich *inhaltlich* entscheiden, weil die *Form* der *Rede* ihn dazu nötigt, und er muß die *Form* der Rede neu bedenken, weil die *Hörer* und ihre Situation zum *Inhalt* gehören. Erst die Einsicht in dieses *Ineinander* führt zur rhetorisch verantworteten Wahrnehmung der in 3.0. umschriebenen Predigtaufgabe. Hier gibt es keine Frage, die nur von *einer* der beiden zusammengehörigen Seiten her zu beantworten wäre. Das ist der Gewinn rhetorischer Betrachtung. Denn:
– Erst die *rhetorische* Reflexion bringt den Prediger zum Bewußtsein seiner selbst und seiner Aufgabe: nämlich zu realisieren, daß er im Blick auf das *Ineinander* von inhaltlicher Absicht und Situation seiner Hörer wirksam reden soll. Dies kann ihm die Exegese eines Bibeltextes allein nie und nimmer zeigen

(weswegen es schlichter Unsinn ist, zu meinen, daß Exegeten geeignet sind, »Predigtmeditationen« zu verfassen). Die homiletische Aufgabe, rhetorisch begriffen, ist *eigenständig*. Allerdings: erst dann, wenn man sie *rhetorisch* versteht. Dann aber wird deutlich:

– Die rhetorische Aufgabe der Predigt, nämlich anzusagen, was »Glauben« für Zeitgenossen in konkreten Lebenssituationen heißen könnte (vgl. 3.0.), kann auch das Augenmerk dafür schärfen, wofür und inwiefern *Fachtheologie* überhaupt nützlich ist: als Hilfswissenschaft um historischer, überlieferungs- und wirkungsgeschichtlicher Sachklärungen willen, mit wichtiger also, aber eindeutig begrenzter Funktion, die freilich nur dann wirksam wird, wenn diese Fachtheologie zur Auseinandersetzung mit *nichttheologischen* Fragestellungen und Einsichten *bereit* und *fähig* ist. Fachtheologie, die sich mit sich selbst beschäftigt – das mag von Fall zu Fall seine Gründe haben –, führt jedenfalls nicht zur Predigt für *Zeitgenossen*, die bekanntlich in der Regel nicht mit Fachtheologie beschäftigt sind. Um der *»Sache«* wie um des *Hörers* willen gilt also:

– Das Unternehmen der Predigt ist ein sprachlicher Vorgang, der damit lebt oder stirbt, daß der Prediger sich nicht nur auf Fachtheologie, sondern auf *Sprache* und *Realität* einzulassen vermag. Dabei meint dieses Begriffspaar, das hier *eins* aussagt: *Vielfalt von Sprache*, die Realität bis ins Unwirkliche zu artikulieren vermag – *Komplexität von Realität*, Vielschichtigkeit, deren Artikulation auf verschiedene Sprachebenen nötigt.

– Darum muß man sagen, zugespitzt, meinethalben überspitzt: Nicht so sehr schlechte Fachtheologie macht schlechte Predigten, sondern das verräterische, weil Realität verleugnende, *sprachliche* Desinteresse und Unvermögen vieler Prediger macht sowohl inhaltsarme wie nicht anhörbare wie unwirksame Predigten.

Belege, Materialien, Hintergründe zu Abschnitt 2.

Zu 2.0.: zum ganzen Kapitel vgl. Literaturangaben *a) rhetorisch* bei: Belege, Materialien, Hintergründe zu Abschnitt 1.

H. Hommel, Rhetorik, in: Lexikon der Alten Welt (1965) (der Artikel bietet eine knappe Einführung in die Geschichte der *griechischen* und der *römischen* Rhetorik)

H. Lausberg, Rhetorik, in: Fischer-Lexikon Literatur, Bd. 2/2 (1965)

ders., Elemente der literarischen Rhetorik (3. Aufl. 1967)

H. Schlüter, Grundkurs der Rhetorik (dtv 4149/1974) (mit einer umfänglichen Redensammlung!)
H. Geissner, Rhetorik (1974) (es handelt sich um ein *Lehrbuch*, das geeignet ist zur Einarbeitung in das Gesamtgebiet)
L. Fischer, Rhetorik, in: H. L. Arnold/V. Sinemus (Hg.), Grundzüge der Literatur- und Sprachwissenschaft, Bd. 1 (dtv 4226/1973)
J. Dubois u. a., Allgemeine Rhetorik (UTB 128/1974) (linguistisch)
P. Jehn (Hg.), Toposforschung (1972)

Da wir auf die antiken historischen Gliederungssysteme zur griechischen und römischen Rhetorik und ihre späteren Aufnahmen nicht näher eingehen, sei hier wenigstens in einer Übersicht über deren Grundgestalt informiert.

Gliederungen des Systems der antiken Rhetorik (in Auswahl)

Arten der Rede:	1. Gerichtsrede	genus iudiciale	γένος δικανικόν
	2. Staatsrede	genus deliberativum	γένος δημηγορικόν
	3. Gelegenheitsrede (Festrede)	genus demonstrativum	γένος ἐπιδεικτικόν
Arbeitsstadien des Redners:	1. Finden der Hauptgesichtspunkte	inventio	εὕρεσις
	2. Gliederung	dispositio	τάξις
	3. Darstellung	elocutio	λέξις
	4. Memorieren	memoria	μνήμη
	5. Vortrag	pronuntiatio (actio)	ὑπόκρισις
Redeteile:	1. Einleitung	exordium	προοίμιον
	2. Erzählung (des Hergangs)	narratio	διήγησις
	3. Präzisierung des Sachverhalts	divisio (partitio)	πρόθησις
		argumentatio	πίστις
	4. positiver Beweis	confirmatio (probatio)	πίστωσις
	negativer Beweis	confutatio (refutatio)	ἔλεγχος
	5. Schluß	peroratio (conclusio)	ἐπίλογος
			χαρακτήρ
Stilarten:	1. schlichter St.	genus subtile	ἰσχνός
	2. mittlerer St. (gemischter)	genus medium (mixtum)	μέσος (μικτός)
	3. erhabener St.	genus grande (sublime)	μεγαλοπρεπής

Zu 2.1. zitierte Literatur:

T. W. Adorno, Negative Dialektik (1966)
I. Kant, Kritik der Urteilskraft (§§ 51 und 53)
A. Arndt, Geist der Politik. Reden (1965)
G. Mauz, Glanz der Nüchternheit, in: Der Spiegel 28. Jg./1974/Nr. 8

weitere Literatur:

H.-G. Gadamer, Wahrheit und Methode (2. Aufl. 1965)
ders., Rhetorik, Hermeneutik und Ideologiekritik, in: ders., Kleine Schriften I (1967)
J. Habermas, Der Universalitätsanspruch der Hermeneutik, in: R. Bubner u. a. (Hg.), Hermeneutik und Dialektik I (1967)
ders., Strukturwandel der Öffentlichkeit (5. Aufl. 1971)
K. Dockhorn, Macht und Wirkung der Rhetorik (1968)
W. Jens, Rhetorik, in: Merker/Stammler, Reallexikon der deutschen Literaturgeschichte, Bd. III (1971)

Den untrennbaren Zusammenhang zwischen der Geschichte der Rhetorik in Deutschland und der deutschen politischen Geschichte muß man sich für den Ansatz der Rhetorik ebenso wie für die Diskussion einzelner Aspekte immer vor Augen halten. H. Geissner, Rede in der Öffentlichkeit, 11 ff., bietet eine knappe Zusammenfassung:
»Wie die Geschichte der deutschen Sprache spiegelt die Geschichte der Rhetorik in Deutschland auch die deutsche politische Geschichte. 1634, mitten im Dreißigjährigen Krieg, erschien eine ›Teutsche Rhetorica‹. Johann Matthäus Meyfart, ihr Verfasser, war wie seine wenigen Vorläufer im vorausgegangenen Jahrhundert noch eng an die antiken Rhetoriken angelehnt, aber er hatte auch eine wichtige Einsicht mit übernommen, daß nämlich die Rede eine Macht sei, ›welche bey allen freyen und frewdigen Völckern geherrschet‹ ...«
»In seiner ›Anleitung zur politischen Beredsamkeit‹ schreibt ... 1736 Friedrich Andreas Hallbauer: ›Es schien der Nutzen der Beredsamkeit mit dem Flore ihrer Republiken gäntzlich verknüpft zu seyn. So lange als beredte Männer in Athen und Rom die gemeine Freyheit vertheidigten, und die Bürger zu heilsamen Entschließungen aufmunterten; so lang stund es mit ihnen wohl, und ihre Macht, Ansehen und Herschaft konte sich wider viele gefährliche Anläuffe erhalten. Man darf auch nicht zweifeln, ob der Verfall der Beredsamkeit unter die Ursachen ihrer umgestürtzten Freyheit zu rechnen sey, indem es jedem aus den Geschichten klar genug in die Augen leuchtet‹. Fast zur gleichen Zeit sagt Rudolf Abraham von Gersdorf ...: ›Es ist wohl nicht zu leugnen, daß in einem gemeinen Wesen, und wo der Pöbel alle Gewalt in seinen Händen hat, die Beredsamkeit weit nöthiger sey, als in einem Reiche, wo alle Macht bey seinem höchsten Oberhaupte stehet‹.«
Geissner zeigt an Herder, wie dieser »nachbarocke Schwung« bald nachläßt, an Herder, der »sich hinter den Eindrücken eines durch

Deutschland reisenden Ausländers tarnt, der durch die Gegenden komme ›wo man besser sprach, weil man sprechen durfte, weil man ohne Groll zu hören wußte; andre, über welchen ein fürchterliches Mistrauen, eine taubstumme Verschloßenheit der Gedanken ihre schwarzen Flügel schlug, und eine wortscheue, zaghafte, gleichsam stotternde Denkart herrschte‹.«
Im Verlauf der politischen Geschichte des 19. Jahrhunderts wird das Bild immer trüber; so erhebt »Karl Gustav Jochmann die Anklage: ›Das öffentliche Leben der Deutschen geht in Schreibstuben und auf Paradeplätzen vor ... Und was das Friedensheer der Beamten verdarb, macht das Kriegsheer der Söldner nicht wieder gut.‹ – ›Unter dem Wechsel auch der wortreichsten Befehlshaberei und einer noch so redseligen Folgsamkeit, unter Verordnungen und Berichten, dem Commandorufe und seinem Widerhalle gedeiht keine Sprache. Wo alle Verwaltung Regierung, und nichts als Regierung ist, bildet sich zwischen Herren und Knechten eine Kluft, über die das lebendige Wort bald nicht mehr hinüberreicht.‹ – ›Herren und Knechte sind selten gute Sprecher.‹«
Gewiß gibt es Ausnahmen der Freiheit und der Rede im Deutschland dieser Zeit. Geissner verweist auf Christian Daniel Schubart, auf Gottfried August Bürger, auf Ernst Ludwig Posselt. Aber: »Geschichtswirksam wurden nicht diese Aufrufe ..., sondern weit stärker jene Berliner Parole vom Oktober 1806: ›Ruhe ist die erste Bürgerpflicht‹.«
»Um diesen fatalen Leitfaden durch das öffentliche Bewußtsein eines Jahrhunderts gruppieren sich die Versuche der Freiheit, die allesamt Versuche der Rede waren. Die politischen Predigten von Schleiermacher und Klaus Harms, Fichtes ›Reden an die deutsche Nation‹, die Reden in der Metternichzeit auf der Wartburg, beim Hambacher Fest und schließlich in der Paulskirche. Aber wen erreichten diese Akademikerreden? In welch überschäumenden Patriotismus, bücherverbrennenden Chauvinismus, Volkshaß und Kriegshetze waren sie nur zu oft verrannt? Den sprachlichen Grund kennzeichnet Ernst Moritz Arndt, es war ›die untere Klasse, und das Volk überhaupt ohne ständische Verfassung, ohne öffentliche Darstellung, ohne alle Gelegenheit, das Sprechen in ein Reden zu verwandeln, und also die Sprache mit Kraft und Verstand für einen höheren Zweck, als das gemeyne Sprechen seyn kann, zu gebrauchen‹.«
Nach 1871 wird das Bild eher noch bedrückender. Die großen rhetorischen Ausnahmen verhallen.
»Wilhelms ›gottbegnadete Beschränktheit‹, wie Kronprinz Rudolf von Österreich seinen kaiserlichen Vetter etikettierte, wird nirgends deutlicher als in seinen Reden, jenen Stücken aus superlativischem Wortbrokat über einem Nichts an Gedanken. Dennoch lösten die Proklamationen bei Kriegsausbruch Begeisterung aus, aber in den Jahren des Krieges zeigte sich dann doch, daß Wilhelm kein Redner, sondern nur das Sprachrohr seiner hochfliegenden Träume war. Wie sollte er, der vom Volk nichts wußte, sein Volk ansprechen ...«

Geissner charakterisiert treffend den wilhelminischen Sprechstil, der im wahrsten Sinne des Wortes *Schule gemacht* hat. »Zu diesem epochemachenden wilhelminischen Sprechstil, der sich auch viele Kanzeln, zumal evangelische eroberte, kam auf der andern Seite der Vatergestus oder der vom ›tonus rectus‹ nivellierte Sprechstil katholischer Prediger, der exzessive Sprechstil der ›nachmeiningernden‹ Schauspieler und der ›feine Ton‹ des Gelehrten. Was wie ein Witz klingt, ist für Inhalt und Stimmlage der Rede jener Zeit die treffende Charakterisierung: *Wer hoch ist, spricht hoch.*«

Zur *Analyse politischer Reden* in der Gegenwart vgl.:

D. Sternberger u. a., Aus dem Wörterbuch des Unmenschen. Neue erweiterte Ausgabe mit Zeugnissen des Streites über die Sprachkritik (dtv 684/1970)

C. Berning, Die Sprache des Nationalsozialismus, in: Zeitschrift für deutsche Wortforschung 16. Jg./1960/71 ff.

H. D. Baroth (Hg), Schriftsteller testen Politikertexte (1967)

K. Burke, Die Rhetorik Hitlers in Mein Kampf (es 231/1967)

Die sogenannte Politisierung der Kirche (Stundenbücher Bd. 82/1968) (enthält Beiträge zur politischen Sprache der Kirchen)

W. Dieckmann, Sprache in der Politik (1969) (Literatur!)

H. D. Zimmermann, Die politische Rede. Der Sprachgebrauch Bonner Politiker (1969)

L. Winckler, Studien zur gesellschaftlichen Funktion faschistischer Sprache (es 417/1970)

Zu 2.2. zitierte Literatur:

I. Kant, Kritik der Urteilskraft (§ 51 und § 53)

A. Müller, Zwölf Reden über die Beredsamkeit und deren Verfall in Deutschland (1816)

W. Jens, Rhetorik, in: Merker/Stammler, Reallexikon der deutschen Literaturgeschichte, Bd. III (1971)

W. Barner, Barockrhetorik (1970)

H. Böll, Die Sprache als Hort der Freiheit (Rede / 1959)

W. Jens, Von deutscher Rede (1969)

A. Hitler, Mein Kampf (651./655. Aufl. 1941)

weitere Literatur:

W. Weber, Literatur, in: H. J. Schultz (Hg.), Politik für Nichtpolitiker (1969)

F. Theremin, Die Beredsamkeit eine Tugend (1888), hat die Frage nach der Legitimation der *Wirkung* des Redners auf seine Hörer in der Sprache seiner Zeit folgendermaßen beantwortet:
»Welches sind die Gesetze, nach welchen ein freies Wesen auf andere

freie Wesen wirken darf?, ... diese Frage kann nur aus der Ethik beantwortet werden.
Wir wollen versuchen, sie zu beantworten. Und sollten sich aus den Gesetzen, nach welchen ein freies Wesen auf andere freie Wesen wirken darf, alle, als wahr und richtig anerkannte, aber bisher unzusammenhängend neben einander gestellte Regeln der Beredsamkeit ableiten lassen, so würde es keinen Zweifel leiden, daß die Rhetorik, als Theorie der Beredsamkeit, ein Teil der Ethik, die Beredsamkeit selbst aber eine Fertigkeit, nach ethischen Gesetzen zu wirken, d. h. eine Tugend sei ...
Sollte sich aber die von uns aufgestellte Ansicht der Beredsamkeit durchführen lassen, so würde ihr dadurch nicht nur ein sehr fester und bestimmter, sondern auch höchst ehrenvoller Platz verschafft. Sie gehörte zu dem, was im Menschen das Höchste ist, zur Tugend ...« (62 ff.)
In diesem Sinne expliziert Theremin sein Rhetorik-Verständnis und sichert damit, daß die Frage nach der Wirkung innerhalb der rhetorischen Reflexion selbst ihren verantwortlichen Platz habe.

Zu 2.3. zitierte Literatur:

G. Rammenzweig, Kirche zwischen Bürokratie und Demokratie (UT 618/1975)
J. Habermas, Der Universalitätsanspruch der Hermeneutik, in: R. Bubner u. a. (Hg.), Hermeneutik und Dialektik I (1967)
ders., Vorbereitende Bemerkungen zu einer Theorie der kommunikativen Kompetenz, in: ders./N. Luhmann, Theorie der Gesellschaft oder Sozialtechnologie (1971) 101 ff.
H. Glaser, Weshalb heißt das Bett nicht Bild? (1973)
J. Kopperschmidt, Rhetorik (1973)

weitere Literatur:
H. Holzer/K. Steinbacher (Hg.), Sprache und Gesellschaft (1972)

– zu Kommunikation:
B. Frank-Böhringer, Rhetorische Kommunikation (1963)
C. Cherry, Kommunikationsforschung – eine neue Wissenschaft (2. Aufl. 1967)
W. Schramm (Hg.), Grundfragen der Kommunikationsforschung (2. Aufl. 1968)
H. D. Bastian, Kommunikation (1972)
H. Glaser (Hg.) Kybernetikon. Neue Modelle der Information und Kommunikation (2. Aufl. 1972)
J. Kopperschmidt, »Kritische Rhetorik« statt »Moderner wissenschaftlicher Rhetorik«, in: Sprache im technischen Zeitalter 1973
H. Luther, Kommunikation und Gewalt (1973)
P. Watzlawick u. a., Menschliche Kommunikation (4. Aufl. 1974)

D. Baacke, Kommunikation, in: G. Otto (Hg.), Praktisch-theologisches Handbuch (2. Aufl. 1975) 406 ff.
C. Mueller, Politik und Kommunikation (LTW 1619/1975)

– *zu Sprache und Linguistik:*
H. Weinrich, Linguistik der Lüge (1970)
E. Meier (Hg.), Sprachnot und Wirklichkeitszerfall (1972)
Funk-Kolleg Sprache, 2 Bände (Fischer-TB 6111+6112/1973)
N. Chomsky, Sprache und Geist (stw 19/1973)
J. Kolbe (Hg.), Neue Ansichten einer künftigen Germanistik (1973)
H. Schnelle, Sprachphilosophie und Linguistik (1973)
F. Wahl (Hg.), Einführung in den Strukturalismus (st 10/1973)
E. v. Savigny, Die Philosophie der normalen Sprache (stw 29/1974)
J. L. Austin, Wort und Bedeutung (LTW 1433/1975)
H. F. Plett, Textwissenschaft und Textanalyse (UTB 328/1975)

– *zu religiöser Sprache und Kommunikation:*
H. D. Schneider, Unter welchen Voraussetzungen kann Verkündigung Einstellungen ändern?, in: Monatschrift für Pastoraltheologie 58. Jg./1969/246 ff.
K. W. Dahm, Hören und Verstehen, in: E. Lange u. a. (Hg.), Predigtstudien (1970)
E. M. Lorey, Mechanismen religiöser Information (1970)
H. Fischer, Glaubensaussage und Sprachstruktur (1972)
ders. (Hg.), Sprachwissen für Theologen (1974)
D. M. High, Sprachanalyse und religiöses Sprechen (1972)
W. Magass, exempla ecclesiastica. Beispiele apostolischen Marktverhaltens (1972) (mit einer Bibliographie zur Analyse der Kirchensprache!)
A. Grabner-Haider, Semiotik und Theologie (1973)
M. Josuttis, Zur Kommunikation in der Kirche (Literaturbericht!), in: Verkündigung und Forschung 18. Jg./1973/47 ff.
H. Albrecht, Kirche im Fernsehen (1974)
Linguistica Biblica, hg. von E. Güttgemans, seit 1972 (Bibliographien!)

Ohne daß das Wort Rhetorik fällt (und natürlich auch außerhalb unseres modernen sprach- und kommunikationswissenschaftlichen Vokabulars) äußert sich der große Stilist und Stilkritiker Karl Kraus in seinem Essay »Die Sprache«, in eben jener Verantwortung, die Reden, Denken und Handeln zusammensieht:
»Die Nutzanwendung der Lehre, die die Sprache wie das Sprechen betrifft, könnte niemals sein, daß der, der sprechen lernt, auch die Sprache lerne, wohl aber, daß er sich der Erfassung der Wortgestalt nähere und damit der Sphäre, die jenseits des greifbar Nutzhaften ergiebig ist. Diese Gewähr eines moralischen Gewinns liegt in einer geistigen Disziplin, die gegenüber dem einzigen, was ungestraft verletzt werden kann, der Sprache, das höchste Maß einer Verantwortung festsetzt und wie keine andere geeignet ist, den Respekt vor

jeglichem andern Lebensgut zu lehren. Wäre denn eine stärkere Sicherung im Moralischen vorstellbar als der sprachliche Zweifel? Hätte er denn nicht vor allem materiellen Wunsch den Anspruch, des Gedankens Vater zu sein? ...
Und es ist, als hätte das Fatum jene Menschheit, die deutsch zu sprechen glaubt, für den Segen gedankenreichster Sprache bestraft mit dem Fluch, außerhalb ihrer zu leben; zu denken, nachdem sie sie gesprochen, zu handeln, ehe sie sie befragt hat. Von dem Vorzug dieser Sprache, aus allen Zweifeln zu bestehen, die zwischen ihren Wörtern Raum haben, machen ihre Sprecher keinen Gebrauch. Welch ein Stil des Lebens möchte sich entwickeln, wenn der Deutsche keiner andern Ordonnanz gehorsamte als der der Sprache! ...
Den Rätseln ihrer (d. h. der Sprache) Regeln, den Plänen ihrer Gefahren nahezukommen, ist ein besserer Wahn als der, sie beherrschen zu können. *Abgründe dort sehen zu lehren, wo Gemeinplätze sind* – das wäre die pädagogische Aufgabe an einer in Sünden erwachsenen Nation ...
›Volk der Dichter und Denker‹: seine Sprache vermag es, den Besitzfall zum Zeugefall zu erhöhen, das Haben zum Sein. Denn größer als die Möglichkeit, in ihr zu denken, wäre keine Phantasie. ... Die Sprache ist die einzige Chimäre, deren Trugkraft ohne Ende ist, die Unerschöpflichkeit, an der das Leben nicht verarmt. Der Mensch lerne, ihr zu dienen!«

(K. Kraus, Die Sprache, dtv 613/1969, 329 ff.)

Zu 2.4. zitierte Literatur:

W. Jens, Von deutscher Rede (1969)
J. Habermas, Der Universalitätsanspruch der Heumeneutik, in: R. Bubner u. a. (Hg.), Hermeneutik und Dialektik I (1967)
J. Kopperschmidt, Rhetorik (1973)
A. Müller, Zwölf Reden über die Beredsamkeit und deren Verfall in Deutschland (1816)
H. Geissner, Rede in der Öffentlichkeit (1969)
W. Magass, Das öffentliche Schweigen (1967)
H. G. Schumann, Ideologiekritische Rhetorikforschung als interdisziplinäre Aufgabe, in: H. Schanze (Hg.), Rhetorik. Beiträge zu ihrer Geschichte in Deutschland vom 16.–20. Jahrhundert (FAT 2095/1974)

weitere Literatur:

I. L. Janis, Kommunikation und Meinungswechsel, in: O. W. Haseloff (Hg.), Kommunikation (2. Aufl. 1971) 126 ff.
H. Ide (Hg.), Sozialisation und Manipulation durch Sprache = projekt deutschunterricht 2 (2. Aufl. 1972)
H. Ide u. a. (Hg.), Soziale Fronten in der Sprache = projekt deutschunterricht 3 (1973) (beide Bände bieten instruktives Material zur Analyse und entsprechende Arbeitsanweisungen)

Das Gegenbild kann auf seine Weise verdeutlichen, was hier mit politisch-sozialen Funktionen der Rede gemeint ist; W. Barner zeigt eindrucksvoll die »prinzipielle Isolierung der humanistisch-lateinischen Rhetoriktheorie von der politischen, sozialen Realität des 17. Jahrhunderts«:

»Der große, vor allem am Beispiel Ciceros studierte Bereich der politischen, ›beratenden‹ Rede entfällt, nicht nur weil Politik den Fürsten und dem Adel vorbehalten bleibt und weil dort eloquentia latina grundsätzlich nicht gefragt ist, sondern weil absolutistische Kabinettspolitik kein öffentliches genus deliberativum benötigt: wo ›der Regent keine völlige Botmäßigkeit / sondern das Volck etwas Freyheit und Macht zu sprechen gehabt / da hat man es erst durch Vorhaltung vernünfftiger Ursachen zum Gehorsam bewegen müssen / und also Reden und Vermahnungen bedürfft‹; wo aber ›ein einiger König / Fürst oder Herr blosser Dinge zu befehlen gehabt / der hat mit wenig Worten sagen können / was er haben wolle / ohne Noth / daß aufftreten und seinen Unterthanen viel zureden und vorstellen dörffen / sie zum Gehorsam zu bewegen. Er hat nicht viel Worte mehr bedurfft / als ein Hauptmann / wann er seine Compagnie exerciret oder comandiret‹.« So Seckendorff, Teutsche Reden (1686).

(zitiert nach W. Barner, Barockrhetorik, 1970, 154)

Die Andersartigkeit, und zwar der politischen Situation wie des rhetorischen Ansatzes in einem, wird erkennbar, wenn H.-G. Gadamer formuliert:

»Die Ubiquität der Rhetorik ist eine unbeschränkte. Erst durch sie wird Wissenschaft zu einem gesellschaftlichen Faktor des Lebens. Was wüßten wir von der modernen Physik, die unser Dasein so sichtbarlich umgestaltet, allein aus der Physik? Alle Darstellungen derselben, die sich über den Kreis der Fachleute hinaus richten ... verdanken ihre Wirkung dem rhetorischen Element, das sie trägt ... An ihrer (d. h. der Rhetorik) fundamentalen Funktion innerhalb des sozialen Lebens kann kein Zweifel sein. Alle Wissenschaft, welche praktisch werden soll, ist auf sie angewiesen. Auf der andern Seite ist die Funktion der Hermeneutik nicht minder universal ... Beides fließt zusammen in die eine, Geschichte und Gegenwart umspannende, eigene und miteigene Welt, die im Reden der Menschen ihre sprachliche Artikulation empfängt. Auch von der Seite des Verstehens her zeigt sich also die Universalität der menschlichen Sprachlichkeit als ein in sich grenzenloses Element, das alles trägt, nicht nur die durch Sprache überlieferte Kultur, sondern schlechthin alles, weil alles in die Verständlichkeit hereingeholt wird, in der wir uns miteinander bewegen.«

Und zum Zusammenhang von Rhetorik und Hermeneutik heißt es wenig später:

»So durchdringen sich der rhetorische und der hermeneutische Aspekt der menschlichen Sprachlichkeit auf vollkommene Weise. Es gäbe keinen Redner und keine Redekunst, wenn nicht Verständigung und

Einverständnis die menschlichen Beziehungen trüge – es gäbe keine hermeneutische Aufgabe, wenn das Einverständnis derer, die ›ein Gespräch sind‹, nicht gestört wäre und die Verständigung nicht gesucht werden müßte.«
(Theorie-Diskussion: Hermeneutik und Ideologiekritik, 1971, 63 ff.)

Zu 2.5. zitierte Literatur:

K. Kraus, Die Sprache (dtv 613/1969)
W. Jens, Rhetorik, in: Merker/Stammler, Reallexikon der deutschen Literaturgeschichte, Bd. III (1971)
W. Barner, Barockrhetorik (1970)

weitere Literatur:
Wegen des auf die Predigt zielenden Interesses gehe ich hier nicht auf die Breite didaktischer Literatur ein, sondern nenne:
H. v. Hentig, Öffentliche Meinung, öffentliche Erregung, öffentliche Neugier (1969)
P. Cornehl/H.-E. Bahr (Hg.), Gottesdienst und Öffentlichkeit. Zur Theorie und Didaktik neuer Kommunikation (1970)
P. Düsterfeld/H. B. Kaufmann (Hg.), Didaktik der Predigt (1975)

Daß Aufklärung nicht zuletzt an sprachlicher Präzision hängt, zeigt Bert Brecht:
Die List, die Wahrheit unter vielen zu verbreiten
Viele, stolz darauf, daß sie den Mut zur Wahrheit haben, glücklich, sie gefunden zu haben, müde vielleicht von der Arbeit, die es kostet, sie in eine handhabbare Form zu bringen, ungeduldig wartend auf das Zugreifen derer, deren Interessen sie verteidigen, halten es nicht für nötig, nun auch noch besondere List bei der Verbreitung der Wahrheit anzuwenden. So kommen sie oft um die ganze Wirkung ihrer Arbeit. Zu allen Zeiten wurde zur Verbreitung der Wahrheit, wenn sie unterdrückt und verhüllt wurde, List angewandt. Konfutse fälschte einen alten patriotischen Geschichtskalender. Er veränderte nur gewisse Wörter. Wenn es hieß, »Der Herrscher von Kun ließ den Philosophen Wan töten, weil er das und das gesagt hatte«: setzte Konfutse statt töten »ermorden«. Hieß es, der Tyrann Soundso sei durch ein Attentat umgekommen, setzte er »hingerichtet worden«. Dadurch brach Konfutse einer neuen Beurteilung der Geschichte Bahn.
Wer in unserer Zeit STATT VOLK BEVÖLKERUNG UND STATT BODEN LANDBESITZ sagt, unterstützt schon viele Lügen nicht. Er nimmt den Wörtern ihre faule Mystik. Das Wort Volk besagt eine gewisse Einheitlichkeit und deutet auf gemeinsame Interessen hin, sollte also nur benutzt werden, wenn von mehreren Völkern die Rede ist, da höchstens dann eine Gemeinsamkeit der Interessen vorstellbar ist. Die Bevölkerung eines Landstrichs hat verschiedene, auch entgegengesetzte Interessen, und dies ist eine Wahrheit, die unterdrückt

wird. So unterstützt auch, wer Boden sagt und die Äcker den Nasen und Augen schildert, indem er von ihrem Erdgeruch und von ihrer Farbe spricht, die Lügen der Herrschenden; denn nicht auf die Fruchtbarkeit des Bodens kommt es an, noch auf die Liebe des Menschen zu ihm, noch auf den Fleiß, sondern hauptsächlich auf den Getreidepreis und den Preis der Arbeit. Diejenigen, welche die Gewinne aus dem Boden ziehen, sind nicht jene, die aus ihm Getreide ziehen, und der Schollengeruch des Bodens ist den Börsen unbekannt. Sie riechen nach anderem. Dagegen ist Landbesitz das richtige Wort; damit kann man weniger betrügen. Für das Wort DISZIPLIN sollte man, wo Unterdrückung herrscht, das Wort GEHORSAM wählen, weil Disziplin auch ohne Herrscher möglich ist und damit etwas Edleres an sich hat als Gehorsam. Und besser als das Wort EHRE ist das Wort MENSCHENWÜRDE. Dabei verschwindet der Einzelne nicht so leicht aus dem Gesichtsfeld. Weiß man doch, was für ein Gesindel sich herandrängt, die Ehre eines Volkes verteidigen zu dürfen! Und wie verschwenderisch verteilen die Satten Ehre an die, welche sie sättigen, selbst hungernd. Die List des Konfutse ist auch heute noch verwendbar. Konfutse ersetzte ungerechte Beurteilungen nationaler Vorgänge durch gerechtfertigte.

(B. Brecht, Fünf Schwierigkeiten beim Schreiben der Wahrheit)

Die aufklärerisch-didaktische Problematik der *Predigt* entfalten P. Düsterfeld/H.-B. Kaufmann:

»Eine homiletische *Didaktik* schließt ... die Frage nach den *Predigtinhalten und -zielen* ein, denn Didaktik reflektiert ausdrücklich die Kriterien der inhaltlichen Auswahl unter dem Aspekt der Bedeutung und Verarbeitung in der Lebenswelt und Erfahrung des (lernenden) Hörers ...

Eine didaktische Theorie der Predigt muß ... versuchen, die Sache selbst nicht nur in vorgegebenen Inhalten, sondern zugleich in der erfahrbaren Wirklichkeit anzusprechen. Sie vertritt dann den hermeneutischen Standpunkt, daß Erfahrung nicht bloße Fakten meint, sondern Normen- und Sinnfragen einschließt. Das Problem des Verhältnisses von Theorie/Praxis rückt damit an eine wichtige Stelle der didaktischen Reflexion von Predigt und Predigtvorbereitung. Diesem Verständnis von Didaktik korrespondiert die theologische Überzeugung, daß das Wort Gottes geschichtlich vermittelt ist. Versteht man beide Ansätze als ›dialektische Verschränkung von Theorie und Praxis‹, so wird der Dualismus einer theologisch-abstrakten Bestimmung der Inhalte der Predigt einerseits und einer Behandlung des Vermittlungsproblems als methodisch-formale Aufgabe andererseits weder theologisch noch didaktisch aufrechterhalten werden können. Anders gesagt: Die ›Sache‹ des christlichen Glaubens bewahrheitet sich nicht außerhalb erfahrbarer Inhalte und Situationen, sondern nur durch sie.«

»Wenn nun einerseits das Verstehen dieses Zeugnisses ohne Voraussetzungen nicht möglich ist, andererseits aber die Sache nicht in den

Voraussetzungen aufgeht, so kann man in hermeneutischer Hinsicht ein bleibendes didaktisches Element der Predigtvorbereitung unter zwei Aspekten beschreiben:
a) Sie versucht, die gesellschaftlich-politischen, soziokulturellen, psychologisch-anthropologischen und lebensgeschichtlichen Bedingungen und Einflüsse beim Prediger und Hörer sowie die geschichtlichen Wirkungen der Rede des Glaubens aufzuklären, gerade um die christliche Wahrheit recht unterscheiden zu können.
b) Diese Unterscheidung steht nicht schon fest, sondern gelingt erst in der Konfrontation der Bedingungen, Einflüsse und Wirkungen mit dem ›Interesse‹ der Sache (durch ›Antizipation‹ ihrer Wahrheit). In diesem Prozeß werden unter Umständen Vorurteile auf beiden Seiten revidiert . . .
Die ›Aufklärung des Vorurteils‹ bedeutet nicht, die Botschaft der Wahrheit aufzulösen in die Erklärbarkeit der vorhandenen Wirklichkeit. Vielmehr wird es der Predigtdidaktik um die Deutung der vorhandenen Wirklichkeit auf *mögliche* Zukunft, auf mögliches Handeln und auf Veränderbarkeit (Umkehr) des Verhaltens gehen. Gerade deshalb kommt sie aber um eine anthropologische und gesellschaftliche Analyse des Ortes ihrer Rede von Gott nicht herum.«
(P. Düsterfeld/H. B. Kaufmann, Hg., Didaktik der Predigt, 1975, 23 ff.)

Zu 2.6. zitierte Literatur:

E. Bloch, Das Prinzip Hoffnung Bd. 1 (1969)
G. Grass, Über das Selbstverständliche (dtv 579/1969)
ders., Der Bürger und seine Stimme (1974)
P. Neruda, Ich bekenne ich habe gelebt (1974)
ders., Der strahlenden Stadt entgegen. Nobelpreisrede, in: Letzte Gedichte (SL 201/1974) 192 ff.
P. Hacks, Das Poetische (es 544/1972)

weitere Literatur:

K. Burke, Dichtung als symbolische Handlung (es 153/1966)
H. Domin, Wozu Lyrik heute (1968)
dies., Nachkrieg und Unfrieden (1970) (Nachwort!)
D. Soelle, Zum Dialog zwischen Theologie und Literaturwissenschaft, in: Internationale Dialogzeitschrift 2. Jg./1969/296 ff.
dies., Realisation. Studien zum Verhältnis von Theologie und Dichtung nach der Aufklärung (SL 124/1973)
E. Grassi, Macht des Bildes: Ohnmacht der rationalen Sprache (1970)
H. Schröer, Moderne deutsche Literatur in Predigt und Religionsunterricht (1972)
W. C. Booth, Die Rhetorik der Erzählkunst, 2 Bde. (UTB 384+385/1974)
P. Hacks, Lieder, Briefe, Gedichte (1974)
G. Kalow, Poesie ist Nachricht (1975)

Gegen die beiden landläufigen Vorwürfe der *Unverständlichkeit* und der, auch politischen, *Realitätsferne* der Poesie sei hier auf H. M. Enzensberger verwiesen:

»So banal er sich anhört, so nützlich und unterhaltsam ist es, über den Vorwurf der Unverständlichkeit, der gegen die moderne Poesie erhoben wird, noch eine Weile nachzudenken. Er enthält ein wahres Moment insofern, als er an die Dunkelheit aller Gedichte erinnert. Auch Pindar und Goethe sind dunkel, nur ist diese ›Unverständlichkeit‹ vergessen, verdrängt, unschädlich gemacht worden. Die Klassiker sind au fond nicht weniger unerträglich als die Autoren der Moderne. Widerspruch ist auch ihre Poesie. Aber diese Unerträglichkeit darf nicht zugegeben werden. Sie zu tarnen, zu entschärfen, dem Bestehenden kommensurabel zu machen, ist eine Aufgabe, für die sich die Gesellschaft eigene Institutionen geschaffen hat. Deren Mühlen freilich mahlen langsam. Die moderne Poesie ist noch nicht durch sie gegangen; daher die Feindseligkeit, mit der ihr immer noch begegnet wird. Was sie unverständlich schimpft, ist letzten Endes das Selbstverständliche, von dem alle großen Werke sprechen und das vergessen sein, vergessen bleiben soll, weil es von der Gesellschaft nicht geduldet, nicht eingelöst wird.

Diese Erinnerung an das Selbstverständliche, an das was uns vorenthalten bleibt, sie ist es, die der modernen Poesie Schimpf und Verfolgung eingetragen hat, wo immer die unverhüllte Gewalt in der Geschichte erschienen ist. Was die Diktatur gegen sie aufbietet, beweist, welche Kräfte von ihr ausgehen. So gering, statistisch betrachtet, ihre Ausbreitung ist, so unabsehbar ist ihre Wirkung. Poesie ist ein Spurenelement. Ihr bloßes Vorhandensein stellt das Vorhandene in Frage. Deshalb kann die Gewalt sich mit ihr nicht abfinden . . .

Da kann es nicht schaden, an eine Wahrheit zu erinnern, die in Vergessenheit gerät, weil sie einfach ist und keinen Zweifel leidet: auch die moderne, wie jede Poesie, spricht *von etwas*, spricht aus, was uns betrifft.

(H. M. Enzensberger, Hg., Museum der modernen Poesie, dtv-sr 35/36 – 1964, 22 f. und 28; vgl. auch 20 f.)

Auf eigene Weise nimmt R. Bohren den Zugang zur Poesie auf dem Weg der Interpretation des Novalis:

»Ich versuche, die Aufgabe der Predigt von Novalis her zu umreißen: Predigen heißt, den Text in Zufall verwandeln, in das, was von der Gnade her zufällt. Der Zweck der Predigt: im Hörer ›die Anlage zum Dichter‹ erwecken, ihm das neue Sein zu entdecken, die poetische Existenz in der Rühmung des Schöpfers und Vollenders. In dieser poetischen Existenz ist der Hörer aus seiner Sprach- und Gedankenlosigkeit zu kreativer Phantasie befreit und wird nun selbst zu einem Novalis, der Neuland bestellt. Wer den Text in Zufall verwandelt, in ihm ›die Berührung eines höheren Wesens‹ erkennt, wird auch den Hörer in Zufall verwandeln und ihn wunderbar finden, denn in ihm kommt die Gnade zuvor, wie ihm die Gnade zuvorkommt. Auf diese

Weise wird der Text zum Hörer hin und der Hörer zum Text hin übersetzt.
Indem ich den Poesiebegriff fruchtbar zu machen versuche, indem ich theologisch interpretiere, wird dessen eminent kritische Funktion deutlich. Beispielsweise gegenüber unserm Verständnis von Theologie überhaupt: ist das ständige Reden über die Wissenschaftlichkeit der Theologie vielleicht ebenfalls ein Produkt unserer Leistungsgesellschaft? Warum legen wir jeweils so penetrant Wert darauf, ›eins aus dem andern in einer langwierigen Rechnung‹ zu finden, warum wird jener andere Weg der Betrachtung kaum und dann nur schamhaft betreten? Warum legen die Theologen so großen Wert darauf, im Haus der Wissenschaften zu wohnen? Warum gehen sie am Haus der Kunst vorbei? Wie sagt doch Novalis: ›Religionslehre ist wissenschaftliche Poesie‹.«
(R. Bohren, Nur Poesie kann für die Liebe sprechen, in: Ev. Kommentare 5. Jg./1972/652)
vgl. dazu auch ders., Predigtlehre (3. Aufl. 1974) 59 ff. (Homiletik im »Kontext moderner Literatur«).

In diesem Zusammenhang wäre es fruchtbar, die Entstehung von Predigten und Gedichten vergleichend zu reflektieren. Vgl. dazu:
K. Marti, Wie entsteht eine Predigt? Wie entsteht ein Gedicht?, in: D. Sölle u. a. (Hg.), Almanach 3 für Theologie und Literatur (1969) 94 ff.
H. Domin, Wozu Lyrik heute (1968), bes. 110 ff.
H. M. Enzensberger, Die Entstehung eines Gedichts (1963)
P. Hacks, Wie Gedichte zu machen, oder: Rechtfertigung gegenüber Belinden, in: ders., Lieder, Briefe, Gedichte (1974) 7 ff.

Im weiteren Sinne wäre in diesem Zusammenhang auch zu diskutieren, was sich neuerdings »narrative Theologie« nennt. Vgl. dazu:
J. B. Metz, Kleine Apologie des Erzählens, in: CONCILIUM, 9. Jg./1973/334 ff.
H. Weinrich, Narrative Theologie, in: ebda./329 ff.
E. Rau, Leben – Erfahrung – Erzählen, in: Wissenschaft und Praxis in Kirche und Gesellschaft 64. Jg./1975/342 ff. (Lit.!)

Zu 2.7.:

Es mag hier der Ort sein, wenigstens anmerkungsweise darauf hinzuweisen, daß wir hier zwar aus gegebenem Anlaß das Thema Rhetorik – Homiletik in seiner Eingrenzung relativ genau einhalten, aber das sollte nicht darüber hinwegtäuschen, daß sich mit der Wendung zur Rhetorik die generelle Frage nach dem Verständnis von Theologie neu stellt.

3. Die Predigtvorbereitung als Testfall der Predigtlehre

3.0. Ausgangspunkt

Die Zusammenfassung in 2.7. hat rhetorische Grundeinsichten auf die Predigt als eine spezielle rhetorische Aufgabe zugespitzt.

In der Predigt geht es darum, auf dem Forum der Kirche *öffentlich, verständlich* und *wirksam* zur Debatte zu stellen, was *christlicher Glaube* jeweils meint und will, und zwar:

- in Hinsicht auf *bestimmte Zeitgenossen,*
- in Hinsicht auf konkrete *Lebenssituationen und -fragen,*
- in Hinsicht auf den *Bußruf Jesu,* also: bezogen auf die grundlegende *Veränderungsbedürftigkeit* des Menschen und seiner Welt, das heißt:
- in Hinsicht auf *besser gelingendes Leben.*

Nur im *Zusammenhang* der drei Kategorien öffentlich, verständlich, wirksam und der genannten vier Hinsichten ist sagbar, was Glaube konkret meint und will; sie treten also nicht zum »Inhalt« des Glaubens hinzu, sondern sie konstituieren ihn.

Diese »Ansage« des Glaubens ist eine rhetorische Aufgabe. Demgemäß ist die homiletische Fragestellung zu entwickeln. Dies soll hier auf *praktische* Weise erfolgen. Deswegen wähle ich den *Weg der Predigtvorbereitung* als Form der Entfaltung einer rhetorisch orientierten Homiletik. Die Predigtvorbereitung ist der Test, an dem sich das Gesamtverständnis konkret auszuweisen hat.

Im ersten Schritt (3.1.) wird in Form eines Protokolls die Entstehung eines Predigtbeispiels vorgeführt; im zweiten Schritt (3.2.) wird das dort praktizierte Verfahren reflektiert und bis zum Schema des *»rhetorischen Zirkels«* verallgemeinert, so daß es auf diverse Arbeitssituationen übertragbar wird. Zur Verdeutlichung sind den sieben Arbeitsschritten des rhetorischen Zirkels Redeausschnitte aus unterschiedlichen weltlichen Redesituationen beigegeben (siehe: Belege, Materialien, Hintergründe zu Abschnitt 3.).

3.1. Ein Beispiel: »Der lachende Jesus«

3.1.1. Protokoll einer Vorbereitung

Dies sind die Notizen, aus denen meine Vorbereitung auf die nachfolgende Predigt (siehe 3.1.2.) besteht. Abfolge (Daten) und Inhalt sind für den Druck nicht verändert, wohl aber, unvermeidlich, die Form, und zwar in einer einzigen Hinsicht: Alles, was sich für den Verfasser einer Predigt aufgrund seines Arbeitsstils von selbst oder durch ein einziges Stichwort oder durch ein individuell gebrauchtes Zeichen versteht, ist in Klartext ausgeführt, so daß der Leser es mitvollziehen kann. In Klammern stehen weitere Zusätze, später hinzugefügt, die für das Gesamtverständnis nötig erschienen. Eigens betonen muß ich, daß viele der Notizen zeitlich sehr *kurze Arbeitsphasen* dokumentieren, die zwischen ganz anderen Arbeiten liegen. Der Umfang, den die Vorbereitung jetzt aus Gründen der Verständlichkeit hat, darf nicht irritieren.
Zu beachten bleibt: Es ist ganz und gar *mein Weg* der Vorbereitung, gebunden an meine persönliche Situation, zu der auch gehört, daß ich nicht jeden Sonntag predigen muß und mich mit relativ langem Atem und auch mit viel mehr Aufwand als andere vorbereiten kann (und muß). Dennoch kann dieser individuelle Weg, so meine ich, ein Verständnis von Predigt und Predigtvorbereitung konkretisieren, um das es mir in diesem Buch geht – und das dann jeder in seiner Situation *auf seine Weise* erproben mag.

29. 1. 1973: Ich erfahre, daß ich am 6. 5. 1973 den Universitätsgottesdienst halte. Ich weiß es nun, aber es ist weit weg.
13. 2. 73: Ich erhalte die vom Kantor entworfene Gottesdienstordnung, mit Angabe der vorgesehenen Lesungen und der darauf bezogenen Kirchenmusik. Ich habe im Gedränge des Semesterendes keinen Augenblick Zeit, an etwas zu denken, was in fast drei Monaten passiert. Am 19. 2. 73 werde ich für drei Wochen zum Arbeiten nach Lübeck fahren. Vielleicht sehe ich es da an. (Ich habe es nicht getan.)

2. 4. 73: Semesterbeginn.

6. 4. 73: Ich studiere die Gottesdienstordnung.
Die *Texte* des Sonntags sind: 1. Petrus 2,21 bis 25: Christus als Vorbild der Nachfolger; Johannes 10,11–16: Abschnitt aus der

Hirten-Rede »Ich bin der gute Hirte«. (Ich lese die Texte in deutscher Übersetzung, Joh 10 im Kontext.)
Als *Kirchenmusik* ist vorgesehen:
Lieder: 84, 1–3 Wir danken dir; 178, 1–5 Der Herr ist mein getreuer Hirt.

Chor: »Psalm 33« für vierstimmigen Chor von Heinrich Schütz:

Freut euch des Herrn, ihr Christen all, ihr
Frommen sollt Gott preisen,
ein neues Lied mit großem Schall, mit Gesang
und schönen Weisen,
laßt klingen Psalter, Saitenspiel, auf Harfen
macht der Freuden viel
zu Lob und Ruhm dem Herren.

Des Herren Wort wahrhaftig ist, magst wohl getrost
darauf bauen,
was Gott zusagt, hält er gewiß, bei ihm
ist Glaub und Trauen,
hoch liebt er die Gerechtigkeit und
schützt Gericht zu jeder Zeit,
die Erd ist voll sein'r Güte.

Von ganzer Seel wir harren dein, Gott,
unser Hilf und Schilde,
in dir von Herzen wir uns freun, traun
deinem Namen milde,
laß walten ob uns deine Güt, vor allem
Unfall uns behüt,
auf dich wir hoffen. Amen

Motette für siebenstimmigen Chor von Helmut Barbe (1972):

Herr, ich hörte deine Botschaft und entsetzte mich.
Herr, ich schaute deine Werke und erschrak.
In der Mitte zweier Menschenkinder offenbarst du dich,
wenn deine Zeit gekommen ist.
Herr, wenn meine Seele erbebt vor deinem Zorn,
dann gedenke deiner Barmherzigkeit.

»Cantico de David« für vierstimmigen Chor mit Orgel von Vincente Perez-Jorge (1970). Übersetzung des spanischen Textes:

Wir preisen, unser Gott, deinen glorreichen Namen. Alleluja.
Gepriesen seist du, Herr, Gott unseres Vaters Israel von Ewigkeit zu Ewigkeit. Dein sind, Herr, die Herrlichkeit und die Macht, der Ruhm und der Glanz und die Majestät, denn dein ist, was es gibt im Himmel und auf Erden, du bist König und Herrscher über alles. Von dir kommt der Reichtum und die Ehre, du bist der Herr des Universums,

in deiner Hand ist die Macht und die Stärke, du verherrlichst und stärkst alle.
Darum, unser Gott, danken wir dir, indem wir deinen glorreichen Namen preisen. Alleluja.
Wir preisen, unser Gott, deinen glorreichen Namen. Alleluja.

8. 4. 73: Die total nichtssagende Predigt, die ich heute gehört habe, erinnert mich an Bonhoeffers Gedanken: Die Kirche sollte für eine lange Zeit schweigen, weil sie zu viel geredet hat, ohne etwas zu sagen. Diejenigen, die die Abschaffung der Predigt heute vorschlagen, haben mein Verständnis und meine Sympathie, auch wenn ich die These nicht teile. Eigenartig: So sehr mich schlechte Predigten deprimieren, so sehr fordern sie mich zu eigenen Versuchen heraus.

10. 4. 73: Stammtischgespräch: Wir kommen im Zusammenhang von Mainzer Fastnacht, Fastenzeit, Passionszeit auf Karfreitag. Kollegen verschiedener Fakultäten argumentieren in sehr unterschiedlichen Bereichen in dieselbe Richtung: Die Vorstellung, Jesus habe damals ein *Opfer* gebracht, das für uns heute eine »Wirkung« habe, ist ihnen schlechthin unerschwinglich – die andere Vorstellung, daß Jesus ein umwerfendes *Lebensbeispiel* gegeben habe, mit dem bis heute sich auseinanderzusetzen lohnt, nicht zuletzt auch wegen seiner verschiedenartigen Wirkungen auf diversen Ebenen, ist ihnen durchaus zugänglich. Allerdings ist diese Fragerichtung für die meisten zugleich mit der Hypothek belastet, daß man innerhalb der Kirche *so* ja nicht zu argumentieren pflege, sondern eher mit Vorstellungen umgehe, die der Realität menschlichen Lebens relativ ferne sind. Offen ist dabei, ob das in der Kirche so sein müsse – so einige – oder ob man die Kirche deswegen kritisieren sollte. Ich habe mehr zugehört als mitgeredet.

13. 4. 73: Zwei Themenfelder für die Predigt fallen mir von den Texten her und auf dem Hintergrund des Gesprächs vom 10. 4. ein:
- im Anschluß an den Johannes-Text: Wie kommen wir eigentlich mit den überlieferten Jesusbildern *heute* zurecht? Was sagt *uns* das Bild vom Hirten? Gibt es *neue* Bilder? Brauchen wir Bilder?
  Unter *einem* Aspekt ist dabei auch die Epistel aus dem 1. Petrusbrief aufgenommen: Vorbild-Gedanke.
- Was heißt *Kirche?* Aufnahme des Bildes von der Herde aus Joh 10 und dann Übergang zur Frage: Welche Bilder für

Existenz, Funktion, Wirkung der Kirche in der *heutigen* Welt müßte man heranziehen?

Jedenfalls werde ich in diesem Umkreis bleiben und nicht einen dritten Text als Predigttext heranziehen.

15. 4. 73: Umfängliche Zeitungslektüre (Sonntag).

16. 4. 73: Was will ich nun eigentlich in der Predigt?

Ich entscheide mich für folgende Thematik: *Bilder und Jesusbilder.* Das Thema ergibt sich vom Sonntagsevangelium her (Joh 10), und es trifft eine (untergründige) Situation und Fragestellung der Gemeinde – oder nur von mir? Ich nehme an: nicht nur von mir. Jedenfalls müßte man die Fragestellung, insoweit sie nicht bewußt ist, in dieser Gemeinde bewußt *machen.*

Fragestellung/Thematik: Wir sind der Auffassung, daß das, was Jesus in die Welt gebracht hat, auch heute zu bedenken lohnt. Sonst wären wir nicht im Gottesdienst. Mindestens beschäftigt es uns als nicht von vornherein negativ beantwortete, sondern als offene Frage. Innerhalb dieser Frage stoßen wir auf die Tatsache, daß die »Früheren« – das ist: das Neue Testament, die Tradition, vielleicht Lehrer oder Eltern, Dokumente der Frömmigkeit usw. – in bestimmten *Bildern* von Jesus reden. Daraus folgt eine Fragenreihe:

- Sind diese Bilder verbindlich?
- Können wir diese Bilder nachvollziehen?
- Wie reagieren wir emotional auf diese Bilder?
- Kann man nicht auch ohne Bilder leben?
- Gefahren von Bildern?
- Wie ist es mit den Bildern, die wir uns von Menschen machen?
- Bilder von Menschen und Bilder von Jesus, hat das etwas miteinander zu tun?
- Gibt es auch die Möglichkeit, neue Bilder von Jesus zu entwerfen?
- Das Hirtenbild ist nur ein Beispiel; trifft das Problem auch auf andere Bilder zu, auf noch stärkere, etwa auf das des »Schmerzensmannes«?

Was gibt der Text Joh 10 in *diesem* Zusammenhang her? Ich konsultiere die Johannes-Kommentare von R. Bultmann (KEK 1957[15]) und S. Schulz (NTD 1972), außerdem den Artikel poimen im ThWB Bd. VI (J. Jeremias).

Bultmanns Exegese macht mir den Aufbau, den religionsgeschichtlichen Hintergrund und die theologischen Eigenheiten (in Bultmannscher Einfärbung) durchsichtig. Mir ist jetzt deutlicher, was sich für Johannes und seine Adressaten alles mit dem Hirtenbild verbindet – mir ist also die damalige, die historische Perspektive besser erkennbar. Zugleich wird damit der Abstand zum heutigen Leser/Hörer noch stärker.

Das Hirtenbild für die Predigt weitgehend vom Kontext zu lösen ist auch exegetisch vertretbar. Bei Bultmann wird die relative Selbständigkeit deutlich, und Schulz formuliert: »Sämtliche Ich-bin-Sprüche weisen nur eine lose bzw. gar keine Verbindung zum Kontext auf« (S. 128). Schulz faßt Herkunft von Hirten-Bild und Hirten-Rede folgendermaßen zusammen (S. 150):

»Welcher Herkunft sind das Hirten-Bild und die Hirten-Rede? Es gibt gleichermaßen verwandte Motive in der alttestamentlichen (vor allem Ez. 34,2 ff.) und der mandäisch-gnostischen Tradition. Daß der Hirt sich um seine Herde kümmert und sie vor allen Gefahren beschützt, weist deutlich auf alttestamentliche Traditionen zurück. Jedoch ist im Alten Testament die Gestalt des Hirten sehr häufig messianisch verstanden, was für das Johannesevangelium so nicht gilt. Hier ist der Hirt nicht der messianische König, der über seine Herde herrscht, sondern er ist der Gesandte, der die ›Seinen‹ kennt (V. 14). Daß der Hirt als Gesandter verstanden wird, ist eng verwandt mit mandäisch-gnostischen Traditionen. Außerdem steht das Bibelwort vom guten Hirten in einer gewissen Nähe zu dem Bildwort vom Weinstock (Kap. 15): Hier wie dort sind die Bildworte zu Bildreden erweitert, und tauchen die charakteristischen Beiworte ›gut‹ bzw. ›wahrhaftig‹ auf. Im Unterschied zu den Bildworten vom Brot des Lebens (Kap. 6), vom Licht der Welt (Kap. 8), von der Auferstehung und dem Leben (Kap. 11) und von Weg, Wahrheit und Leben (Kap. 14) meint in Kap. 10 und 15 das ›Ich bin‹ keine Vergegenwärtigung eschatologischer Heilsgüter, vielmehr zeigt die Beifügung von ›gut‹ bzw. ›wahrhaftig‹, daß hier der falsche Anspruch fremder Götter und Erlösergestalten polemisch zurückgewiesen wird. Im Bildwort vom Hirten geht es also – wie im Bildwort vom Weinstock – nicht um die Erfüllung eschatologischer Verheißungen, sondern um die Herausstellung des einen Erlösers.«

Eine Durchsicht des Artikels im ThWB bietet keine neuen Gesichtspunkte; in den religionsgeschichtlichen Hinweisen folge ich Bultmann und Schulz, nicht Jeremias.

Was ergibt sich?

In diesem Fall (das muß nicht immer so sein) liefert mir der Text eher ein *Thema* als seine inhaltliche Ausführung. Das Thema lautet: Um verständlich zu machen, wer Jesus ist, wird von ihm in einem Bild geredet.

Dieses Thema nehme ich auf. Ich verselbständige es. Ich stelle es mir als *heutige* Aufgabe. In dem ich das, angeregt durch das

Hirtenbild bei Johannes, tue, kompliziert sich die Sache für meine Hörer ebenso wie für mich sofort in einem Punkt: Den Hörern wird ebenso wie mir sehr bald einfallen, daß wir eine Vielzahl weiterer Jesusbilder kennen. Jesus der Heiland, Jesus der Weinstock, Jesus der Schmerzensmann, Jesus der Auferstandene usw. Alle diese Bilder haben gewiß ihre eigenen Verstehensprobleme, ihre eigene Herkunfts- und Traditionsgeschichte und ihr eigenes theologisches Profil. Aber in *einem* Punkt sind sie alle gleich: Sie sind in alter Zeit entstanden, unter anderen Bedingungen (im weitesten Sinne), sie sind uns ferne. Aber sie sind entstanden aus direkter Nähe zu ihren ersten Hörern. Nur auf diesen Punkt und die Folgerungen, die hier zu ziehen sind, kommt es mir an. Muß man nicht folgern, daß wir *eigene* Bilder brauchen?

17. 4. 73: Weiteres brauchbares (?) Material:
Du sollst dir kein Bildnis machen.
Es ist bemerkenswert, daß wir gerade von dem Menschen, den wir lieben, am mindesten aussagen können, wie er sei. Wir lieben ihn einfach. Eben darin besteht ja die Liebe, das Wunderbare an der Liebe, daß sie uns in der Schwebe des Lebendigen hält, in der Bereitschaft, einem Menschen zu folgen in allen seinen möglichen Entfaltungen. Wir wissen, daß jeder Mensch, wenn man ihn liebt, sich wie verwandelt fühlt, wie entfaltet, und daß auch dem Liebenden sich alles entfaltet, das Nächste, das lange Bekannte. Vieles sieht er wie zum ersten Male. Die Liebe befreit es aus jeglichem Bildnis. Das ist das Erregende, das Abenteuerliche, das eigentlich Spannende, daß wir mit den Menschen, die wir lieben, nicht fertigwerden: weil wir sie lieben; solange wir sie lieben. Man höre bloß die Dichter, wenn sie lieben; sie tappen nach Vergleichen, als wären sie betrunken, sie greifen nach allen Dingen im All, nach Blumen und Tieren, nach Wolken, nach Sternen und Meeren. Warum? So wie das All, wie Gottes unerschöpfliche Geräumigkeit, schrankenlos, alles Möglichen voll, aller Geheimnisse voll, unfaßbar ist der Mensch, den man liebt –
Nur die Liebe erträgt ihn so.

M. Frisch, Tagebuch 1946–1949 (1962), S. 31

18. 4. 73: Ich lese ein paar Predigten und ein paar Predigtmeditationen im Umkreis des Predigttextes. Sie regen mich zu nichts an. (Darum unterlasse ich es, sie hier zu nennen.) Einzige Ausnahme:
D. Sölle, Du sollst dir kein Bildnis machen (in: Die Wahrheit ist konkret, 1967, S. 95 ff.). Sie verarbeitet das Frisch-Zitat, das ich gestern entdeckt zu haben meinte! Aber das macht ja gar nichts. – Man kann alle Sätze, die D. Sölle formuliert, restlos austauschen: Was sie vom Bilderverbot her über die

Beziehung zwischen Menschen sagt, kann man auf die Bilder beziehen, die sich Menschen von Gott machen – und genau auch umgekehrt.
Ich möchte eigentlich diesmal weniger von Gottesbildern reden, sondern mehr von Jesusbildern, bzw. vom *Hirtenbild* Jesu. Muß man nicht die emotionale Abneigung, die dieses Bild bei vielen – und auch bei mir! – hervorruft, einmal aussprechen? Oder ist es nur meine Abneigung? Bei Hirte assoziiere ich: Schäfchen. Ich bin kein Schäfchen. Nicht nur: Ich will keins sein, nein, ich *bin* keins. Bei Hirte assoziiere ich: Herdengehorsam. So will ich Zugehörigkeit zur Kirche, zur Gemeinde nicht verstehen. Nein. Ganz bestimmt nicht. Ich *kann* es so gar nicht verstehen, denn ich müßte mich neben mich setzen.

20. 4. 73: Ich will an der Predigt arbeiten, aber die Situation, die Zusammensetzung der Gemeinde im Universitätsgottesdienst macht mir zu schaffen. Ich komme nicht voran.
Ich muß mich auf folgende Gruppen in der Zusammensetzung der Gemeinde einstellen:
– Anspruchsvolle offene Teilnehmer; teils solche, die auch anderwärts zum Gottesdienst gehen und aus positivem Grund eine andere Stimme hören wollen usw.; teils solche, die nie sonst zum Gottesdienst gehen, weil sie innerhalb ihres Erwartungshorizontes nicht verstehen, was landläufig in der Predigt gesagt wird: sie erwarten Ausführungen auf ihrem anspruchsvolleren Niveau und in einer ihnen zugänglichen Sprache und Gedanken- und Lebenswelt.
– Theologiestudenten, die sehen wollen, »wie er's macht« – was ich sehr verständlich finde.
– Bürger, für die die Teilnahme am *Universitäts*gottesdienst einen bestimmten gesellschaftlichen Stellenwert hat.
– Kollegen, die sehr unterschiedliche Motive haben könnten ...
– Manche, die angezogen sind, denn: »der soll ein ganz Radikaler sein ...«
– Primär kirchenmusikalisch Interessierte.
– Einige, die »schön« finden, was immer ich auch sage ...
– Ein paar Menschen, die mich gut kennen und die ich gut kenne; sie helfen mir sprechen, weil sie auch das richtig hören, was ich schief, falsch, mißverständlich sage – kritische Hörer, im guten Sinne ...

(Diese besondere Zusammensetzung hat *eine* Folge für die Predigt: Ich weiche – gegen meine Gewohnheit in anderen Situationen – kaum oder gar nicht vom Manuskript ab. Ich möchte hinterher »belegen« können, was ich gesagt habe. Angst?)

22. 4. 73: Mir wird klar: Wenn die Bildproblematik Gegenstand der Predigt ist, dann darf das nicht nur reflektierend verhandelt werden, sondern dann müssen auch in der Predigt selbst Bilder eine Rolle spielen, das heißt: Die Predigt muß eine erzählende Passage enthalten, in der ein deutliches Bild eine Rolle spielt.
Ich suche in neueren Kinderbüchern nach Material und finde: »Birne«!

Birne in der Kirche
Wenn Birne in der Stadt unterwegs ist, sieht sie oft ein großes Gebäude aus roten Ziegelsteinen. Das Haus hat viele Bogenfenster und einen Turm mit einer Uhr. Auf dem Turm blinken Warnlampen, damit kein Flugzeug gegen den Turm stößt.
Um das Haus herum führen Schnellstraßen, auf denen viel Verkehr herrscht. Es ist nicht möglich, die Schnellstraßen zu überqueren, die Autos würden jeden umfahren. Manchmal sieht Birne trotzdem Menschen in das Haus gehen.
»Was ist das für ein Gebäude«, fragt sie eine schöne Frau. »Das ist eine Kirche«, sagt die schöne Frau. »Wie kommt man über die Straße«, fragt Birne. »Du mußt mir folgen«, sagt die schöne Frau. »Sie wundern sich ja gar nicht, daß eine Birne sprechen kann«, sagt Birne. »Warum soll eine Birne nicht sprechen können«, sagt die schöne Frau. »Es gibt zum Beispiel Elefanten, die tanzen, und Seelöwen, die Bälle auf der Nase balancieren.« »Nur im Zirkus werden solche Kunststücke vorgeführt«, sagt Birne. »Wenn man daran glaubt, kann man sich alles vorstellen«, sagt die schöne Frau. Sie geht durch eine Unterführung und steigt auf der anderen Seite der Schnellstraße wieder nach oben, mitten in die Kirche hinein. »Man kann also nur zu Fuß in die Kirche kommen«, sagt Birne. »Es gibt keinen Parkplatz bei der Kirche«, antwortet die schöne Frau. »Die Autofahrer steigen aus und gehen in die Kirche.« »Jeden Tag«, fragt Birne. »Nur sonntags«, sagt die schöne Frau, »werktags arbeiten fast alle.« »Ich arbeite nur nachts«, sagt Birne. In der Kirche ist es ziemlich dunkel, obwohl die Fenster groß sind. Sie bestehen aus buntem Glas, das Bilder darstellt wie Gemälde. »Hier ist alles voll Geschichten«, sagt die schöne Frau. »Jesus hat vor zweitausend Jahren gelebt. Seine Abenteuer stehen in einem Buch, das Bibel heißt. Der Vater von Jesus ist hundertmaltausendmalmillionen Jahre alt. Über ihn und die Menschen, die vor dreitausend, fünftausend und zehntausend Jahren gelebt haben, gibt es auch viele Geschichten.« »Ich finde das blöd«, sagt Birne. »In jeder Kirche hängt dieser Jesus am Kreuz. Er sieht schrecklich aus, und die Geschichten, die man erzählt bekommt, sind alle alt. Warum baut man überhaupt Kirchen, wenn alles, was damit

zu tun hat, längst vergangen ist?« »Eine Kirche ist zur Erinnerung da«, sagt die schöne Frau. »In Kirchen ist es still, man kann darin beten oder eine Predigt hören.« »Was ist das«, fragt Birne. »Beten ist, wenn man um etwas bittet. Und eine Predigt ist ein Vortrag, eine Erzählung, die von Jesus oder seinem Vater handelt.« »Dazu braucht man keine Kirchen«, sagt Birne. »Beten und predigen kann man überall.« »Kann man nicht«, sagt die schöne Frau. »Kann man doch«, sagt Birne. »Dann mach es mir vor.« Sie gehen durch die Unterführung wieder auf die andere Seite der Schnellstraße. »Jetzt mußt du weinen«, sagt Birne zu der schönen Frau, »damit es aussieht, als würde es dir schlecht gehen.« »Ich kann nicht auf Befehl weinen«, sagt die schöne Frau. Birne kauft eine Zwiebel und quetscht sie vor der schönen Frau aus. Die scharfen Dämpfe des Zwiebelsaftes steigen in die Augen der schönen Frau, und sie weint. »Sie weint, sie weint«, sagt Birne zu einem Mann, »die schöne Frau weint, hilf ihr.« »Das geht mich nichts an«, sagt der Mann. »Ich halte dir jetzt eine Predigt, einen Vortrag, daß du der Frau helfen mußt«, sagt Birne. »Laß mich in Ruhe«, sagt der Mann. Er schlägt nach Birne, als sei sie ein Ball. Birne kann gerade noch ausweichen. Die schöne Frau aber erschrickt so sehr, daß sie nun wirklich zu weinen beginnt. »Die Leute sind böse«, sagt sie. »Ich bin schneller als der Mann«, sagt Birne. »Ich hätte ihm einen Stromstoß versetzen können. Vor Angst wäre er in die Höhe gesprungen, aber ich habe es nicht gemacht.« In diesem Augenblick kracht es auf der Schnellstraße, die um die Kirche führt. Zwei Autos sind zusammengestoßen. Birne fliegt in der Mitte der Straße in die Höhe, damit sie von allen gesehen wird, und blinkt rot. Die Autos halten, die Fahrer wissen, daß ein Unfall geschehen ist. Die schöne Frau eilt zur nächsten Telefonzelle und ruft die Polizei an.

»Zwei Autos sind bei der Kirche zusammengestoßen«, sagt sie, »wir brauchen einen Krankenwagen.« Bei den zertrümmerten Autos stehen viele Leute und sehen zu, wie Blut auf die Straße fließt. Sie helfen den Verletzten nicht, sie reden nur. Rot, gelb und blau blinkend saust Birne zwischen den Leuten hin und her, bis sie eine Gasse bilden. Die Verletzten stöhnen und werden bewußtlos. Die Zuschauer reden immer noch und fürchten sich vor dem vielen Blut. Da fliegt Birne durch die Unterführung in die Kirche und ruft: »He, Jesus, wir brauchen dich! Draußen liegen Verletzte. Komm runter von deinem Kreuz!« »Sofort«, sagt Jesus. »Ich muß nur noch die Nägel aus Händen und Füßen ziehen.« Er macht sich vom Kreuz los und steigt herunter. Birne, die neben ihm herschwebt, zeigt ihm den Weg durch die Unterführung. Auf der Straße stillt er sofort die Wunden der Verletzten. Einen Sterbenden belebt er wieder durch Mund-zu-Mund-Beatmung. Die Neugierigen, die nur zusehen und nichts getan haben, staunen, wie leicht es diesem Mann aus der Kirche fällt, Verletzten zu helfen. »Jeder kann helfen«, ruft Jesus. »Ihr müßt nicht staunen, sondern handeln.« »Jesus, Jesus«, ruft die schöne Frau. »Das ist Jesus! Er ist von seinem Kreuz gestiegen.« »Jesus, Jesus«, rufen alle.

Sie heben ihn hoch und tragen ihn in die Kirche zurück. Sie können sich nicht vorstellen, daß es Jesus auch außerhalb der Kirche gibt. Als sie ihn wieder ans Kreuz hängen wollen, springt er auf den Altar und ruft: »Ich will nicht mehr ans Kreuz! Wollt ihr denn immer einen Verletzten als Vorbild? Ich bin wie ihr! Ich will mich freuen und andern helfen, die in Not sind.« Und mit einem Sprung steht Jesus zwischen den Zuschauern und geht mit ihnen aus der Kirche. Seitdem wird in Kirchen wieder gelacht, vielleicht sitzt Jesus manchmal auch unter der Gemeinde, auf jeden Fall hängt kein Verletzter mehr am Kreuz. Die Kreuze wurden abgeschafft.

G. Herburger, Birne kann alles (1973[4]), S. 75–79.

23. 4. 73: Ich erzähle M. die »Bild«-Idee für die Predigt. Indem ich's erzähle, wird es mir selbst noch klarer. Er weist mich auf die Stabilität einzelner Bilder innerhalb bestimmter Frömmigkeitsstrukturen hin.
Aber: Mit diesen Frömmigkeitsstrukturen habe ich im Universitätsgottesdienst nicht zu rechnen.
Wir kommen auf Jesus-Bilder in Kirchenliedern – aber ich muß jetzt aufpassen: Es wird sonst zu viel Material!
Als Lied nach der Predigt kommt in Frage: O, daß ich tausend Zungen hätte (238, 1–3).
Die Texte der Kirchenmusik bieten keine *direkte* Anknüpfungsmöglichkeit. *Indirekt* läßt sich wahrscheinlich das Motiv der Freude aus dem Schütz-Psalm, das Motiv »neues Lied« aufnehmen. Insofern die Predigt von Jesus-Bildern redet, sind alle drei Texte so etwas wie nicht eigens angesprochenes »Hintergrundsmaterial«.

24. 4. 73: Stehe ich als der, der ich bin, dem Verständnis dessen, was ich sagen will, im Wege? Vielleicht bei manchen, bei manchen auch genau umgekehrt. Bei den dritten: sowohl als auch.
Im Blick auf die *einen:* Meine Intellektualität, meine Liebe zur präzisen Formulierung, die Gefahr der sprachlichen Zuspitzungen, Überspitzungen schafft zu viel Abstand, weil verdeckt bleibt, wo Gefühl Raum hat. Ich bin – sagt man – ein »Rationalist« (was so nicht stimmt). Konventionelle Frömmigkeit ist mir weitgehend fremd; ich bin darin nicht aufgewachsen – wer darin aber wohnt, kann leicht bei mir obdachlos werden. Mich interessieren die Kirchenfremden und Kirchenfernen mehr als die »Kirchentreuen«, denen ich deswegen auch weniger gerecht werde. Wenn ich das Hirtenbild in Frage stelle, nehme ich manchen etwas, das für sie mehr oder minder problemlos einen eigenen emotionalen Wert hat. Was ich ihnen statt dessen gebe, könnte eine unannehmbare Zumutung sein.

Im Blick auf die *andern:* Sie erwarten auf der Kanzel dieselbe Denk- und Lebensbewegung, in der sie auch sonst zu Hause sind. Sie erwarten Sprache, die außerhalb der Kirche gesprochen wird. Das finden sie wohl mindestens teilweise bei mir. Sie haben zur Kirche ein kritisches Verhältnis und merken, daß meine Bindung an die Kirche Kritik, mitunter scharfe Kritik, durchaus einschließt. Das erleichtert ihnen vermutlich den Zugang zu dem, was ich sage. Das Hirtenbild ist für sie eher mit der Frage behaftet: *Muß* man das denn so sehen – und wenn ich das verneine, ist das eine Erleichterung für sie.
Die *dritten:* Sie sitzen zwischen beiden. Entsprechend kommen sie weder hier noch dort auf ihre Kosten. Sie sind hin und her gerissen.
Eine Folge, die ich aus solcher mindestens zum Teil erkennbaren Reaktion auf die eigene Person und ihre Prägung ziehen muß, ist: ob es möglich ist, die Predigt wie »aus einem Guß« zu entwerfen – und dennoch die Teilschritte so zu setzen, daß die verschiedenen Schritte möglicherweise unterschiedlichen Hörmöglichkeiten und Erwartungen gerecht werden? So, daß diejenigen, denen meine Art nicht auf den Leib geschrieben ist, wenigstens *eine* Passage, und sei's nur *einen* Satz, haben, mit dem sie etwas für sich anfangen können?

25. 4. 73: Ich werde keinen Text zu Beginn der Predigt verlesen, sondern im Verlauf der Predigt die Anknüpfung an das verlesene Evangelium verdeutlichen.

27. 4. 73: Ich versuche folgenden Aufbau:

I. Wir leben mit Bildern. Allgemein. Das ist so.
Frisch-Zitat. Auszug zitieren.
Aber das Frisch-Zitat paßt so nicht auf Verstorbene. Von dort Brücke zur Problematik: Jesus-Bilder?

II. Bild vom Hirten.
Führt auf vergangene Bilder.
Irgendwie Übergang zu: »Birne«. Teils zitieren/teils auszugsweise erzählen.

III. Zwei Elemente des »Birne«-Bildes: Jesus in Bewegung – und – freuen/lachen.
Solche Bilder brauchen wir!

IV. Bild-Thema noch einen Schritt weiter führen:
Wie sieht ein »Bild« des Jesus aus, der Joh 10,10 gesagt hat: Ich bin gekommen, damit die Menschen das Leben und volle Genüge, Leben im Überfluß, überschäumendes

Leben haben –?
Elemente dieses Bildes entwerfen ...

(Das ist meine *eine* Möglichkeit: aus einem dünnen *gedanklichen Faden,* der sich hier in seiner Führung in der Vorüberlegung »ergeben« hat, in der Ausarbeitung die breitere, mehr enthaltende Predigt herauszuspinnen. – Die *andere* Möglichkeit: Daß sich vorerst in der Vorbereitung nur ein *Ausgangspunkt* »ergeben« hat, aber noch kein Verlaufsfaden. Dann schreibe ich, weil mir beim Schreiben mehr einfällt als beim puren Nachdenken, den Ausgangspunkt breit aus und hoffe, daß ich auf diese Weise die nächsten Schritte »finde«; gegebenenfalls muß ich die Entfaltung des Ausgangspunktes hinterher kürzen.)

3.1.2. Ausführung: *Der lachende Jesus*

I.

Wir leben mit Bildern. Vielleicht muß man sogar sagen: Wir leben *von* Bildern.
Das ist gefährlich. Max Frisch hat in seinem Tagebuch einmal notiert: »Man macht sich ein Bildnis. Das ist das Lieblose, der Verrat.« Das ist bei Frisch auf die Liebe zwischen zwei Menschen bezogen, auf jene Beziehung, die davon *lebt,* daß der eine dem andern zugesteht: Du *lebst,* also wandelst Du Dich, ich halte Dich nicht fest, ich mache Dich in keinem Bild fest, sondern wir halten die Überraschung des Lebens aus ...
Also doch ohne Bild leben? Ja, wenn es sich um die Beziehung zwischen gleichzeitig miteinander lebenden Menschen handelt. Noch einmal anders ist es, wenn es sich um eine Beziehung handelt, in der die Partner nicht *unmittelbar* miteinander umgehen können; eine Beziehung zu jemand, der tot ist, auf den wir uns aber lebensvoll beziehen wollen; eine Beziehung also, die Gestalt gewinnen will, muß, obwohl das Gegenüber nicht mit uns an einem Tisch sitzt. Da bedürfen wir der Bilder. Ohne Bilder können wir gar nicht konkret aussagen, wie diese Beziehung lebt. Aber: wo kommen solche Bilder her? – Und sind sie – gegen Frischs Notiz – ohne jede Gefahr?

II.

Jesus redet in Bildern. Die Bibel redet in Bildern. Wir haben eines der bekanntesten Beispiele als Evangelium vorhin gehört:

die Rede von Hirt und Herde. Jesus der gute Hirte – die Gemeinde die Herde der Schafe. Ein plastisches Bild, leicht vorstellbar, und durch die Geschichte von Kunst und Kitsch in vielen Farben gemalt. Wirklich leicht vorstellbar? Für uns heute?
Ich möchte ohne Umschweife und gewiß vorschnell sagen: Dies Bild mag ich gar nicht. Jesus als Hirte bleibt mir ganz fremd. Und als Teil einer Herde, gar als Schäfchen, sehe ich mich gar nicht gern. (Denn hier ist ja anderes gemeint als dies, daß ich nur *mit* anderen und *von* andern leben kann.)
Natürlich, ich weiß: Bilder darf man nicht wörtlich, nicht als die Sache selbst nehmen; sie wollen durchschaut, übertragen werden. Aber das ist es ja gerade: Dieses Bildmaterial ist mir dafür zu fremd. Solche Bilder liegen mir nicht nahe, und das wird manchem Zeitgenossen kaum anders gehen.
Damit haben wir eine erste Beobachtung: Es gibt Bilder aus der Tradition, die uns fremd geworden sind, weil sie zu anderer Zeit entstanden, unter anderen Lebensbedingungen entworfen, für andere Menschen mit anderen Erfahrungen gestaltet sind. Sich an solche Bilder zu klammern, sie gar zum Gesetz zu machen – das führt genau in die Gefahr hinein, von der Frisch spricht. Es führt in die Erstarrung, ins Unlebendige. Dann ist das Bild der Tod.
Im Blick auf die Bilder von Jesus in der christlichen Tradition füge ich gleich noch eine Beobachtung an, die nun nicht mehr an das Hirtenbild gebunden ist:
Warum eigentlich sind die Bilder von Jesus fast alle so traurig? Alle so schrecklich ernst? Muß das sein? Das glaube ich nicht.
Es gibt eine Kindergeschichte, in der im Bilde genau dies erzählt wird: wie überlieferte Bilder irritieren können und wie man sie durchbrechen, überholen kann. Das ist die Geschichte von Birne, die mit Jesus spricht. Birne ist eine richtige Glühbirne, die alles kann: sprechen, laufen, sich an- und abschalten, alles. Sie kommt in die Kirche und spricht mit Jesus. Birne spricht sehr direkt, und Jesus antwortet auch so, gar nicht heilig, aber so, daß Birne ihn verstehen kann. Es ist eine lange Geschichte. Zum Schluß passiert ein Autounfall. Da fliegt Birne rasch in die Kirche, um Jesus zu Hilfe zu holen. Und dann geht es so weiter:

Birne ruft in der Kirche:
»He, Jesus, wir brauchen dich! Draußen liegen Verletzte. Komm herunter von deinem Kreuz!«

»Sofort«, sagt Jesus. »Ich muß mir nur noch die Nägel aus Händen und Füßen ziehen.«
Er macht sich vom Kreuz los und steigt herunter. Birne, die neben ihm herschwebt, zeigt ihm den Weg durch die Unterführung. Auf der Straße stillt er sofort die Wunden der Verletzten. Einen Sterbenden belebt er wieder durch Mund-zu-Mund-Beatmung. Die Neugierigen, die nur zugesehen und nichts getan haben, staunen, wie leicht es diesem Mann aus der Kirche fällt, Verletzten zu helfen.
»Jeder kann helfen«, ruft Jesus. »Ihr müßt nicht staunen, sondern handeln.«
»Jesus, Jesus«, ruft eine schöne Frau. »Das ist Jesus! Er ist von seinem Kreuz gestiegen.«
»Jesus, Jesus«, rufen alle.
Sie heben ihn hoch und tragen ihn in die Kirche zurück. Sie können sich nicht vorstellen, daß es Jesus auch außerhalb der Kirche gibt. Als sie ihn wieder ans Kreuz hängen wollen, springt er auf den Altar und ruft:
»Ich will nicht mehr ans Kreuz! Wollt ihr denn immer einen Verletzten als Vorbild? Ich bin wie ihr! Ich will mich freuen und anderen helfen, die in Not sind.«
Und mit einem Sprung steht Jesus zwischen den Zuschauern und geht mit ihnen aus der Kirche. Seitdem wird in Kirchen wieder gelacht, vielleicht sitzt Jesus manchmal auch unter der Gemeinde, auf jeden Fall hängt kein Verletzter mehr am Kreuz. Die Kreuze wurden abgeschafft.

III.

Das ist die Geschichte von Birne. Ob man die Kreuze nun gleich abschaffen soll oder nicht – jedenfalls ist für unsere Frage nach den Bildern hier viel zu lernen. Ich möchte zweierlei hervorheben:
– Das Bild Jesu, das hier in Worten gemalt wird, hat seine Mitte darin, daß Jesus die Kirche verläßt. Die Bewegung, die Richtung, ist nicht die des uns vertrauten Wortes: »*Kommt her* zu mir alle« – sondern umgekehrt: »*Ich komme* zu euch...« Und die Menschen reagieren darauf so: »Sie heben ihn hoch und tragen ihn in die Kirche zurück. Sie können sich nicht vorstellen, daß es Jesus auch außerhalb der Kirche gibt.«
Warum können sie es sich nicht vorstellen? Weil die Bilder der Tradition, in denen die Menschen Jesus kennengelernt haben, dies nicht zum Ausdruck bringen. So haben die Bilder von Jesus

oftmal vergessen lassen, wer er war und wie er verstanden sein will. So kann es geschehen, daß lang überlieferte Bilder, große Bilder, die *Fülle* nicht mehr anschaulich machen, sondern umgekehrt: verkürzen, mißverständlich, unverständlich machen. Leblos machen.

– Das zweite: Der Jesus dieser Erzählung, der sich nicht wieder am Kreuz festmachen lassen will, will sich *freuen,* und – so heißt es –: »Seitdem wird in Kirchen wieder *gelacht.*«

Können *wir* uns das vorstellen, daß es selbstverständlich wäre, in der Kirche zu lachen? Oder ist uns die Vielzahl tiefernster, trauriger Bilder von Jesus dabei im Wege? Sind wir vielleicht festgelegt auf den streng fordernden, den still leidenden, den tiefernst uns anblickenden Jesus? Ist vielleicht Frömmigkeit deswegen oft eher süßsauer als kräftig, vital, lebenszugewandt?

Was ergibt sich? Dies: Es mag Bilder aus der Tradition geben, die sich durchhalten lassen. Aber kein Bild wird der Fülle gerecht. Und kein Bild wäre frei von der Gefahr, einseitig festzulegen und damit zu verkürzen, zu entstellen, Mißverständnis, Unverständnis zu produzieren. Darum müssen immer neu Bilder gemacht werden – nicht für die Ewigkeit, sondern für jetzt. Sonst erstarren wir.

IV.

Darum will ich zum Schluß – nicht ein neues fertiges Bild malen, aber ein paar Materialien beisteuern, mit ein paar Strichen in Worten ein neues Bild Jesu anfangen zu skizzieren. Und dann mag jeder daran weitermalen, mit den Augen, mit seinem Leben.

Das Bild, bei dessen Entstehung ich helfen möchte, soll zu tun haben mit dem Jesus, der mitten in der Hirtenrede im Johannesevangelium gesagt hat: Ich bin gekommen, damit die Menschen das Leben und volle Genüge, leben im Überfluß, überschäumendes Leben haben (Joh 10, 10).

Wie könnte einer, der solches sagt und verheißt, wie müßte der aussehen?

Das ist der *lachende Jesus.*

Darf das sein? Ja, das darf, das *muß* sogar sein! Einer der uns in die Fülle des Lebens führen will, der muß auch lachen, strahlend, ansteckend lachen können. Lachen, weil er Freude verteilt, weil er Glück fürs Leben voll ausschenken will. Lachen, weil wir doch andere zum Lachen befreien sollen.

- Der lachende Jesus – das ist der, der will, daß wir – gegen Gewalt, gegen Unrecht – das Leben so zubereiten, daß *wir* lachen *können.*
- Der lachende Jesus – der will, daß Menschen das Leben einander *ermöglichen,* nicht aber *nehmen.*
- Der lachende Jesus – der will, daß wir so leben, daß uns so wenig wie ihm das Lachen *vergehe* . . .

Welch ein Bild: der lachende Jesus, draußen *vor* den Mauern einer Kirche stehend, die nichts Besseres weiß, als alle Menschen das Lachen zu lehren . . .

Letzte Frage: Ist das ein *neues* Bild? Oder ein altes? Oder ist es eins, das die, die die Erzählungen von Jesus überliefert haben, oder auch spätere, vergessen haben? Weil's ihnen vielleicht nicht gepaßt hat? Oder ist es eines, das eigentlich immer im Hintergrund da war – nur es ist nie angesehen worden, es ist nicht, wie andere, mit Farben, mit glühenden Farben *ausgemalt* worden? Ob deswegen vielleicht die Kirche bisher die Welt so wenig zu ändern vermochte, obwohl immerfort vom Evangelium die Rede ist? Also fangen wir an – nehmen wir doch *glühende* Farben her und malen mit unserem Leben den lachenden Jesus! Denn wie hieß es doch: Jesus ist gekommen, damit die Menschen überschäumendes Leben haben – *lachendes Leben!*

3.2. Fragerichtungen rhetorisch orientierter Vorbereitung

3.2.0. Rhetorischer Zirkel – Schaubild und Erklärung

Was in 3.1.1. als konkretes, durchaus subjektives Beispiel in Form eines Protokolls meiner Vorbereitung dargestellt worden ist, gilt es nun zu *reflektieren.* Die Absicht ist dabei, das Protokollmaterial als Ausgangspunkt nehmend, eine Reihe von Fragerichtungen herauszuarbeiten, die für jeden *hantierbar* sind. Dabei sind die Fragerichtungen so zusammengeordnet, daß sie in ihrer Summe das gesamte Fragen- und Problemfeld einer Predigtvorbereitung erfassen. Dies heißt aber *keinesfalls,* daß jeder in jedem Fall *alle* Fragerichtungen berücksichtigen wird. Denn:

- Wenn ich allsonntäglich predige, beschäftigt mich zum Beispiel die unter 3.2.1. oder 3.2.2. erörterte Fragerichtung permanent, aber deswegen nicht notwendig in jeder Predigtvorbereitung;

– jeder wird zu bestimmten Zeiten mit Recht bestimmte (subjektive) Akzente setzen und daher andere Fragen vernachlässigen;
– vieles, was zur Vorbereitung gehört, spielt sich für den, der stets in derselben Situation predigt, nicht explizit jedesmal neu ab, sondern ist implizit in seiner Vorbereitung enthalten (z. T. 3.2.4.).

Der Tatsache, daß in der Praxis ausgewählt werden kann und muß, von Fall zu Fall anders, kommt unser Versuch insofern entgegen, als der Vorbereitungsgang nicht als ein »System« verstanden wird, in dem ein Schritt auf den andern logisch aufbaut, sondern als ein *Kreis* (siehe Graphik). Wo ich jeweils mich in die Kreisbewegung hineinbegebe, das ist dem persönlichen Geschmack, den Vordringlichkeiten der Situation, der Problemlage usw. überlassen. Gleichzeitig gilt: Die Ausschaltung jeder Systemhärte bedeutet auch, daß die Bewegung innerhalb des Kreises, also die Bewegung von Fragerichtung zu Fragerichtung, nicht in *einer* Richtung verläuft; das ist graphisch durch die in *beiden* Richtungen außen verlaufenden (gestrichelten) Pfeile dargestellt. Konkret heißt es etwas, was jeder weiß: Spätere Überlegungen können mich nötigen, zu vorhergehenden, vielleicht scheinbar schon geklärten Fragen noch einmal zurückzukehren und sie erneut zu stellen.

Die (fettlinigen) Pfeile, die von der Mitte nach außen – von dem Feld »Rede« aus – weisen, wollen verdeutlichen: Bereite ich eine Rede vor, so stoße ich auf Fragen (dünnlinige Pfeile), die ihrerseits, wenn ich mich auf sie einlasse, nach innen in das Feld »Rede« verweisen. Anders gesagt: Lasse ich mich auf diese Fragen ein, gehe ihnen nach, so gewinne ich Ansatzpunkte, Hinweise, Konkretisierungen usw. für die Ausarbeitung meiner Rede. Also auch die nach innen (dünnlinig) und außen (fettlinig) verweisenden Pfeile dokumentieren die *Doppelrichtung*, genau wie die in beiden Richtungen verlaufenden (gestrichelten) Pfeile im äußeren Kreis.
Konsequenterweise kann man bei dieser Anlage der Predigtvorbereitung nicht *vorher* festlegen, an welchem Punkt der Kreisbewegung der Knoten der Vorbereitung sich zu einem Ansatz, einer behelfsmäßigen Gliederung schürzt – so weit schürzt, daß die Formulierung des Predigtentwurfs beginnen kann. Im Durchgang durch die einzelnen Fragerichtungen kann dieser Punkt überall erreicht werden – und dann erneut dazu nötigen,

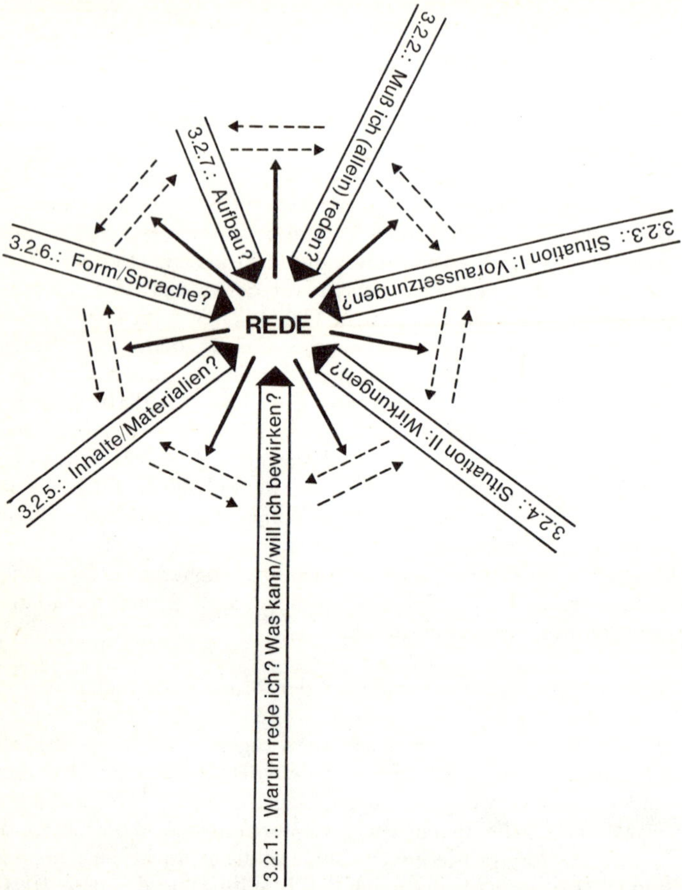

eine zuvor schon bedachte Fragerichtung erst noch ein weiteres Mal aufzunehmen, ehe es zum schriftlichen Konzept kommt.
Um die *Bewegung* erkennbar zu machen, auf die es in der Redevorbereitung ankommt, werden die sieben Fragerichtungen des »rhetorischen Zirkels«, so weit es geht, durch die Angabe von weiteren, offenbleibenden *Fragestellungen* und *Impulsen* aufgeschlüsselt und nur, wo es unvermeidlich ist, durch thetische Ausführungen.

3.2.1. Warum, mit welchem Recht rede ich, und was kann/will ich bewirken?
vgl.: 2.1./2.2./4.1.2.

Die drei Ansätze der Frage hängen zusammen, bedingen sich gegenseitig und lassen sich dennoch mindestens zeitweilig voneinander abheben.
Warum? So wenig es einen Sinn hat, hier ein nichtssagendes dogmatisches Postulat zu zitieren, so wichtig ist es, daß der Prediger sich der Frage nach den Motiven seines Redens immer wieder realistisch – nicht skrupulös – stellt, um seine Redehaltung zu reflektieren. Denn die Redehaltung des Predigers hat Teil an der Hörmöglichkeit bzw. Hörsituation des Hörers. Weil keine Pauschalantwort möglich oder sinnvoll sein kann, mache ich Richtungsangaben, um das eigene Nachdenken zu stimulieren:

- weil es mir Spaß macht ...
- weil ich dafür bezahlt werde ...
- weil ich muß ...
- weil es von mir erwartet wird ...
- weil mir die Leute endlich mal zuhören müssen ...
- weil ich etwas zu sagen habe ...
- weil ich es besser weiß als andere ...
- weil es den Hörern vielleicht hilft ...
- weil ich es aus Überzeugung nicht lassen kann ...
- usw.

Mit welchem Recht? Die Frage- und Antwortsituation ist dieselbe. Richtungsangaben für das eigene Nachdenken:

- aufgrund meiner Ordination ...
- aufgrund des »Anspruchs«, der im Evangelium liegt ...
- ohne jedes vorgegebene Recht – es muß sich erweisen ...
- aufgrund des »Öffentlichkeitsauftrags« der Kirche ...
- usw.

Was kann/will ich bewirken? Wie man mit dieser Frage umgeht, wird davon abhängen, wie man die andern beiden Fragen beantwortet. Das gilt besonders für das, was man bewirken *will*; aber diese Frage und erst recht die andere, was man bewirken *kann*, hat auch noch andere Hinsichten. Zweierlei ist hervorzuheben, weil es an jeder Stelle der Vorbereitung mitzubedenken ist. In beiden Fällen weist die Überlegung über subjektive Einstellungen und Absichten hinaus.

Einerseits: Aus der Kommunikationswissenschaft und der Lernpsychologie weiß ich, daß der Wirksamkeit des Vortrags eines einzelnen relativ enge Grenzen gezogen sind. Das bewahrt mich vor der Überschätzung der Möglichkeit der Predigt – auch da, wo sie mir eindrucksvoll gelingt. *Andererseits:* Wirkungsabsichten ergeben sich jeweils konkret aus Inhalt und Thematik der Predigt. Sie sind also nicht nur subjektiv psychologisch zu reflektieren, sei es im Blick auf den Hörer oder im Blick auf den Redner, sondern zugleich im Blick auf das aufklärerische Interesse, das sich aus Inhalt und Wahl des thematischen Schwerpunktes bestimmt. Dieses Interesse ist didaktich zu reflektieren (vgl. 3.2.3.).
Das führt zu folgenden Fragerichtungen:
- welche *Einsicht* will ich in diesem Fall vermitteln?
- welche *Haltung* will ich in diesem Fall korrigieren?
- welche *Auffassung* will ich in diesem Fall bestreiten?
- ist der »*Gewinn*« benennbar?

3.2.2. Muß monologisch geredet werden?
vgl.: 2.3./2.4./4.2.2.

Die Frage scheint für den Prediger müßig, weil sie für ihn vorentschieden ist.
Aber diese Vereinfachung trifft nicht die Situation, auch wenn sie die durchschnittliche Predigtvorbereitung bestimmen dürfte. Auch wenn das Gespräch die Ursprungssituation jeder Rede ist (A. Müller), auch wenn ich weiß, daß es in unzähligen Situationen *notwendig* das kürzere oder längere Votum des einzelnen geben wird – auch dann muß es mich bleibend beunruhigen, wenn ich zu oft oder gar immer allein rede. Da es hier gar nicht nur um die Predigt im Gottesdienst geht, sondern um jede (kirchliche) Redesituation, folgt aus dieser Beunruhigung die immer wieder *konkret* zu stellende Frage: *Muß* ich denn überhaupt und als einzelner reden? Bei Empfängen oder als fünfter Einzelredner bei einer Einweihung? Daß man nicht immer muß, auch wenn es vorgesehen ist, zeigt folgender Vorfall:

In der Tagesschau am 6. 6. 1974 um 20.00 Uhr wurde berichtet, daß Israel und Syrien am selben Tag die letzten Gefangenen des jüngsten Nahost-Krieges ausgetauscht haben. Als das Flugzeug mit 56 Israelis auf dem Flughafen von Tel Aviv zur Landung ansetzt, brandet der Beifall auf. Dann fährt der Nachrichtensprecher fort: »Mehrere tausend Israelis durchbrachen die Polizeiabsperrung und liefen auf das Rollfeld. Daraufhin verzichtete Ministerpräsident Rabin auf eine offizielle Begrüßungsansprache. Er sagte nur: ›In einem Augenblick wie diesem sind Worte überflüssig.‹ Zahlreiche Soldaten, die ihre Angehörigen wiedergefunden hatten, begannen nach altem Ritual die Hora zu tanzen.«

Hier ist nicht nur der nachahmenswerte Verzicht auf einen vorgesehenen und vorbereiteten Monolog bemerkenswert, sondern fast mehr noch das andere: Die Adressaten der Rede bedurften ihrer gar nicht, weil sie eine *eigene*, und zwar eine *nonverbale* Möglichkeit hatten, in ihrem Glück, in ihrer Freude miteinander zu kommunizieren – *sie tanzten!* Sie bedurften des Redners als Vermittlers zwischen sich nicht. Sie brauchten niemand, der ihre Freude für sie in Worte faßte, weil sie ihr *leibhaftig* Ausdruck geben konnten. Das Ausmaß, in dem umgekehrt wir des Redners als Vermittler bedürfen, weil wir zu oft die Kommunikation ohne Redner weder verbal und erst recht nicht nonverbal zu leisten in der Lage sind, muß dem Redner immer zu schaffen machen. Was tue ich dagegen? Welche Sprachhilfen gebe ich den Hörern? Bin ich ansprechbar für die Hörer?

Im Anschluß daran können folgende Fragerichtungen leiten:
- Wo kommen in der Predigt Argumente *gegen* meine Aussagen zur Geltung?
- Begründe ich, was ich sage, oder behaupte ich?
- »Überrolle« ich den Hörer durch meine Überzeugungskraft oder meinen Wortreichtum?
- Wo würde mich eine Zwischenfrage eines Hörers aus dem Konzept bringen, wo würde ich sie mir wünschen?
- usw.

3.2.3. Zur Situation I: Welche Tagesereignisse bestimmen die Situation und welche Erwartungen/Voraussetzungen bringen die Hörer mit?

vgl.: 2.5./4.3.2./4.4.2./4.5.2.

Wenn die Predigt situationsbezogene Gelegenheitsrede ist, hängt die Vorbereitung wesentlich an der intensiven Wahrnehmung und bewußten Aufnahme der Situation. Dabei sind Tagesereignisse einerseits und Erwartungen oder Voraussetzungen der Hörer andererseits weitgehend miteinander verschränkt, auch wenn sie hier nacheinander auftauchen. Die Vielfältigkeit der Fragerichtungen deute ich in zwei Fragenkatalogen an, aus denen von Fall zu Fall immer anders *auszuwählen* sein wird und die zugleich von Fall zu Fall jeweils *ergänzt* werden müssen.

Fragenkatalog 1 (Ereignisse):

- politische Großereignisse? Darstellung in der Presse? Darstellung im Fernsehen?
- kommunale Probleme?
- Kirchenjahr?
- Gedenktag? Feiertag? Welcher Art?
- aktuelle Probleme (z. B. Arbeitslosigkeit)?
- Strukturfragen (z. B. Mitbestimmung)?
- usw.

Es geht nicht darum, solche Ereignisse in jedem Fall direkt zu thematisieren – wann dies notwendig ist, bedarf eigener Erwägung –, sondern entscheidend ist, sich den jeweiligen aktuellen *Kontext*, den *Ereignis- und Erlebnishintergrund* klarzumachen, vor dem angesiedelt ist und von dem also eventuell ***beeinflußt*** wird, was immer auch Inhalt meiner Rede sein mag.

Fragenkatalog 2 (Hörer):

- Lassen sich die Hörer behelfsweise gruppieren, um einen Überblick über die Verschiedenartigkeit der Voraussetzungen und Erwartungen zu erreichen?
- Habe ich bestimmte Hörer besonders vor Augen? Wen? Warum?
- Gibt es vorherrschende Grundstimmungen? Aus welchem Anlaß?
- Ist das, wovon ich reden will, den Hörern bzw. Gruppen von ihnen, ganz oder teilweise bekannt?
- Bringe ich eine andere Wertung (eines konkreten Falles, eines Ereignisses, einer Verhaltensweise usw.) als die den Hörern vertraute?
- Lassen sich die Hörererwartungen (themen- oder problemorientiert) behelfsweise gruppieren, um eine Übersicht zu gewinnen, z. B. folgendermaßen:
  - wird eher Information erwartet?
  - wird eher Bestätigung erwartet?
  - wird eher Belehrung erwartet?
  - wird eher neue Anregung erwartet?
  - wird eher geistige Inanspruchnahme erwartet?
  - wird eher emotionale Wärme erwartet?
  - usw.
- In welchem Verhältnis stehen die unterschiedlichen Hörererwartungen zueinander? Schließen sie sich gegenseitig aus? Gibt es eindeutig dominierende?
- usw.

Sich die Situation der Hörer bewußt machen, heißt nicht, in jedem Fall den naheliegenden Weg der Anpassung an dominierende Erwartungen gehen wollen. Aber gerade, wenn man im konkreten Fall Erwartungen *nicht* erfüllt, muß man reflektieren, wie diese Erwartungen, Wünsche, Hoffnungen oder Vorurteile beschaffen sind.

3.2.4. Zur Situation II: Wie wirkt die Situation (3.2.3.) auf den Redner? Wie wirken sich *diese* Hörer für den Redner aus? Wie wirkt es sich für die Hörer aus, daß *dieser* Redner zu ihnen spricht?

vgl.: 2.5./4.6.2.

Subjektive Faktoren spielen in der Predigtsituation wie in jeder Redesituation eine entscheidende Rolle, und zwar sowohl als Wirkungen auf den Redner (die dann wieder von ihm auf die Hörer übergehen) wie ebenso als Wirkungen auf die Hörer (die dann wieder von ihnen auf den Redner zurückwirken).
Um das Feld aufzuschlüsseln, stelle ich zwei Kataloge von Wirkungsfaktoren auf, wiederum völlig unabgeschlossen und jeder Ergänzung offen, die helfen sollen, sowohl die Redesituation des Predigers wie die Hörsituation der Zuhörer besser zu durchschauen, vor allem auch deren gegenseitige Bedingung und Verschränktheit.

Katalog 1 (Wirkungen auf den Prediger):
- das Thema brennt mir auf den Lippen . . .
- ich habe Angst . . .
- ich weiche einer aktuellen Frage aus, weil meine eigene Position unklar ist . . .
- zu sagen, was ich sagen möchte, hindert mich mein »Amt« . . .
- der Anlaß, das Ereignis beflügelt mich . . .
- ich sage wieder, was ich schon x-mal gesagt habe . . .
- ich finde mich selbst langweilig . . .
- ich freue mich . . .
- usw.

- hoffentlich sind unter den Hörern ein paar fremde Gesichter . . .
- hoffentlich ist X nicht da . . . (warum wünsche ich mir das eigentlich?)
- Y und Z werden folgende Einwände haben . . .
- wenn A, B und C da sind, fällt es mir leichter . . . (warum?)
- usw.

Katalog 2 (Wirkungen auf den Hörer):
- ich kann diese Stimme nicht mehr hören ...
- er redet oft so, als kenne er meine persönliche Lage ...
- neulich war er besser ...
- ich könnte ihm immer wieder zuhören ...
- das höre ich nun schon seit zwanzig Jahren ...
- aufgrund meiner Erfahrungen als XYZ kann ich nicht zustimmen ...
- er ist gerade so alt wie mein Sohn ...
- er ist zu jung ...
- ich warte auf das Beispiel, das er immer bringt ...
- usw.

3.2.5. Welche Materialien ziehe ich heran und wie bereite ich sie auf?
vgl.: 2.6./4.7.2./4.8.2.

Der Redner braucht zweierlei Material: Ereignisse, Vorfälle, Beobachtungen aus seiner Umwelt einerseits, die er formuliert und reflektiert in die Rede einbringt. Andererseits ist er auf *literarisches* Material angewiesen. Darum geht es jetzt in erster Linie. Dabei bleibt hier unbeachtet, ob der Redner sein Thema aus dem Material gewinnt oder ob er – umgekehrt – zum schon umrißhaft vorhandenen Thema weiteres Material zusammenstellt, auswertet und für die Rede aufbereitet.

Als literarisches Material kommen z. B. in Frage:
- biblische Texte
- Legenden, Gleichnisse
- Sprichwörter und Sentenzen
- Zitate aus verschiedenen Zusammenhängen
- Kurzgeschichten
- Kindergeschichten
- Gedichte
- Tagebuchaufzeichnungen
- Biographisches
- Redewendungen
- Lieder
- usw.

Immer stellt sich dabei die doppelte Frage:
- Welche *Funktion* hat das Material? Soll es einen anderweitig schon explizierten Gedanken *illustrieren* oder *belegen?* Oder soll es selbst eine Einsicht, eine Vorstellung, eine Lösung, eine Fragestellung vor Augen stellen?

- In welcher *Form* und *auf welche Weise* bringe ich das Material in die Rede ein? Als Zitat? Als Bericht oder als freie Wiedergabe, in die Zitate eingeschoben werden? Gekürzt oder vollständig?

Die Beantwortung beider Fragen setzt eine intensive Beschäftigung mit dem Material voraus, damit die Verwendung im neuen Kontext verantwortet werden kann (Herkunft, Verständnisfragen, Zusammenhang mit dem Werk des Autors, Zeitgeschichtliches usw. sind zu klären).

Hier also hat auch der biblische Text als Material der Predigt, neben anderweitigen Materialien, seinen Ort; hier kommt die Rezeption der vorliegenden Exegesen des Textes zu ihrem Recht (die eigenständige *neue* Exegese des Textes, die mehr wäre als die sachverständige Konsultation von Kommentaren und Nachschlagewerken, dürfte die Ausnahme sein).
Auf die verantwortliche, homiletisch-rhetorisch ergiebige Einbeziehung biblischer Texte in die Predigtvorbereitung ist hier aufgrund der Geschichte der »Textpredigt« und des theologischen Profils der Predigtlehre der letzten Jahrzehnte noch etwas konkreter einzugehen. Worauf es ankommt, ist der Gewinn vieler Möglichkeiten des *flexiblen* Umgangs mit biblischer Überlieferung im Zusammenspiel mit anderen Aussagen. Ich nenne einige solcher Möglichkeiten und Wege im Sinne von *Beispielen*, die jeweils für sich, von Fall zu Fall, ihr Recht und ihre Grenzen haben:

- Ich entnehme dem Text einen (komplexen) *Begriff*, der mir geeignet erscheint, außerhalb des Textes, in der Situation meiner Hörer weiterverfolgt zu werden;
- oder: Der Text bietet mir, sei es in seiner deutschen, sei es in seiner ursprachlichen Fassung ein *Bild*, das mich inspiriert;
- oder: Ein *Wort*, vielleicht ein nebensächliches, oder ein *Gedanke*, vielleicht ein am Rande liegender, weckt Assoziationen, denen ich folge;
- oder: Zu einer aus der Situation vorgegebenen *Thematik* fällt mir ein Gedanke, ein Bild, eine sprachliche Wendung aus einem biblischen Text ein, die ich aufnehme und weiterverwende;
- oder auch: Ich exegesiere einen Text und entwerfe vom *Skopus*, vom Textwillen her unter notwendiger Verwendung weiterer Materialien eine Predigt;
- usw.

Dies sind Beispiele für Möglichkeiten, beileibe nicht alle denkbaren. Die Exegese erweist sich in allen Fällen als *notwendige Hilfswissenschaft*. Nicht mehr – aber auch nicht weniger.

3.2.6. Wie werde ich sprachlich vorgehen, welche Differenzierungen werde ich in der Form anstreben?
vgl.: 2.3./2.6./4.9.2.

Die Begriffssprache der Wissenschaft oder des Sachreferates ist nicht die Sprache der Rede, weil sie den Hörer nicht ausreichend einbezieht. Dennoch muß ich mich damit auseinandersetzen, daß mich die Nötigung zu Sachklärungen, zu elementaren (wissenschaftlichen oder andern) Informationen mindestens immer auch teilweise in die Nähe der Begriffssprache bringt. Andererseits heißt Abwendung von der Begriffssprache nicht Hinwendung zu Kitsch oder Schwulst. Auf diesem Hintergrund ist das sprachliche Vorgehen zu bedenken. Dabei können folgende Fragestellungen leiten:

- Ergeben sich aus der Zusammensetzung des Zuhörerkreises Vorentscheidungen? (Sind es z. B. Zuhörer, denen nur *erzählt* werden kann?)
- Welche Teile der Predigt sind eher berichtend, informierend, referierend, logisch ableitend o. ä.?
- Welche Teile der Predigt sind eher erzählend, »poetisch«?
- Welche Bilder werden in welchen Zusammenhängen auf welche Weise (z. B. assoziativ, ausmalend breit, hinweisartig) verwendet?
- Wie ist das umfangsmäßige Verhältnis der verschiedenen Sprachebenen etwa zu bestimmen? Dominiert eine Sprachebene?
- Wo werden die Zuhörer eher emotional, wo eher rational angesprochen?
- usw.

3.2.7. Wie baue ich die Rede/Predigt auf?
vgl.: 2.2./4.10.2./4.11.2.

Die Zusammensetzung der Hörer einerseits und Inhalte/Ziele der Rede andererseits sind die beiden Aspekte, von denen her die Frage des Redeaufbaus zu entscheiden ist. Es gibt also keinen »idealen« Redeaufbau, sondern nur den *jeweils* angemessenen. Ihm kann man sich mit folgenden Überlegungsgängen annähern:

- Wie setze ich ein? Mit einer Pointe? Mit einer irritierenden Aussage? Mit dem vorweggenommenen Ergebnis? Mit einer massiven Feststellung? Mit einer Frage? Oder?
- Wie baue ich das *Ganze* auf? Mit einem durchgehenden Faden? Abschnittweise, eins auf das andere aufbauend? Oder mit beabsichtigten Brüchen?
- Bei schrittweisem Aufbau: *Muß* der Hörer *jeden* Schritt mitvollziehen, um nicht herauszufallen? Oder kann er auch einen Schritt auslassen (um beim vorigen zu verweilen; um abzuschweifen; um zu dösen) und kommt dennoch wieder in den Gedanken hinein? Oder hat der Hörer auch etwas davon, wenn er überhaupt nur *einen* Schritt mitgeht?
- Wie wäre die Spannungskurve zu beschreiben?
- Welche Wiederholungen sind vorgesehen? Wie? Wo?
- In welcher Abfolge wechseln stärker rationale und stärker emotionale Weisen der Anrede miteinander?
- Wie ist das Verhältnis zwischen Haupt- und Nebengedanken?
- Wie wird der Schluß konzipiert? Präzise zusammenfassend, um ein bestimmtes Ergebnis zu sichern? Offen bleibend, um den Hörer zum Argumentieren, zum eigenen Weiterdenken anzuregen? Oder?
- usw.

Belege, Materialien, Hintergründe zu Abschnitt 3.

Zu 3.0.:

Zur Problematik der gängigen Predigtvorbereitungshilfen vgl. die zusammenfassende Arbeit:
H.-Gg. Wiedemann, Die Praxis der Predigtvorbereitung (1975)
Eine Zusammenstellung der Predigtvorbereitungshilfen dürfte hier kaum nötig sein. Deutlich ist, daß von meinem Predigtverständnis her allein die von E. Lange begründeten »Predigtstudien« tendenziell – in einzelnen Bearbeitungen mehr, in vielen weniger – der Predigtaufgabe gerecht werden.
Zum Horizont der Predigtvorbereitungsproblematik seien in Auswahl genannt:
G. Hummel (Hg.), Aufgabe der Predigt (1971; darin besonders der für die hermeneutische Homiletik wegweisende Aufsatz von M. Mezger, Die Anleitung zur Predigt, 1959)
H.-E. Bahr, Verkündigung als Information (1968)
P. Cornehl/H.-E. Bahr (Hg.), Gottesdienst und Öffentlichkeit. Zur Theorie und Didaktik neuer Kommunikation (1970)

J. Kopperschmidt, Kommunikationsprobleme der Predigt, in: G. Biemer (Hg.), Die Fremdsprache der Predigt (1970)

Zu 3.1.1.:

Es ist mit Nachdruck zu fragen, wie lange noch in diversen Prüfungsordnungen Predigtentwürfe nach dem traditionellen Schema »Exegese – Meditation – Predigt« gefordert werden: sowohl gegen homiletische Einsicht wie auch, was vielleicht noch gravierender ist, bekanntermaßen im Widerspruch zur künftigen Praxis derer, denen man es im Examen abverlangt.
Was spricht dagegen, ein ausführliches *Protokoll* der Vorbereitung zu fordern, in dem alle Entscheidungen und Sachklärungen, die zum Predigtentwurf führen und sich in der Predigt dokumentieren, belegt sein müssen? Warum nicht – wenn doch genau dies ein Verfahren wäre, das man dem Kandidaten auch für seine spätere Praxis anraten könnte (was ja bei Prüfungsleistungen nicht selbstverständlich, aber wahrlich nicht das Schlechteste ist)?

Zu 3.2.:

Es scheint nicht sinnvoll, den sieben Aspekten des »Rhetorischen Zirkels« jeweils einzeln Literatur zuzuordnen, weil dies zu einer eher künstlichen Auswahl führen würde. Als Auswahl dessen, was in den Umkreis hineingehört, nenne ich:

E. Lange, Zur Theorie und Praxis der Predigtarbeit (1968)

W. Steck, Plan für einen Predigtentwurf, in: Theologia Practica V. Jg./1970/246 ff.

M. Josuttis, Über den Predigteinfall, in: Ev. Theologie 30. Jg./1970/627 ff.

ders., Praxis des Evangeliums zwischen Politik und Religion (1974), darin besonders: Der Prediger in der Predigt (70 ff.)

G. Mainberger, Sprachtheorie und Predigtlehre – Linguistik und Homiletik, in: Gerber/Güttgemanns (Hg.), Linguistische Theologie (1972) 190 ff.

Evangelische Theologie 32. Jg./1972/Heft 1: Verkündigung und Rhetorik (mit Beiträgen von Josuttis, Barie, Wiedemann, Kaufmann)

R. Bohren, Predigtlehre (3. Aufl. 1974), hier: §§ 10, 11, 21, 23 (!), 27 bis 29

W. C. Booth, Die Rhetorik der Erzählkunst, 2 Bde. (UTB 384 und 385/1974)

H. Arens u. a., Kreativität der Predigtarbeit (2. Aufl. 1975)

R. Heue/R. Lindner, Predigen lernen (Studienreihe für Verkündigung und Gemeindeaufbau 7, 1975)

H. B. Kaufmann/P. Düsterfeld (Hg.), Didaktik der Predigt (1975), besonders Teil I und Teil II (siehe auch oben den zu 2.5. abgedruckten Textauszug)

Zu 3.2.1.:

Heinrich Bölls Rede anläßlich der Eröffnung der Woche der Brüderlichkeit 1970 »Ein Plädoyer für die Namenlosen« ist eine Auseinandersetzung mit der Frage, *warum* er, Böll, aus diesem Anlaß rede, und die Begründung der Entscheidung, daß er in diesem Rahmen *nicht* mehr reden werde:

»... Es muß doch eine Ursache haben, daß sich kaum noch einer so recht dazu hergeben will, sich öffentlich über das auszulassen, was nach 20 Jahren selbstverständlich sein sollte. Wäre es nicht sinnvoller, hier Namenlose über ihre Umwelt sprechen zu lassen, die in den meisten Fällen laut auflacht, wenn ein Wort wie Brüderlichkeit auch nur fällt?

Etwa ein junges Ehepaar mit kleinen Kindern und knappem Einkommen über seine Erfahrungen bei der Wohnungssuche berichten zu lassen?
Es brauchte nicht einmal ein Gammlerpärchen zu sein. Schon ein adrett gekleidetes, mit allen Insignien der Strebsamkeit ausgestattetes Paar könnte wohl darüber berichten, wo die erwartete Rentabilität die Grenze der Brüderlichkeit bildet. Wie viele Neurosen entstehen, zu wieviel Fehlgeburten kommt es, weil junge Eheleute sich verpflichten müssen, nicht zu bekommen, was sie möglicherweise gerne hätten: Kinder.
Oder sollte man hier jemanden erzählen lassen, der in Geldnot geriet und die Brüderlichkeit pompöser Bank-Fassaden erfuhr? Vielleicht einen Häftling, der das Pech hatte, geschnappt zu werden, während wir das Glück haben, frei umherzulaufen?
Ich bestreite nicht, daß es Kriminalität gibt, ich bestreite nur, daß die Grenze zwischen Kriminalität und deren möglichem Gegenteil durch Gefängnismauern bestimmt wird.

Wir hier sind nicht eingesperrt, nur eingerahmt, und diese Einrahmung in Protokoll, Programm und Kleidung widerspricht eigentlich dem Gegenstand der Erörterung, der Brüderlichkeit, die wir einmal im Jahr vorzeigen wie ein Votivbild während der Pilgerwoche.
Spätestens hier bitte ich Sie, einem freiberuflichen Gelegenheitsfestredner, der einige Male aus dem Rahmen fiel, eine persönliche Bemerkung zu gestatten. Ich muß hier einmal eine Voraussetzung mitgeben, die mir zu selbstverständlich war, als daß ich sie bisher ausgesprochen hätte, und es ist natürlich kein Zufall, Herr Bundespräsident, daß ich diese Nachlieferung in Ihrer Gegenwart vollziehe. Diese Voraussetzung, die ich nachliefere, lautet: Ich meine mich selbst immer mit. Das mag schwer zu glauben sein und ist doch so. Mein Autor lebt nicht auf einem Leuchtturm, der Reinheit ausstrahlt, ringsum Schmutz entdeckt und nun im Vollglanz seiner Reinheit diesen Schmutz zu beschimpfen beginnt. Mein Autor lebt auf der Erde, aus der er gemacht ist.

Er ist Brotesser, Biertrinker, Steuerzahler, Kinogänger, Staatsbürger usw. Was ihn von den Erdbewohnern um ihn herum ein wenig abheben mag, ist vielleicht die Fähigkeit, sich auszudrücken, auch die Fähigkeit, öffentlich auszusprechen, was als unaussprechbar galt.
... Was diese Veranstaltung angeht und die Gesellschaft für Christlich-Jüdische Zusammenarbeit, die dazu eingeladen hat, ich bin Mitbegründer dieser Gesellschaft in Köln und immer noch ihr Mitglied, und ich bitte Sie, das nicht zu vergessen. Ich bin, wenn auch nur mittelbar, mitverantwortlich für diesen Rahmen, von dem ich öffentlich, nicht heimlich, Abschied nehme, aus dem ich nicht herausfallen, sondern heraustreten möchte. Es ist kein Abschied von der Sache, kein Abschied von Personen, nur von diesem Rahmen.

... Ich erlaube mir nur, mich im Jahre 1970 ausdrücklich, nachdrücklich und endgültig aus einem Rahmen zu entfernen, der auf diese Weise eine Woche der Brüderlichkeit eröffnet. Ich schlage vor, daß die Veranstalter in Zukunft auf Namen und Rahmen verzichten und hier einen Bundeswehrsoldaten, einen Bundeswehrdeserteur und einen Kriegsdienstverweigerer über Brüderlichkeit sprechen lassen. Diese drei, jeder auf seine Weise Vertreter einer verfemten Minderheit, können das besser als ich ...«

aus: Verkannt – Verfemt – Geduldet. Minderheiten in unserer Gesellschaft. Woche der Brüderlichkeit 1970. Mit den Ansprachen von Bundespräsident G. W. Heinemann und H. Böll. Schriftenreihe der Kölnischen Gesellschaft für Christlich-Jüdische Zusammenarbeit Heft 14 (o. J.), 9 ff.

Zu 3.2.2.:

Große monologische Aussagen finden sich nicht nur in herausragenden Reden, sondern auch an Höhepunkten autobiographischer Literatur. Ein Beispiel dafür ist eine Passage aus *Pablo Neruda,* Ich bekenne ich habe gelebt (1974):

»Ich will in einer Welt ohne Exkommunizierte leben. Ich werde niemanden exkommunizieren. Ich werde morgen auch nicht zu dem Priester sagen: ›Sie können niemanden taufen, weil Sie Antikommunist sind.‹ Ich würde auch nicht zu dem Nächsten sagen: ›Ich werde Ihr Gedicht, Ihre Schöpfung nicht drucken, weil Sie Antikommunist sind.‹ Ich will in einer Welt leben, in der die Menschen nur menschlich sind, ohne jeden anderen Titel als diesen, ohne sich eine Regel in den Kopf zu setzen, ein Stichwort, ein Etikett. Ich will, daß man alle Kirchen betreten darf, alle Druckereien. Ich will, daß man niemandem mehr vor dem Bürgermeisteramt auflauert, um ihn festzunehmen oder auszuweisen. Ich will, daß alle lächelnd das Rathaus betreten oder verlassen können. Ich will nicht, daß einer per Gondel fliehen muß, daß einer auf dem Motorrad verfolgt wird. Ich will, daß die große Mehrheit, die einzige Mehrheit, daß alle reden können, lesen, hören, gedeihen. Ich habe den Kampf nie anders verstanden, als daß er ende. Ich habe die Strenge nie anders verstanden, als daß es keine Strenge mehr gebe. Ich habe einen Weg gewählt, weil ich glaube, daß dieser Weg uns alle zu dauernder Freundlichkeit führt. Ich kämpfe für diese allgegenwärtige, ausgreifende, unerschöpfliche Güte. Von all den Begegnungen zwischen meiner Poesie und der Polizei, von all diesen und anderen Episoden, die ich nicht noch einmal erzählen will, und von denen, die nicht nur ich, sondern viele erlebt haben, die sie nicht mehr erzählen können, ist mir trotz allem ein unbedingter Glaube ans menschliche Schicksal geblieben, eine immer bewußtere Überzeugung, daß wir einer großen Zärtlichkeit zustreben. Ich schreibe in dem Bewußtsein, daß über unseren Köpfen, über all unseren Köpfen, die Gefahr der Bombe schwebt, der Atomkatastrophe, die niemanden und nichts auf der Erde übriglassen würde. Doch das trübt meine Hoffnung nicht. In diesem kritischen Augenblick, diesem Augenzwinkern der Agonie, wissen wir, daß das Licht endgültig durch die halbgeöffneten Augen dringen wird. Wir werden uns alle verstehen. Wir werden gemeinsam fortschreiten. Diese Hoffnung ist unwiderruflich.« (306 f.)

Zu 3.2.3.:

Günter Grass' Rede zur Eröffnung der Ausstellung »Menschen in Auschwitz« (1970) ist ein Beispiel für den Versuch, auf die spezifische Situation der Zuhörer und ihre Verstehensschwierigkeiten einzugehen, hier dadurch noch differenziert, daß Grass gegenüber *Erwachsenen* »Schwierigkeiten eines Vaters, seinen *Kindern* Auschwitz zu erklären« zum Thema macht, wodurch den Hörern die Möglichkeit der Distanz belassen bleibt:

»... Adornos Wort, nach Auschwitz könne man keine Gedichte mehr schreiben, hat so viele Mißverständnisse provoziert, daß ihm zumindest versuchsweise die Interpretation nachgeliefert werden muß: Gedichte, die nach Auschwitz geschrieben worden sind, werden sich den Maßstab Auschwitz gefallen lassen müssen.

Spätestens hier zögere ich, höre ich dem Wort Auschwitz nach und versuche ich, das Wort Auschwitz an seiner Echowirkung zu messen. Wir kennen die trivialste Resonanz: Schon wieder Auschwitz! Immer noch Auschwitz? Wird das nicht aufhören? Will das nicht aufhören? Ich hoffe: nein. Ich widerspreche gleichfalls dem verhalten-vornehmen Echo: die Antwort auf Auschwitz könne nur Schweigen, dürfe nur Scham und Verstummen sein. Denn Auschwitz war kein Mysterium, dem Scheu distanzierte und verinnerlichte Betrachtung befiehlt, sondern Realität, also zu untersuchendes Menschenwerk.

Seit Auschwitz folgt zwar der Kalender nicht einer neuen Zeitrechnung, wohl aber hat sich in unserem Denken – selten bewußt, doch unvermeidbar unterbewußt – so etwas wie eine neue Zeitrechnung niedergeschlagen. Seit Auschwitz denkt sich der Mensch anders, zwingen wir uns, anders zu denken und wird überall dort, wo Auschwitz sich fortsetzt, der einmal gesetzte Maßstab mitgedacht werden müssen.

Was vor Auschwitz sich ereignete, unterliegt anderen Kategorien, sofern es beurteilt wird; obgleich es den Vernichtungsmechanismus schon immer gegeben hat: erst die Perfektion ließ ihn zur Kategorie werden. Nicht die namentliche Grausamkeit einzelner Personen, sondern die anonyme Reibungslosigkeit fleißig zu nennender Schreibtischarbeit war das Neue und noch nicht Dagewesene in seiner menschlichen Blässe, die wir, uns distanzierend, unmenschlich nennen. Die Reduzierung der Realität Auschwitz zum zeitlichen Wendepunkt hat dem ehemaligen Konzentrations- und Vernichtungslager Symbolgehalt gegeben: Auschwitz steht stellvertretend für Treblinka und Mauthausen, für eine Vielzahl ehemaliger Konzentrations- und Vernichtungslager. Diese Symbolisierung erschwert die Aufgabe, den alltäglichen Mechanismus in Auschwitz zu erklären, weil gleichzeitig mit der Ortsbezeichnung das Schlüsselwort für jeglichen Völkermord mitgesprochen wird.

Wenn ich heute meinen Kindern Auschwitz erklären will – und sie verlangen diese Erklärung aus kühlem Wittern heraus, aus blanker Neugierde: ›Da war doch was‹ –, dann werde ich, sobald ich zu erklären beginne, umständlich und – bald verstrickt im Gehege der Umstände – mißverständlich. Immer noch einen Schritt vor Auschwitz muß ich im Krebsgang üben. Immer wieder und abermals liegt vor einer halbwegs hinreichenden Erklärung weiterer Anlaß, noch mehr Ursache zu nennen. Und vor den Ursachen melden sich andere Ursachen zu Wort: Wir sind es auch gewesen. Das haben wir zwar nicht gewollt. Aber das, was wir taten, sagten und schrieben, führte auf Umwegen zu einer Ortschaft, die Auschwitz heißt, aber auch Treblinka heißen könnte.

Die Kinder in Deutschland werden im Frieden erwachsen. Zwischen Spiel, Schularbeit und Aussicht auf Ferien werden sie mehr vom Konsumangebot und seinem modischen Wechselspiel geprägt als von ihren traumatisch gezeichneten Eltern: Welche Chance habe ich, wenn ich nach dem dreimaligen Abspielen einer Jimmy-Hendrix-Platte und bevor mir die Vorzüge und Möglichkeiten eines Landrovers aufgezählt werden, mit der abstrakten Zahl – oder genauer gesagt: abstrakt bleibenden Zahl – sechs Millionen etwas zu erklären versuche, das Kindern allenfalls im privatisierten Einzelfall, etwa auf den Namen Anne Frank gebracht, deutlich oder, trivial gesagt, spannend zu werden beginnt?

... Wenn also hier die Rede war von den ›Schwierigkeiten eines Vaters, der Auschwitz seinen Kindern erklären möchte‹, dann bitte ich Sie zu bedenken, daß diese Schwierigkeiten Dimensionen gewinnen könnten, die mit der überlieferten Kategorie ›Erziehungsprobleme‹ nicht mehr zu fassen sein werden. Es gilt, Auschwitz in seiner geschichtlichen Vergangenheit zu begreifen, in seiner Gegenwart zu erkennen und in Zukunft nicht blindlings auszuschließen. Auschwitz liegt nicht nur hinter uns.«

aus: G. Grass, Der Bürger und seine Stimme (1974), 89 ff.

Zu 3.2.4.:

Wirkungen haben ihre eigene Qualität gerade aufgrund des *Unterschieds* zwischen Redner und Hörern. Dafür mag hier, um auf das Ausmaß der Gefahren aufmerksam zu machen, absichtlich ein negatives Beispiel stehen: Die Rede *Kaiser Wilhelms II.* bei der Rekrutenvereidigung der Potsdamer Garderegimenter am 23. 11. 1891.

»Rekruten Meiner Garderegimenter!
Ihr seid hier aus allen Teilen Meines Reiches zusammengezogen, um eurer Militärpflicht zu genügen, und habt eben an heiliger Stätte euerm Kaiser Treue geschworen bis zum letzten Atemzuge. Ihr seid noch zu jung, um das alles zu verstehen, ihr werdet aber nach und nach damit bekannt gemacht werden. Stellt euch dies alles nicht zu schwer vor und vertraut auf Gott, betet auch manchmal ein Vaterunser, das hat schon manchem Krieger wieder frischen Mut gemacht.

Kinder meiner Garde, mit dem heutigen Tag seid ihr Meiner Armee einverleibt worden, steht jetzt unter meinem Befehle und habt das Vorrecht, Meinen Rock tragen zu dürfen. Tragt ihn in Ehren. Denkt an unsere ruhmreiche vaterländische Geschichte; denkt daran, daß die deutsche Armee gerüstet sein muß gegen den inneren Feind sowohl als gegen den äußeren. Mehr denn je hebt der Unglaube und Mißmut sein Haupt im Vaterlande empor, und es kann vorkommen, daß ihr eure eigenen Verwandten und Brüder niederschießen oder -stechen müßt. Dann besiegelt die Treue mit Aufopferung eures Herzblutes. Und nun geht nach Hause und erfüllet eure Pflichten.«

aus: E. Johann (Hg.), Reden des Kaisers (dtv 354/1966), 55 f.

Zu 3.2.5.:

Es geht hier nicht darum, theologische Fachliteratur, auch nicht im gewohnten Sinn homiletische, zusammenzustellen. Soweit nötig ist sie anderwärts genannt. Vielmehr stelle ich – unvermeidlich, aber auch durchaus beabsichtigt subjektiv – einige Hinweise auf Literatur zusammen, die in *rhetorisch-homiletischer* Hinsicht *Anregungen* und vor allem *Materialien* vermitteln kann. Es ist also keine wissenschaftliche Bibliographie beabsichtigt, sondern eher eine private und d. h. auch unvermeidlich zufällige Zusammenstellung.

Reden:

W. Hinderer (Hg.), Deutsche Reden (1973) (enthält Reden vom Mittelalter bis zur Gegenwart, außerdem eine Einführung und umfängliche bibliographische Hinweise)

D. Hildebrandt/S. Unseld (Hg.), Deutsches Mosaik. Ein Lesebuch für Zeitgenossen (1972) (enthält u. a. Reden von R. Luxemburg, H. M. Enzensberger, A. Mitscherlich u. C. F. von Weizsäcker)

H. M. Enzensberger (Hg.), Freisprüche. Revolutionäre vor Gericht (st 111/1973)

W. Schafarschik (Hg.), Herrschaft durch Sprache. Politische Reden (Reclam 9501/1973)

A. Weyer (Hg.), Reden an die deutsche Jugend im 20. Jahrhundert (1966)

Büchner-Preis-Reden (Reclam 9332-34/1972)

G. Büchner, Der hessische Landbote (1834) (Neudruck 1973)

E. Johann (Hg.), Reden des Kaisers (dtv 354/1966)

E. Klöss (Hg.), Reden des Führers (dtv 436/1967)

T. Heuss, Die großen Reden (dtv 404/1967)

ders., Würdigungen (1955)

A. Arndt, Geist der Politik. Reden (1965)

K. Storch, Erziehung zum Ungehorsam als Aufgabe einer demokratischen Schule (Abitursrede), in: Tribüne 6. Jg./1967/Heft 42 (auch anderwärts)

G. Grass, Über das Selbstverständliche (dtv 579/1969)

ders., Der Bürger und seine Stimme (1974)

G. Debus u. a. (Hg.), Protokoll einer Trauerfeier, in: dies., Almanach 5 für Theologie und Literatur (1971) 194 ff.

G. Wohmann, Dankrede, in: Luchterhand Almanach (1971)

W. Brandt, Der Auftrag des demokratischen Sozialismus (1972)

Predigten:

G. Lohmeier (Hg.), Geistliches Donnerwetter. Bayerische Barockpredigten (dtv 460/1967)

G. Heinz-Mohr (Hg.), Die Sau mit dem güldenen Haarband. Herzhafte Predigten aus alter und neuer Zeit (1974)

G. Richolet, Kostümprobe mit einem Heiligen (1962) (Die Legende vom hl. Martin wird – als Text der Ansprache – variiert für unterschiedliche Adressaten, diverse Stile und verschiedenartige Zwecksetzungen)

Sprichwörter u. ä.:

S. Franck (Hg.), Sprichwörter. Schöne, weise, Klugreden (1548; Neudruck 1972)

K. Rauch (Hg.), Sprichwörter der Völker (dtv 1075/1975)
K. Altmann (Hg.), Deutsche Epigramme aus fünf Jahrhunderten (dtv 632/1969)
S. Landmann (Hg.), Jüdische Anekdoten und Sprichwörter (dtv 317/1972)
L. Schmidt (Hg.), Schlagfertige Definitionen (rororo 6186/1974)

Kalendergeschichten u. ä.:
J. P. Hebel, Schatzkästlein des rheinischen Hausfreundes (1811; in: Werkausgabe, hg. von E. Meckel, Bd. 1, 1968)
B. Brecht, Kalendergeschichten (rororo 77/1960) (enthält die Geschichten vom Herrn Keuner)

Fabeln, Parabeln, Legenden u. ä.:
L. Mader (Hg.), Antike Fabeln (dtv 6024/1973)
P. Alverdes (Hg.), Das Nashorn als Erzieher. Fabeln der Welt (dtv 439/1967)
G. E. Lessing, Fabeln. Abhandlungen über die Fabel (Reclam 27-28/1967)
M. Windfuhr (Hg.), Deutsche Fabeln des 18. Jahrhunderts (Reclam 8429-30/1968)
R. Dithmar (Hg.), Fabeln, Parabeln und Gleichnisse (dtv 4047/1970)
J. Thurber, 75 Fabeln für Zeitgenossen (1967)
ders., Die letzte Blume (rororo 1676/1973)
A. Eliasberg (Hg.), Sagen der Chassidim (Ullstein-TB 2781/1970)
L. Kolakowski, Der Himmelsschlüssel (1965)
Das Manfred Kyber Buch, Tiergeschichten und Märchen (o. J.)

Kindergeschichten/Kinderbücher:
H. M. Enzensberger (Hg.), Allerleirauh. Viele schöne Kinderreime (1961)
H. Heckmann/M. Krüger (Hg.), Kommt, Kinder, wischt die Augen aus, es gibt hier was zu sehen. Die schönsten deutschen Kindergedichte (1974)
P. Bichsel, Kindergeschichten (1969)
U. Wölfel, Achtundzwanzig Lachgeschichten (1969)
dies., Siebenundzwanzig Suppengeschichten (o. J.)
G. Herburger, Birne kann alles (1971)
ders., Birne kann noch mehr (1971)

»Religiöse« Gedichte:
A. Krogmann (Hg.), Mit Gedichten beten (1966)
W. Fietkau (Hg.), Poeten beten (1969)
S. Baciu/K. Marti (Hg.), Der du bist im Exil (1969)
D. Block (Hg.), Gott im Gedicht (1972)
R. Bohren, Bohrungen (o. J.)
E. Eggimann, Jesus-Texte (1972)

K. Marti, Leichenreden (1969)
E. Zeller, Sage und schreibe (1971)

Autobiographisches/Tagebücher/Briefe/Biographisches u. ä.:
G. Benn, Ausgewählte Briefe (1957)
R. Schneider, Winter in Wien (1958)
E. Bethge, Dietrich Bonhoeffer (1967)
C. Bielenberg, Als ich Deutsche war. 1934–1945 (1969)
A. Speer, Erinnerungen (1969)
E. Canetti, Alle vergeudete Verehrung. Aufzeichnungen (1970)
B. Jaspert (Hg.), Karl Barth – Rudolf Bultmann. Briefwechsel 1922–1966 (1971)
E. Busch, Karl Barths Lebenslauf (1975)
P. Rühmkorf, Die Jahre, die ihr kennt (1972)
P. Neruda, Ich bekenne ich habe gelebt. Memoiren (1974)
H. Albertz, Dagegen gelebt – von den Schwierigkeiten, ein politischer Christ zu sein (rororo-aktuell 4001/1976)

»Gebrauchsliteratur« u. ä.:
O. Betz, Berührungen. Vom aufmerksamen Leben (1975)
ders., Ich glaube mit meinem Leben (1972)
ders., Die Welt meditieren (1971)
ders., Das Leben meditieren (1972)
ders., Den Menschen meditieren (1972)
L. Zenetti, Sieben Farben hat das Licht (1975)
ders., Zeitansage (1969)
G. Heinz-Mohr (Hg.), Kinder des Paradieses. Geschichten heiterer Lebensweisheit (1975)

»Dichtung«:
Ich meine mit dieser letzten Kategorie solche Literaur, die nicht ohne weiteres – mindestens nicht in erster Linie – als unmittelbares »Material« für die Predigtvorbereitung gelten soll, die aber *mittelbar* auf die Dauer von gar nicht zu unterschätzender Bedeutung im Sinn von Sprach- und Weltgewinn sein dürfte. Kurz gesagt: das Potential, das private Lektüre qualifizierter Literatur bereitzustellen vermag.
Dafür wird jeder den ihm entsprechenden Weg finden müssen – sei es in zeitweiliger planmäßiger Lektüre *eines* Autors, sei es in stärkerer Orientierung an einer literarischen Richtung oder Epoche, sei es in der Verfolgung von Neuerscheinungen.
Als eine Möglichkeit – wem sie behagt – legt sich mir die zeitweilige Konzentration auf einen Autor nahe. Als Beispiele der letzten Jahre, die für mich ergiebig waren, nenne ich in subjektiver Auswahl:

Peter Handke:
Die Hornissen (1966)
Der Hausierer (1967)
Die Angst des Tormanns beim Elfmeter (1970)

Der Ritt über den Bodensee (1970)
Wunschloses Unglück (1972)
Der kurze Brief zum langen Abschied (1972)
Als das Wünschen noch geholfen hat (1974)
Die Stunde der wahren Empfindung (1975)

Ingeborg Bachmann:
Die gestundete Zeit (1953)
Zikaden (1954)
Anrufung des großen Bären (1956)
Das dreißigste Jahr (1961)
Malina (1971)

Max Frisch:
Tagebuch. 1946–1949 (1950)
Bin oder die Reise nach Peking (1952)
Stiller (1954)
Homo faber (1957)
Andorra (1963)
Mein Name sei Gantenbein (1964)
Tagebuch. 1966–1971 (1972)
Montauk (1975)

Hilde Domin:
Nur eine Rose als Stütze (1959)
Rückkehr der Schiffe (1962)
Hier (1966)
Das zweite Paradies. Roman in Segmenten (1968)
Ich will dich (1970)
Von der Natur nicht vorgesehen. Autobiographisches (1974)
(Hg.), Nachkrieg und Unfrieden. Gedichte als Index 1945–1970 (1970)

Günter Grass:
Die Vorzüge der Windhühner (1956)
Die Blechtrommel (1959)
Katz und Maus (1961)
Hundejahre (1963)
Örtlich betäubt (1969)
Ausgefragt. Gedichte (1967)
Aus dem Tagebuch einer Schnecke (1972)

Else Lasker-Schüler:
Mein blaues Klavier (1943)
Sämtliche Gedichte (1966)
Helles Schlafen – dunkles Wachen (1962)
Die Wolkenbrücke. Briefe (1972)

Zu 3.2.6.:

Daß Sprache und Form wie *nichts* anderes – denn der Inhalt hängt ja auch von ihnen ab – die Rede charakterisieren, kann man sich kaum besser als an vergleichbaren Redeteilen verschiedener Reden zu *gleichem* Anlaß verdeutlichen. In Darmstadt wird in jedem Jahr durch die Deutsche Akademie für Sprache und Dichtung der Georg-Büchner-Preis verliehen. Der jeweilige Preisträger hält anläßlich der Preisübergabe eine Rede. Ich stelle die *Anfänge* und die *Schlüsse* dreier Reden nebeneinander.

Die Anfänge:

»Ein Mann aus West-Berlin, ein gebürtiger Norddeutscher zu dieser Stunde in der alten Hauptstadt Hessens, im Begriff, den nach dem Namen des berühmtesten hessischen Dichters genannten Literaturpreis entgegenzunehmen – eine ungewöhnliche Situation. Die Situation wird noch ungewöhnlicher, wenn man sich überlegt, daß der, nach dem der Preis heißt, mit 24 Jahren starb, und der, der ihn annimmt, in den sechziger Jahren steht. Der Dorfjunge aus Goddelau, Sohn eines Arztes, und der Dorfjunge aus Mansfeld, Sohn eines Pfarrers – übrigens beide Ärzte –, kommen in diesem Augenblick in Berührung.«

(Gottfried Benn, 1951)

»Für die hohe Auszeichnung, die Sie mir haben zuteil werden lassen, danke ich hiermit herzlich, sowohl den Vertretern von Ministerium und Magistrat als auch den Herren und Kollegen der Akademie. Ich tue es, wie gesagt, herzlich und nicht ohne Mitgefühl, dies um so mehr, als es sicherlich nicht nur ein Vergnügen war, sich mit meinen Büchern zu befassen, es war wohl auch eine zusätzliche Arbeit, wobei höchstens der Trost abfällt, daß nicht auch noch irgendwelche lichthungrige Manuskripte zu begutachten waren, obwohl ich auch damit hätte aufwarten können. Nehmen Sie also meinen Dank für beides, für Ihr Verständnis und für Ihre Mühe.«

(Martin Kessel, 1954)

»Meine Damen und Herren, was haben wir zu feiern? An Georg Büchners hundertfünfzigstem Geburtstag wird, wer die Wahrheit sagt, im hessischen Lande nicht mehr gehenkt. Dieser oder jener Liberale darf seine Gedanken drucken lassen. Ein großer Teil Deutschlands ist imstande, seine Kartoffeln zu schmälzen. Das ist gut. Das ist vortrefflich. Doch zu feiern haben wir nichts.«

(Hans Magnus Enzensberger, 1963)

Die Schlüsse:

»Mit einem Wort, diese Stadt ist in den Gedanken meiner Generation immer lebendig gewesen, hat sie mit aufgebaut und wird sie überleben. Sie wird sie, nehme ich an, vor allem in dieser Akademie überleben, die heute feiert, wenn sie fortfährt auf ihrem Weg, die Stätte zu werden, in der das Gesellschaftliche mit dem Genialen, das Überlieferte mit der Originalität, die Auflockerung, die Fruchtbarkeit und die Eröffnung sich mit der Kritik und der Philologie verbindet, wenn sie die Dämonen neben den Engeln duldet, um die Güter des Abendlandes, die Güter des Mittelmeeres und die Güter des Nordens in die neue atlantische Universalität zu überführen. Dieser Akademie vor allem gelten meine Wünsche, Ihnen allen gilt mein Dank, und damit nehme ich in Ehrerbietung den Preis entgegen.«

(Gottfried Benn)

»In diesem Sinne bin ich so frei, den Büchner-Preis entgegenzunehmen, in der Hoffnung auf eine sich auch fernerhin den Künsten geneigt zeigende Lebensgemeinschaft und Öffentlichkeit.«

(Martin Kessel)

»Büchner schrieb aber: Deutschland ist jetzt ein Leichenfeld, bald wird es ein Paradies sein. Die Aussicht aufs Paradies ist verschwunden, die aufs Leichenfeld ist nicht weit. Was die Poesie anlangt, so will sie in der Irre nicht verharren. Sie ist, glaube ich, kein Gespenst, und sie stirbt, glaube ich, wenn der Frieden stirbt.
Ich danke der Deutschen Akademie für Sprache und Dichtung für die Ehre, die sie mir hat zuteil werden lassen. Ich danke herzlich ihrem Präsidenten, ich danke Ihnen allen. Den Bürgern der Stadt Darmstadt und des Landes Hessen danke ich für das Geschenk, das mit dem Georg-Büchner-Preis verbunden ist. Dieses Geschenk bedeutet freie Zeit, also Arbeit. Erlauben Sie mir zum Schluß, an alle zu denken, die vor diesem Haus geblieben sind und denen es vielleicht ganz gleichgültig ist, was verhandelt wird, davon sie nichts wissen. In ihrem Namen setze ich meine Worte.«

(Hans Magnus Enzensberger)
aus: Büchner-Preis-Reden (Reclam 9332-34/1972)

Zu 3.2.7.:

Da der *Aufbau* einer Rede nur durch den vollständigen Text, nicht aber einen Auszug darstellbar ist, kann hier nur der Hinweis auf zwei beispielhafte Reden stehen, deren Baugesetz zu studieren lohnt:

Zum 30. Jahrestag des Ermächtigungsgesetzes am 23. März 1963 hielt *Adolf Arndt* in Berlin eine Rede mit dem Thema »Unsere geschichtliche Verantwortung für die Freiheit«. Diese Rede kann lehren, was *Aufbau* heißt, der sich an einem *»Text«* orientiert. Der »Text«, den Arndt kunstvoll Schritt für Schritt entfaltet, bis er am Ende mehr sagt als zu Anfang, lautet: »Tradition bewahren, heißt nicht: Asche aufheben, sondern eine Flamme am Brennen erhalten« (Jean Faures). *in:* A. Arndt, Geist der Politik. Reden (1965) 176 ff. (auch in: W. Hinderer, Hg., Deutsche Reden, 1973, 1085 ff.)

Theodor Heuss hielt zum zehnjährigen Gedächtnis des 20. Juli 1944 am 19. Juli 1954 in der Freien Universität in Berlin eine Rede, die er

selbst zu seinen wichtigsten zählte: »Vom Recht zum Widerstand – Dank und Bekenntnis«. Der Aufbau ist hier, gerade auch im Gegenüber zu Arndt, deswegen der Analyse wert, weil, wie oft in Heuss' Reden, sehr unterschiedliche Elemente zusammengefügt werden: historische Reflexionen, politisch-moralische Erwägungen, persönlich gefärbte Anmerkungen, Analyse von Begriffen, Zitate aus der Dichtung usw.
in: T. Heuss, Die großen Reden (dtv 404/1967) 212 ff.

4. Kommentierte Predigtbeispiele

4.0. Vorbemerkung

Daß in ein Buch, das unter rhetorischem Aspekt zum Predigen anleiten will, Predigtbeispiele hineingehören, liegt auf der Hand – aber: Beispiele von wem?

Als Alternative bot sich an, entweder Beispiele *verschiedener* Prediger heranzuziehen oder zu *eigenen* Predigtentwürfen zu greifen. Die erstgenannte Möglichkeit hätte manchen Reiz; man hätte Predigten von Kirchenfürsten beider Konfessionen zu besonderen Anlässen neben »normale« Gemeindepredigten stellen können, man hätte auch namhafte Gelegenheitsprediger, die keine Theologen sind, berücksichtigen können. Dennoch habe ich mich anders entschlossen, und zwar vor allem aus zwei Gründen:

– Ich will dem Leser die eigenen Versuche nicht schuldig bleiben. »Er sagt, wie man's machen soll, aber er tut's selber nicht« – diesem beliebten Vorwurf will ich nicht Vorschub leisten. Darum stelle ich meine eigenen Versuche zur Diskussion. Sie sind übrigens alle in denselben Jahren entstanden wie die Überlegungen zu diesem Buch.

– Da die kommentierenden Hinweise zu jeder Predigt sinnvollerweise auf die rhetorisch orientierten Fragestellungen zurückgreifen, die in Abschnitt 3. entwickelt worden sind, wäre bei Predigten anderer die Gefahr nicht auszuschließen, daß man sie unangemessen befragt (weil sie möglicherweise von anderem Ansatz her und mit anderer Absicht konzipiert worden sind). Diese Gefahr wollte ich vermeiden.

Der jeweilige Kommentar ist bewußt knapp. Bei jeder Predigt wird die Situation angedeutet, in der sie gehalten worden ist. Darüber hinaus wird aus den sieben oben entfalteten Fragerichtungen (vgl. 3.) bei jeder Predigt *eine* kurz erörtert, absichtlich in keinem Fall alle, weil dies auch nicht den durchschnittlichen Vorbereitungen entspräche. Durch die gezielte Auswahl sollen aber alle Fragerichtungen noch einmal am Material konkretisiert werden. Nach der Reihenfolge der rhetorischen Fragerichtungen 3.2.1. bis 3.2.7. sind die Predigten hier geordnet.

4.1.1. *Bleiben und Verändern*
(Beerfurth/Odenwald, 5. Oktober 1975)

I.

Wenn heute, am alljährlich wiederkehrenden Erntedankfest, weniger als sonst von der Ernte auf den Feldern die Rede ist, dann heißt das nicht, daß wir in diesem Jahr weniger dankbar wären für die Gaben der Natur, für Korn und Trauben, für Äpfel und Birnen, für Kartoffeln und Rüben. Wir sind dankbar dafür, denn wir leben *auch* davon.
Wir reden davon heute weniger und reden doch von *Ernte:* von der Ernte der Zeit, von der Ernte der zehn Jahre, die eingebracht ist. *Vor zehn Jahren ist diese Kirche eingeweiht worden.* Anlaß genug, einen Augenblick einzuhalten, um zu danken und um uns zu besinnen; auch dies: *Erntedankfest.*

II.

»Der beste Prediger ist die Zeit« – sagt ein altes Sprichwort. Wenn das stimmt, dann müssen wir fragen: Was *sagt* uns die Zeit? Was sagen die vergangenen zehn Jahre? Sagen sie etwas über uns und die Geschichte unseres Lebens?
Einiges schon. Zehn Jahre sagen:
– Menschen, uns Nahestehende, die am Erntedankfest 1965 diese Kirche mit uns eingeweiht haben, sind nicht mehr am Leben. Wir gedenken ihrer.
– Menschen, die damals noch gar nicht lebten, sitzen heute mittag mit uns am Tisch; und die damals Achtjährigen sind heute volljährig.
– Zehn Jahre heißt auch: 1965 hatten wir das Geld, diese Kirche zu bauen; heute könnten wir es vermutlich nicht mehr.
– Und schließlich: Wir sind alle zehn Jahre älter geworden, ein bißchen grauer die einen, ein bißchen rundlicher die andern (oder auch beides); ein bißchen glücklicher oder ein bißchen enttäuschter; ein bißchen ärmer oder reicher; vielleicht auch ein bißchen klüger – kurzum: zehn Jahre sind vergangen . . .

III.

Aber reicht es denn, in den Spiegel der Zeit zu blicken? Und was wir da erinnern, hat es uns gezeichnet oder haben wir es an uns abgleiten lassen? Vielleicht sind wir ja auch durch diese

zehn Jahre hindurchgegangen und haben den Weg kaum wahrgenommen. Um auf unser Sprichwort zurückzukommen: wer sagt denn, daß wir die »Predigt der Zeit« *gehört* haben?
Nein, so einfach geht das mit der Sprichwortweisheit nicht. Ich muß noch einmal neu anfangen. Ich will es anders versuchen, mit einer kleinen Geschichte:
Ein Mann, der seinen Freund zehn Jahre lang nicht gesehen hatte, begrüßt ihn mit den Worten: »Du hast Dich gar nicht verändert!« O, sagte der Freund und erbleichte. (nach B. Brecht)
Wir verstehen: zehn Jahre gelebt haben, wirklich gelebt haben – und dabei *nicht* ein anderer geworden sein – ja, hat man dann überhaupt gelebt? Ist man dann nicht eher dem Leben ausgewichen? Darf man, kann man denn heute noch derselbe sein wie vor zehn Jahren?

IV.

So schwierig ist das mit Jubiläen, mit 10 Jahren Lebensgeschichte, mit 10 Jahren »Kirchengeschichte«. Immer stellt ein solcher Abschnitt, Einschnitt vor irritierende Widersprüche:
– Was ist *geblieben* / was *mußte* sich verändern?
– Was ist stärker: die *Bindung* an den *Ursprung* oder die *Offenheit* für *Neues*, für *Zukunft?*
Und in diese Widersprüche hinein trifft, was die Zeit *nicht* predigt; trifft, was das Spiegelbild *nicht* sagt. Trifft jener eine Satz, der der Grundstein einer jeden Kirche ist und der uns heute helfen kann zu verstehen, warum wir hier beisammen sind:
Jesus Christus – gestern, heute und derselbe auch in Ewigkeit (Hebr. 13,8).
Sehen wir zu, ob uns dieser Satz, diese Zusammenfassung durch die Widersprüche hindurchbringen kann.

V.

Ich fürchte, es wird erst einmal noch schwieriger. Unser Widerspruch war: Die Zeit predigt die Veränderung – aber haben wir uns denn verändert? Bleiben und festhalten – oder Verwandlung in die Zukunft hinein?
Auf den ersten Blick scheint der Satz aus dem Hebräerbrief ganz eindeutig: Jesus ist und bleibt derselbe – gestern und heute und auch in Ewigkeit. Immer. Und die Kirchen wären dann seine Wohnungen für immer.

Aber geht es so glatt auf? Bei *uns* möglicherweise die Veränderung – und *Jesus* der Unveränderliche? Oder: So unveränderlich wie *er* sollen *wir* auch sein?
Sehen wir zu! Wer ist der, der Eckstein unseres Glaubens und unserer Kirche ist? Ich will zweierlei nennen. Das kann man nicht als unbeteiligte Beschreibung, sondern nur im Stil eines Glaubensbekenntnisses – eines Glaubensbekenntnisses für *diese* Stunde.

(1) *Wir glauben an Jesus, dem wir Kirchen bauen – aber er läßt sich nicht in Mauern einsperren.*
Was heißt das?
Jesus ist einen Weg gegangen. Auf diesem Weg hat er nach rechts und links gesehen, in seine Welt hinein; in seinem Blick die Menschen seiner Zeit, ihr Leben, ihre Religion. Man muß sich das ganz konkret vorstellen. Da kommt einer und sagt: So nicht – Ihr müßt euch *ändern!* Damit Leben und Liebe in ihr Recht gesetzt werden. Wie dieser Weg endet, wissen wir. – Was er *nicht* getan hat, macht alles noch deutlicher: Er ist nicht hingetreten, auf einen Sockel gestiegen und hat gesagt: Seht her, ich bin Gottes Sohn – betet mich an! Also *kann* unsere Kirche nicht sein der Ort stiller Verehrung des ewigen Jesus, sondern muß sein: immer neuer Ausgangspunkt seines Weges, den *wir* heute *gehen* müssen. Sonst wäre Jesus eingesperrt in Mauern.

(2) *Wir glauben an Jesus, dem wir Kirchen bauen – aber er weist uns aus dem Haus der Kirche hinaus in unser alltägliches Leben.*
Was heißt das?
Wir kennen aus den Evangelien die Geschichte Jesu, wie sie die glaubende Gemeinde uns überliefert hat. Ohne sie wären wir heute nicht hier, wären wir nicht Christen. *Nicht* hinterlassen hat uns Jesus und die erste Gemeinde eine festgeschriebene Liste, ein Gesetz, in dem steht: *So,* und *nur* so, müßt Ihr 1975 Eure Probleme und Fragen lösen. *Nicht* gesagt hat er: Hier ist ein Lösungskatalog für alle Zeiten, legt ihn in eure Kirche und bewundert ihn jeden Sonntag. Was heißt dann: bei Jesus *bleiben?* Es heißt: *unsern* Weg heute *gehen* und dabei unausgesetzt fragen: Was heißt Jesu *damaliges* Wort in *unserer* Welt? Wie müssen wir *heute* Nächstenliebe buchstabieren? *Heute* Buße im Sinne von Veränderung unseres Lebens? *Heute* Vergebung?
So ist er bei uns / sind wir bei ihm: gestern, heute und in Ewigkeit.

VI.

Was zeigt sich? Löst sich der Widerspruch zwischen Bleiben und Verändern, von dem wir ausgingen?
Ja, er löst sich.
Jesus bleibt bei uns, indem er in jede neue Situation eingeht und sich immer *neu* zeigt. Wir bleiben bei ihm, indem wir den Weg *weiter*gehen – wissend, woher wir kommen, aber nun den nächsten Schritt tun. Einen *neuen* Schritt. Das ist unsere *Geschichte.* Zehn Jahre gemeinsamer Geschichte, zehn Jahre Geschichte Gottes mit uns *gehen mit* – aber sie halten uns nicht fest, sondern in dieser Geschichte liegt die *Ermutigung,* die nächsten zehn Jahre unter die Füße zu nehmen – mit aller Veränderung, die sie bringen werden, mit allem Neuen, auch *damit,* daß jeder von uns wieder zehn Jahre älter wird und ein anderer werden wird – und Gott wird sich uns neu mitteilen – auf dem Weg, *unterwegs* ...
Gestern, heute, in Ewigkeit ... Amen.

4.1.2. Homiletischer Kommentar

Zur allgemeinen Situation:

Erntedankfest und zehnjährige Kirchweih.
In der rund dreißig Kilometer von Darmstadt entfernten, im Odenwald gelegenen Dorfgemeinde mit etwa tausend Einwohnern bestimmen Arbeiter, Handwerker, Bauern und landwirtschaftliche Hausfrauen das Bild. In der Regel ist Hauptschulabschluß anzunehmen, Akademiker begegnen fast gar nicht. Die Gemeindeglieder sind eher konservativ, die aktiven jedoch dabei bemerkenswert aufgeschlossen, wenn es gelingt, sich ihnen verständlich zu machen. Dies aber hängt entscheidend davon ab, ob der Prediger der Gemeinde bekannt ist (was beim Gastprediger meist entfällt) oder ob es ihm gelingt, seine menschliche Beteiligung und sein Verständnis für die spezifische Lebenssituation den Zuhörern zu vermitteln, was sicher eher indirekt als direkt geschieht.

Warum, mit welchem Recht rede ich, und was kann/will ich bewirken?
vgl.: 3.2.1.

Ich rede in einer vorgegebenen Situation als Gast. Anlaß der Einladung ist die zehnjährige Kirchweih. Ich nehme die Einladung an, weil ich der Auffassung bin, eine Gruppe von Menschen, die zusammenlebt, sollte solche Einschnitte nicht wortlos übergehen. Ob ich ein Recht habe zu reden, läßt sich einerseits nur formal beantworten, etwa mit dem Hinweis auf die Institution des Gottesdienstes oder die Tatsache meiner Ordination – aber das besagt wenig; inhaltlich kann es sich nur erweisen in dem, *was* mir zu sagen gelingt und *wie* es die Hörer zu verstehen vermögen (was *eine*, freilich sehr komplexe Frage ist).

Ziel der Predigt ist es, konsequent den *Anlaß* beim Wort zu nehmen: zehn Jahre gemeinsamer Geschichte, um von diesem Anlaß her sichtbar zu machen, daß zum Leben wie zum Glauben das Ineinander von Kontinuität und Diskontinuität, von Beharren und Verändern gehört, ja, daß sich erst in diesem Ineinander zeigt, was Leben und was Glauben heißen kann. Dieses Ziel ist nur erreichbar – in der gegebenen Situation und beim gegebenen Anlaß –, wenn es gelingt, das Problem nicht in erster Linie logisch-diskursiv *darzustellen*, sondern beispielhaft-konkret greifbar zu machen, eingebunden in Leben und Erfahrung der Hörer.
Das Bewußtsein der eigenen Veränderung, der Veränderung der eigenen Situation ist erreichbar mit Hilfe des Sprichwortes »Der beste Prediger ist die Zeit« und mit Hilfe der Brecht-Geschichte vom Herrn K. Hier läßt sich der Hörer und seine Biographie der vergangenen zehn Jahre ganz und gar einbeziehen.

Die Spannung zwischen »Bleiben« und »Verändern«, der man so am eigenen Weg ansichtig werden kann, soll im nächsten Schritt, das Kirchenjubiläum aufnehmend, als Problem des Glaubens und seiner Überlieferung bewußt werden. Dafür dient als Stichwortverbindung mit dem Vorangegangenen und zugleich als Leitseil für den nächsten Schritt Hebr. 13,8. Ich will also mit Hilfe des mehr biographischen Ausgangspunktes durchschaubar machen, daß die spannungsvolle Frage, ob die Kirche Hort der Vergangenheit oder Ausgangspunkt für offene Zukunft ist, im Grunde keine andere ist als die, vor die jedes menschliche Leben stellt. Von dorther soll der einseitig-falsche *Rückbezug* auf Jesus als Inhalt des Glaubens abgebaut werden und der Blick für den eigenen *Weg*, für die Notwendigkeit *eigener* Schritte nach vorn frei werden.

4.2.1. *Geben - nehmen - finden*

(Schlußandacht der IV. Hessischen Kirchensynode, Frankfurt, 28. Februar 1973)

Wir stehen am Ende von sechs Jahren. Ich nehme ein Stichwort auf aus der Predigt unseres Präses zu Beginn dieser letzten Tagung: *Abschied.*

Wir haben sechs Jahre lang miteinander versucht, Kirche für andere zu ordnen, zu praktizieren. Denn Kirche ist nur da bei sich selbst, bei ihrem Auftrag, wo sie »Kirche für andere« ist. In diesen sechs Jahren haben wir viel geredet. Und darum soll am Schluß in sehr wenigen Worten der Abschied umschrieben werden.

Ich tue das, indem ich bewußt am Ende dieser sechs Jahre – in denen wir hoffen, *andern* je und dann gerecht geworden zu sein – von uns, von uns, die wir hier versammelt sind, rede. Denn diese sechs Jahre sind für einen jeden von uns auch sechs Jahre seiner Biographie, sechs Jahre Lebensgeschichte. Ich möchte diesen Lebensabschnitt von sechs Jahren und den nächsten Schritt, den ein jeder von uns tun muß, unter zwei Stichworten, unter zwei Überschriften zusammenfassen, die uns zu einem Psalm hinführen sollen.

Als erstes: *Wir haben voneinander genommen, und wir haben einander gegeben.*

Geben und Nehmen als das Grundgesetz des Zusammenlebens von Menschen. Wir haben viel Kleinkram miteinander ausgehandelt, und wir hatten ein paar große Debatten. In denen sind Meinungen hart aufeinander geprallt. Hier war Gegnerschaft. Wo es gut ging, hat diese Gegnerschaft uns bereichert. Deswegen bereichert, weil sie uns den Respekt vor der Meinung abgenötigt hat, die wir selber nicht teilten. Das ist – aufs Ganze gesehen und über den Augenblick hinaus – vielleicht die Form gegenseitigen Helfens, Förderns, die uns wenig selbstverständlich, aber für den Fortgang des Lebens schlechthin notwendig ist. So hätten sich in diesem Augenblick die gegenseitig zu danken, die *nicht* einer Meinung waren.

Und das zweite: *Sechs Jahre, in denen Menschen sich gefunden haben.*

Wir sind zusammengekommen, damals, und viele kannten einander nicht, hatten einander nie gesehen, hatten den Namen des andern zuvor nicht gehört. Menschen haben Menschen gefunden, haben *sich* gefunden – in der ganzen Doppeldeutigkeit dieser Formulierung. Gefunden in gemeinsamer Arbeit, in Kontroversen und auch über den Raum der Synode hinaus. Das sind die unvermuteten, die unvermutbaren Geschenke, die das Leben für uns bereit hält. Geschenke, in denen unterschiedliche Interessen, verschiedenartige Erfahrungen und voneinander abweichende Lebensbereiche sich haben überschneiden können. Geschenke, in denen Menschen, die voneinander nicht wußten, erfahren haben, daß sie füreinander da sind und einander etwas zu sagen haben.

Bilanz von sechs Jahren – in zwei Stichworten.
Sicher unzureichend. Aber wer kann mehr als Unzureichendes sagen?
Ich binde es zusammen, dies alles und dazu das, was nur der einzelne erfahren hat und kein anderer weiß, in der abschließenden Verlesung eines Psalms. Eines Psalms, der uns *dafür* hellhörig machen will:
– wo immer wir gehen und stehen,
– wo immer es um Geben und Nehmen zwischen uns geht,
– wo immer sich Menschen finden,
in dem allen handelt es sich um die Bewahrung, um die Führung durch den, den wir im Bekenntnis unsern Gott nennen.
Gott im bilderreichen Licht – Hüter unseres Lebens – die offene Tür . . .
Ich lese den 139. Psalm.

4.2.2. Homiletischer Kommentar

Zur allgemeinen Situation:

Nach sechsjähriger Legislaturperiode endet die letzte Tagung der IV. Kirchensynode der Ev. Kirche in Hessen und Nassau, der rund 200 Mitglieder angehören (ein Drittel Theologen, zwei Drittel sog. Laien), mit einer Schlußandacht, die im Sitzungssaal stattfindet. Die Schlußandacht steht am Ende einer fünftägigen Sitzung, im unmittelbaren Anschluß an den letzten Punkt der Tagesordnung. Die Stimmung ist durch Erschöpfung, besonders aber durch »Abschied« gekennzeichnet – in der ganzen Spannweite dieses Wortes und aller Empfindungen, die es signalisiert. Der Hintergrund ist gemeinsam Erfahrenes und Erlebtes ebenso wie das Wissen um Trennendes bis zur Härte von Widerspruch, Ablehnung und gegenseitiger Verurteilung.

Muß monologisch geredet werden?
vgl.: 3.2.2.

Was wären die Alternativen? Ich sehe zwei. *Einerseits:* In einem *Gespräch* zwischen allen Beteiligten wird die Situation thematisiert, mit allen Überlegungen und Emotionen, die dazu gehören; ggf. kann dieses Gespräch mit der Lesung eines Textes beendet werden, der die diversen Gesprächsrichtungen und -beiträge auffängt, zusammenbindet und so einen Akzent setzt. *Andererseits:* Ein *Ritual* steht zur Verfügung (die damit sich stellenden Probleme sind hier nicht zu diskutieren), also eine vorgeprägte Form, in die sich die Teilnehmer einbringen und in der sie sich auf diese Weise artikulieren können.

Beide Alternativen sind im vorliegenden Fall unrealistisch. Insofern liegt hier ein Beispiel dafür vor, daß es Situationen gibt, in denen der Monolog unverzichtbar ist – sowohl aus pragmatischen wie aus prinzipiell rhetorischen, nicht aus theologischen Gründen.

Das *Gespräch* kommt aus doppeltem Grund nicht in Frage. Die Zahl der Teilnehmer (zweihundert) widerspricht jeder Möglichkeit eines Gesprächs, an dem sich tendenziell alle beteiligen könnten. In solcher Situation sind aber die (zufälligen) Einzelbeiträge fast unvermeidlich eine Kette unzusammenhängender Monologe, die allerdings ihre monologische Struktur aufgrund der scheinbaren Gesprächssituation in der Regel nicht reflektieren. So vergrößert sich die Gefahr des Monologs also gegenüber jener Situation, in der ich mich von vornherein auf nichts anderes einstelle und im Monolog nicht nur mich, sondern auch die andern zu Wort kommen zu lassen versuche. Diese Überlegung verbindet sich mit einer andern. Menschen, die fünf oder sechs Tage lang in Beratungen von morgens bis abends diskutiert haben, bringen in ihrer psychischen Disposition die schlechtesten Voraussetzungen für ein konzentriertes Gespräch mit. Es gibt auch den berechtigten und verständlichen Wunsch, einmal nicht reden zu müssen, sondern zuhören zu können.

Die andere Alternative, das *Ritual*, braucht hier nicht im einzelnen erörtert zu werden, weil sie faktisch nicht vorhanden ist. Wir kennen – als Beispiel – keinen großen Abschiedstanz, in dem zweihundert Menschen ihre Freude, ihre Sorgen, ihre Gemeinsamkeit, den Schmerz ihrer Getrenntheit, kurz: ihre innere

Bewegtheit *in Bewegung* umsetzen könnten. Daß wir so etwas nicht haben, macht auch aus, daß wir uns selbst in solcher Situation und Form gar nicht vorstellen können. Hier zeigt sich, was reduzierte Kommunikation ist: Beschränkung auf Reden und Hören. Das ist zu wenig, aber mehr als gar nichts.

Also ist die Möglichkeit des *Monologs* wahrzunehmen. Ausgehend von der Zielvorstellung größtmöglicher Einfachheit in Diktion und Gedankenführung, waren mir zwei sowohl inhaltliche wie zugleich hörerbezogene, also genuin rhetorische Aspekte vorrangig wichtig:
- die emotionale Situation darf nicht übersprungen, sondern sie muß artikuliert werden: sechs Jahre mit mancher Gemeinsamkeit, und nun ein Schlußpunkt ...
- es gab Auseinandersetzungen mit in die Tiefe gehenden Meinungsunterschieden ...

Der Schluß der Ansprache sollte das entscheidende Gewicht haben. Daher war ein Text zu wählen, der verschiedene Bedingungen erfüllen mußte:
- sprachliches Gewicht, sprachliche Qualität;
- möglichst kein ganz fremder Text, damit in diesem Augenblick der Zugang nicht erschwert wird, also: hier eher starke Tradition als z. B. ein modernes Gedicht;
- nicht so sehr ein logisch-diskursiver, sondern eher ein emotionaler Text mit affirmativer Funktion, dessen Bilder so beschaffen sind, daß man sie als Hörer auch durchaus unterschiedlich füllen kann.

Daher steht am Ende Psalm 139.

4.3.1. *Du stellst meine Füße auf weiten Raum*
(Mainz, 25. Dezember 1974)

»Alle Jahre wieder« singen wir Weihnachten. Vertraute Bilder umgeben uns. Krippe – Kind – Hirten – Engel. Allzu vertraut? Und dazu die Bilder unserer Welt: Hunger – Krieg – Gefangenschaft.
Dennoch Fest und Feier?
Was heißt denn: Jesus ist geboren? Wie sagen wir es jemand, der nichts davon weiß? Und wie lebt man, wenn Weihnachten gilt? Wie sagen wir es, warum wir hier beisammen sind?

Ich will es mit Hilfe eines gar nicht weihnachtlichen Bildes versuchen, mit Hilfe einer Zeile aus einem Psalm; einer Zeile, die mir eher zufällig – aber was ist Zufall! – begegnet ist und mich nicht mehr losläßt, weil ich finde: Diese eine Zeile kann ein Menschenleben bergen. Sie lautet: »Du stellst meine Füße auf weiten Raum« (Psalm 31,9).
Ich finde, *darum* kann man Weihnachten feiern: weil Gott unsere Füße auf weiten Raum stellt.
Was heißt das? Davon will ich reden.

I.

Weiter Raum? Spricht nicht der Augenschein und das eigene Erleben an Weihnachten eher dagegen?
Was die bilderreiche Weihnachtsgeschichte erzählt, ist keine willkürliche Phantasie. Es ist auch eigentümlich spannungsvoll. Das Bild von *Stall* und *Krippe* besagt: Der Anfang ist klein, gering, eng. Aber über dem geringen Anfang geht ein *Stern* auf für alle Welt. Ein Stern, der einem weiten Raum Licht bringt. Damit Menschen ihre Schritte setzen können. Raum und Weite – was klein und eng begann.
Sehen wir von hieraus auf unsere Art, Weihnachten zu feiern, dann wird es schwierig. Wir ziehen uns Weihnachten gern zurück. In den Schoß der Familie, wie wir sagen. Wir rücken eng zusammen. Der Geburt Jesu im kleinen Raum ist unsere Art nahe, Weihnachten sozusagen hinter verschlossenen Türen zu feiern.
Und wo bleibt der Stern? Das Licht des Sterns hat aus dem Stall die Welt gemacht. Und bei uns? Fallen die Mauern der Weihnachtsstuben – oder bleibt das Fest für drei Tage begrenzte Idylle? Das wäre: Weihnachten ohne Stern, ohne Weite . . .

II.

Ich will auf diesem Hintergrund den weiten Raum, den das Geschehen von Weihnachten uns auftut, mit ein paar Strichen andeuten.

– Weiter Raum heißt erstens: *Wir können uns bewegen.* Das klingt so selbstverständlich, wie es doch nicht ist. Wir, die wir so oft festgelegt sind auf unsere Urteile und Vorurteile von gestern, auf unsere Meinungen über das, was sein darf oder nicht sein darf, wir lernen bei Jesus: mache dich auf, bewege dich, gehe – und das Leben wird anders aussehen.

In einem Gedicht heißt es:

wir gehen
aber immer die gleiche Schleife

(– so ist es vor, ohne Weihnachten. Und es heißt dann weiter: –)

sei unser lehrer
löse die gelenkten gelenke
öffne die verknoteten sinne
versteh uns
wir müssen alles üben
einen schritt tun
ein wort sagen
einen engel festhalten. (E. Eggimann, gekürzt)

Dies üben, bei diesem Lehrer, ist die Bewegung, die Weihnachten meint.

– Weiter Raum heißt zweitens: *Wir können uns finden.* Finden kann man wohl am ehesten, wenn man nicht mehr krampfhaft sucht; wenn man freigeworden ist von dem Zwang, finden zu müssen. Das kennen wir alle aus alltäglichen Begebenheiten.

Es ist im menschlichen Leben nicht anders. Weihnachten hat die Suche ein Ende nach dem großen Vorbild, und es hat ein Ende der Versuch, diesem Bild gleichzuwerden und es doch nicht zu schaffen. Denn Weihnachten heißt: Wir können uns annehmen, *wie wir sind.* Das ist Befreiung. So nimmt uns Gott an – das heißt hier: Wenn wir Weihnachten von Gott reden, dann reden wir zugleich von den Menschen, *wie sie sind,* und nicht von frommen Denkmälern. Und daraus folgt: Wenn wir von Weihnachten reden, dann müssen wir, die wir jeder anders unvollkommen sind, *miteinander* reden. Oder mit einer ganz einfachen Liedzeile: »Jesus nimmt die Sünder an« – und ermöglicht es ihnen so, sich gegenseitig zu finden, wo sie sind.

– Weiter Raum heißt drittens: *Das Leben überrascht uns.* Feste Regeln sind uns oft lieber als Überraschungen. Wir sagen: Das macht man so und nicht anders; der Nachbar ist nun einmal so und nicht anders; aber auch: Gott ist so und nicht anders. Dies »so und nicht anders« hat noch dazu jeder für sich festgelegt. Dann ist es kein Wunder, wenn es keine Überraschung mehr gibt und Verständigung kaum möglich ist.

Solche Festlegung hat Jesus durchbrochen. Dieser Durchbruch heißt Weihnachten. Gott und das Leben sind anders, als die Regeln, auch die Regeln der Religion, es festlegen.
Gott ist und wird anders – für den Vater des verlorenen Sohnes, und auch für den Sohn, als beide sich auf das unerwartete Leben einlassen.
Gott ist und wird anders – wenn ich mich auf das anstrengende Abenteuer einlasse, Gott bei den Geringsten, bei den Erniedrigten, bei den Verfolgten *und* für die Verfolger zu suchen.
Er ist überraschend anders. Er ist selbst die Überraschung des Lebens. Und das Leben wird anders dabei. Ich muß seit Weihnachten neu leben lernen. Die alten Regeln stimmen oft nicht mehr.

III.

Bewegen – finden – überrascht werden. Drei Stichworte, die gar nicht fromm klingen. Der Stall Jesu war auch nicht fromm. Die drei Worte *bewegen, finden, überrascht werden* sind Grundworte geglaubten Lebens und gelebten Glaubens. Denn sie leiten uns an, auf weitem Raum gehend, oft nur stolpernd, das Licht des Sterns wahrzunehmen und Licht zu bringen, wo es dunkel ist. »Du stellst meine Füße auf weiten Raum« – das heißt dann: Ich ziehe mich nicht auf mich zurück, nicht auf das Wohnstubenweihnachtsfest, sondern ich bin auf dem Weg zu andern, die mich brauchen – und die ich nicht weniger brauche. Stern, Licht sind kein fester Besitz.
Dann sehen Menschen einander anders an und können anders leben. Kinder sind anders, wenn wir, die Erwachsenen, uns *bewegen* und nicht immer schon vorher alles besser wissen. Meine *Arbeit* – wenigstens die vieler von uns – wird anders, wenn ich offen für Neues bin, bereit etwas zu *finden,* was in keiner Regel steht. Das Leben *überrascht* mich durch Menschen, mit denen ich meinen Weg teile.

IV.

Aber es wäre unehrlich, würde man diesen Weg in den weiten Raum als Wanderung beschreiben, bei der nur immer die Sonne scheint. Nein, Weihnachten ist nicht das Tor zum Schlaraffenland des Lebens.

Wer sich in den weiten Raum begibt, der kann auch:
- zeitweilig einsam werden;
- verkannt werden, weil er sich weit entfernt;
- mißverstanden werden, weil er nicht immer auf Hörweite ist;
- verwechselt werden mit andern und andern Auffassungen, weil er zeitweilig nur schwer erkennbar ist.

Wer kennt das nicht? Der Weg Jesu ist nie anders gewesen. Das ist die Wirklichkeit. Aber der Stern, das Licht *bleibt* über dem weiten Raum.

Darum heißt Weihnachten zuletzt: *Hoffnung*. Hoffnung auch da, wo die sogenannten Realitäten dagegen sprechen. Hoffnung, die unser Leben, die die Welt verändern kann. Hoffnung im weiten Raum, für den weiten Raum.

Und darum, finde ich, kann man Weihnachten feiern: weil Gott unsere Füße auf weiten Raum stellt.

4.3.2. Homiletischer Kommentar

Zur allgemeinen Situation:

Weihnachten/Universitätsgottesdienst.

Der Mainzer Universitätsgottesdienst findet am ersten Sonntag des Monats um 11 Uhr in einer großen Innenstadtkirche statt. Die Prediger wechseln zwischen einer Reihe von Professoren und gelegentlichen Gästen. Das macht für die Zusammensetzung der Gemeinde den einen Anziehungspunkt aus: unterschiedliche Stimmen zu hören (deren Namen man dazu noch zum Teil aus diversen Gründen kennt). Der andere Anziehungspunkt ist die in jeden Gottesdienst integrierte hochqualifizierte und relativ umfängliche Kirchenmusik. Die Zusammensetzung der Gemeinde ist stichwortartig etwa folgendermaßen zu umschreiben:
- Interessierte (vorwiegend Akademiker), die sonst nicht am Gottesdienst teilnehmen;
- Theologiestudenten und Musikstudenten;
- Gottesdienstbesucher aus anderen Gemeinden;
- Fachkollegen des Predigers;
- keine Arbeiter;
- keine Konfirmanden.

Welche Tagesereignisse bestimmen die Situation und welche Erwartungen/Voraussetzungen bringen die Hörer mit?
vgl.: 3.2.3.

Weihnachten als volkstümlicher Höhepunkt des Kirchenjahres bestimmt die Voraussetzungen und Erwartungen der Hörer einschneidender als alle andern Tagesereignisse. An letztere dennoch anknüpfen zu wollen, setzt voraus, daß sie »stark« genug sind und daß zugleich eine Darstellung gelingt, die der emotionalen Situation und Verfassung der Hörer auf adaequate Weise korrespondiert (die Vernachlässigung genau dieses Aspektes dürfte eine der möglichen Erklärungen für die in früheren Jahren stattgefundenen Aggressionen gegen Vietnam-Demonstrationen in Weihnachtsgottesdiensten sein). Ich sehe keinen spezifischen aktuellen Ereigniszusammenhang, etwa tagespolitischer Art, an den anzuknüpfen oder den zu thematisieren in *diesem* Augenblick zwingend notwendig gewesen wäre.

Daher sind die psychischen Erwartungen und Voraussetzungen der Hörer Ausgangspunkt der Predigt. Sie sind zu beschreiben als ein Gemisch:
- Erinnerungsbilder, die man bewahren möchte oder von denen man meint, unreflektiert in ihnen weiterleben zu können, wenigstens für ein paar Stunden;
- Verlegenheit bei andern, die aufgehört haben, in solchen Bildern zu leben, und dennoch nicht wissen, ob man sich davon befreien kann/darf/soll;
- Hoffnung bei dritten, daß vielleicht doch auf eine nicht nur »Insidern« zugängliche Weise verständlich gemacht werden könnte, was es denn mit Weihnachten auf sich habe.

In dieser Situation wird in der Predigt zwar mit einem Bild (das Psalm 31,9 hergibt) operiert, aber bewußt nicht mit einem weihnachtlichen Bild. Dies bedeutet nicht, daß man prinzipiell weihnachtliche Bilder meiden sollte; nur im vorliegenden Falle schien es mir sinnvoll, anders – und damit für den Hörer wohl etwas überraschend – vorzugehen; d. h. hier: Die Tatsache, daß *kein* weihnachtliches Bild im Vordergrund oder im Mittelpunkt der Predigt steht, entspringt dem *didaktischen* Interesse, die Aufmerksamkeit des Hörers zu gewinnen (bei den einen) bzw. die bei nicht wenigen vorhandene Sperre gegenüber weihnachtlichen Bildern zu umgehen, um dem inhaltlichen Interesse besser zum Zuge zu verhelfen. Um gleichwohl weihnachtliche Bilder nicht puristisch auszuschalten – das wäre bei diesem Anlaß gerade falsche Radikalität –, wird der Umgang mit dem Bild vom »weiten Raum« (Psalm 31,9) in Teil I von einigen Zügen weihnachtlichen Bildmaterials her kurz vorbereitet.

4.4.1. *Liste der Dankbarkeit*
(Beerfurth/Odenwald, 1. Oktober 1972)

I.

Ein Schriftsteller notiert in seinem Tagebuch einen originellen Einfall:
Keine Behörde, so schreibt er, verlangt von uns jährlich (wie das Finanzamt) eine *Liste der Dankbarkeiten.* Er spielt mit diesem Einfall und stellt dann für sich und sein Leben eine solche Liste auf, eine Liste, in der er vermerkt, wofür er dankbar ist. Diese Liste braucht uns hier nicht zu interessieren. Aber wie wäre es, wenn jeder von uns im Rückblick auf die vergangenen *zehn Jahre* eine solche Liste aufstellen würde? Ungeachtet der Tatsache, daß niemand nur Dinge erlebt hat, für die er frohen Herzens danken kann – was würde uns einfallen für die Liste der Dankbarkeiten?
Sicher würde sich vieles bei uns allen wiederholen. Daneben aber gäbe es sicher auch eine ganze Reihe sehr persönlicher Ereignisse und Erfahrungen, für die jeder von uns Anlaß zum Dank hat. Nicht dem, was bei jedem von uns sehr persönlich liegt, aber dem, was uns alle verbindet – was gleichsam *jeder* von uns auf seine Liste schreiben könnte, wollen wir uns heute zuwenden. Das liegt an diesem Tag nahe. An diesem Tag, an dem wir das *Erntedankfest* feiern, und an dem wir zugleich feiern, daß es diese Kirchengemeinde *zehn Jahre* gibt und diese Kirche *sieben Jahre* steht.
Deswegen lese ich einige Verse aus einem alten Danklied, aus Psalm 107:

> Danket dem Herrn, denn er ist freundlich,
> und seine Güte währet ewiglich.
> So sollen sagen, die erlöst sind durch den Herrn,
> die er aus der Not erlöst hat . . .
>
> Die sollen dem Herrn danken für seine Güte
> und für seine Wunder, die er an den Menschenkindern tut,
> daß er sättigt die durstige Seele und die Hungrigen
> füllt mit Gutem.

Wer ist weise und behält dies? Der wird merken,
wieviel Wohltaten der Herr erweist.

(Psalm 107,1+2; 8+9; 43)

II.

Was liegt näher, als unter Nummer 1 auf unsere Dankliste zu setzen: *Die Gaben der Natur.*

Dafür zu danken ist für Sie hier leichter und zugleich schwerer als für Städter. *Leichter:* weil es einfach naheliegt, weil Feld und Wald zu Ihrem Leben gehören, weil Sie mit Wachsen und Gedeihen, mit Regen und Sonne, zu viel Regen, zu spätem Schönwetter unmittelbarer zu tun haben als Städter. Aber es ist ja deswegen auch zugleich *schwerer* zu danken: weil wirtschaftliche Zusammenhänge belasten; weil jeder weiß, daß die Natur auch grausam ist und vernichten kann, wo sie schenkt. Auf *diesem* Hintergrund gilt: Wir danken heute für die Früchte der Ernte, die uns zuteil geworden sind.

Aber zu Punkt 1, zu den Gaben der Natur, gehört zugleich viel mehr: die ganze Weite der Natur, des natürlichen Lebens. Die Fülle des Lebens. Die Ernte des Feldes ist Beispiel für den *natürlichen* Reichtum menschlichen Lebens. Und deswegen ist dieses Fest so wichtig: weil in den Glauben an Gott die *Natur,* die Leibhaftigkeit des Lebens hereingenommen wird. Wo dies nicht geschieht, verkümmern Menschen, verkümmert, was wir Glauben nennen. Dagegen stehen die Worte des Psalmisten: Gott sättigt die *durstige* Seele und füllt *die Hungrigen* mit Gutem.

III.

Als Punkt 2 möchte ich auf unsere Dankliste etwas sehr Umfassendes setzen, etwas was unser ganzes Leben umspannt: Was wir sind, sind wir durch andere Menschen. Kein Mensch ist aus sich allein, was er ist. Also kann man sagen: *Menschen verdanken sich gegenseitig.* Was heißt das?

Väter und Mütter zum Beispiel werden dadurch, daß ihnen Kinder anvertraut sind, andere Menschen. Die Fragen der Kinder, ihre Erwartungen; die Hoffnungen, die sie auf uns setzen; alles, was sie uns als ihr *eigenes* Leben entgegenbringen; natürlich auch die *Kritik* der Kinder an den Eltern – dies alles macht aus Vätern und Müttern *andere* als sie waren, bevor sie ihr Kind hatten.

Ich hätte auch andersherum beginnen können, was uns vielleicht eher einfällt: daß Eltern auf das Leben ihrer Kinder einwirken. Wir wissen, wie folgenreich das ist, vom ersten Blick angefangen. Es ist zwischen Ehepartnern nicht anders, nicht anders zwischen Freunden. Unablässig empfangen wir Einflüsse, Anregungen, Anstöße von andern – ebenso unablässig wirken wir, so wie wir sind, auf andere. Darum sage ich: Menschen verdanken sich gegenseitig. Das ist oft der unschätzbare *Reichtum* des Lebens – gewiß nicht immer; um so mehr Anlaß zum Dank, wo uns dieser Reichtum zuteil wird. Reichtum, den sich niemand selbst beschert. Allein sind wir nichts. Wer dankt, erinnert sich daran. Dank verbindet, genauer: Dank spricht aus, daß ich mit anderen verbunden bin.

IV.

Wohin mit soviel Dank? Sollen wir's uns unablässig gegenseitig sagen? Es öfter zu tun, wird gewiß auch nicht schaden. Aber es geht noch um mehr, um eine Schicht tiefer. Der Dank zwischen Menschen weist über sich hinaus. Wir danken *Menschen*, weil sie uns nahe sind – und eben *darin* entdecken wir, erahnen wir, daß im menschlichen Gefüge Unbegründbares, Unerklärliches, Unberechenbares ist. Darum: Wo Dank das Leben ganz umspannt, da richtet er sich an Gott. »Danket dem Herrn«, sagt der Psalmist. Dies ist hier der Sinn der Rede von Gott –: Unser Dank reicht *weiter* als alle menschlichen Empfänger. Das Wunder, daß Menschen einander verdanken, ist *größer* als alle unsere Erklärungen. Daher: »Danket dem Herrn«. Was ist das für ein Gott? Es ist der Gott, der den Himmel aufgibt und Irdisches durchbricht, *im* Irdischen ist. Der nahe Gott.

V.

Folgt daraus, daß ich nun auch die *Kirche* als Punkt 3 auf meine Dankliste setze? Haben wir nicht oft viel Kritik an der Kirche, dieser aus jenem Grund, ein anderer aus anderem Grund?
Ich gestehe, daß ich gezögert habe. Aber dann ist mir etwas aufgegangen, was für *jeden* Punkt wichtig ist. Zu dem, wofür ich danke, kann nicht nur gehören, was hundertprozentig *meinen* Wünschen oder Vorstellungen entspricht. Aller Wünsche und Vorstellungen müssen aufeinander abgestimmt werden.

Dann gilt: Die Kirche gehört auf unsere Liste. Die Kirche als *Möglichkeit*, als *Treffpunkt* für Menschen, die nach dem Evangelium Jesu leben wollen. Kirche als Ort, wo man dieses Evangelium hören kann, wo man *einander begegnen* kann, wo man sich mitteilen kann und gemeinsam für andere da sein kann. Kirche als Ort, wo man entscheidend Neues erfahren kann, wo man sich und sein Leben neu sehen kann. Das ist der Dienst Gottes am Menschen.
Daß dies in dieser Kirchengemeinde nun seit 10 Jahren, in dieser Kirche seit 7 Jahren möglich ist, macht uns alle dankbar und froh. Dank und Freude gehören zusammen.

VI.

Nimmt man es so, dann kann man von Gott auf neue Weise in den großartigen Bildern der Psalmen sprechen – von jenem Gott, der immer und in allem begegnet, mit dem wir es immer zu tun haben; so hat es Martin Buber in einem Lied formuliert, in einem Lied, das von letzter Einfachheit und doch sehr vielschichtig ist. Es trifft den Nerv biblischen Glaubens, den Kern biblischen Gottverständnisses. So heißt es:

Wo ich gehe – Du
wo ich stehe – Du
nur Du, wieder Du, immer Du
Du – Du – Du.

Ergeht's mir gut – Du
wenn's weh mir tut – Du
nur Du, wieder Du, immer Du
Du – Du – Du.

Himmel – Du
Erde – Du
oben – Du
unten – Du
wohin ich mich wende
an jedem Ende
nur Du, wieder Du, immer Du
Du – Du – Du.

4.4.2. Homiletischer Kommentar

Zur allgemeinen Situation:

Erntedankfest/Zehnjähriges Bestehen der Gemeinde.
vgl. 4.1.2.

Welche Tagesereignisse bestimmen die Situation und welche Erwartungen/Voraussetzungen bringen die Hörer mit?
vgl.: 3.2.3.

Der Anlaß des Erntedankfestes, hier noch dazu verbunden mit einem Gemeindejubiläum, ist in der dörflichen Gemeinde stärker als alle gleichzeitigen Tagesereignisse (das gilt natürlich nur für die Teilnehmer am Gottesdienst, aber das ist ein vergleichsweise sehr hoher Prozentsatz!). Deswegen ist dieser Anlaß, der zugleich die Erwartungen bestimmt, eindeutig ernst zu nehmen. Die Voraussetzungen der Hörer sind etwa folgendermaßen zu umschreiben: aufgeschlossene, intensive Hörfähigkeit bei gleichzeitiger Angewiesenheit auf konkrete, möglichst unkomplizierte Sprache. Sowohl dem doppelten Anlaß (Erntedank und Gemeindejubiläum) wie den sprachlichen Möglichkeiten der Hörer kommt es entgegen, die Grundstimmung »Dank« gleichsam festzumachen an einem einfachen Psalmtext (Psalm 107, 1+2; 8+9; 43). Hier ist auch gewiß nicht unwesentlich, daß es im Erwartungshorizont vieler Teilnehmer liegen wird, bei diesem Anlaß einen eher affirmativen Text in der Predigt hören zu wollen.
Um auf diesem Hintergrund und unter den genannten Bedingungen für die Predigt eine leicht zugängliche und leicht durchschaubare Form zu finden, wird auf Max Frischs Idee einer »Liste der Dankbarkeiten« zurückgegriffen (vgl. M. Frisch, Tagebuch 1966–1971, 1972, S. 253 ff.). Frischs faszinierende Idee ist im Blick auf die Hörer homiletisch ergiebig, weil sie mehrere Bedingungen zugleich erfüllt:
- Das Listenprinzip ist klar und einfach zu hantieren (weil in der Predigt die Liste im Gegensatz zu Frischs Tagebuchnotiz natürlich nur sehr wenige Punkte haben darf);
- eine Liste aufzustellen, ist den Hörern unterschiedlicher Bildungsvoraussetzungen und Berufserfahrungen gleichermaßen vertraut;
- aber eine Liste der *Dankbarkeiten* ist total ungewohnt, jedoch zugleich unmittelbar verständlich, also als homiletischer

»Überraschungseffekt« am Anfang der Predigt geeignet, um Aufmerksamkeit zu gewinnen;
- die Liste bietet die Möglichkeit, den Doppelanlaß des Gottesdienstes ohne krampfhafte logische Verbindung im lockeren Nebeneinander unterzubringen, denn auf der Liste gibt es verschiedene Punkte.

Die im Blick auf die Hörer geforderte einfache Form der Predigt und die von daher bestimmte Textwahl bis hin zur Übernahme der Idee von Frisch ist auch im Schlußabschnitt der Predigt durchzuhalten. Dabei ist vorausgesetzt, daß der Aufbau der Predigt dem Hörer erlaubt, bei einem oder dem anderen Abschnitt »auszusteigen« (z. B. bei diesem oder jenem Punkt der Liste der Dankbarkeiten) und zu verweilen. Gerade deswegen ist es erstrebenswert, im Schlußabschnitt alle wieder zusammenzuführen. Dafür eignet sich nur ein Text, der noch einfacher ist als der Psalm am Anfang; gleichzeitig darf er keinen »neuen« Gedanken mehr bringen und muß vor allem auch emotional ansprechen, wenn sein Eindruck über den Augenblick des Gottesdienstes hinaus mit-gehen soll. Aus diesem Grund ist das Lied von Martin Buber »Du« als Schluß gewählt worden.

4.5.1. *Der Einzug — die Steine schreien*
(Mainz, 7. April 1974)

Palmsonntag – Passionszeit. Neben der Weihnachtszeit wird es wohl keinen Abschnitt im Kirchenjahr geben, der auch im öffentlichen Bewußtsein, wie immer der einzelne zur Kirche stehen mag, so beachtet wird wie die heute beginnende letzte Woche der Passionszeit. Gründonnerstag, Karfreitag, das sind Tage, die einen öffentlichen Stellenwert haben. Funk- und Fernsehprogramme respektieren den Kirchenkalender. Passionsaufführungen allenthalben.
Trifft das alles den Sinn des Ereignisses? Ist es bloße Rückschau, respektvolle Erinnerung, ist es kultivierte Pflege der Tradition? Was heißt Passion, dies doppelsinnige Wort: *Leiden – Leidenschaft?* Was heißt es heute?
In dieser Richtung wollen wir ein wenig nachdenken und *zwei Bilder* aus der alten Lesung vom Einzug in Jerusalem dabei aufnehmen. Vielleicht gehen die Bilder mit dem einen oder anderen von uns über diese Stunde hinaus mit und zeigen dann noch mehr, lassen mehr sehen, als wir jetzt erkennen können.

I.

Erstes Bild: Der Einzug. Jesus geht einen Weg. Er hält nicht nur Reden, sondern was er sagt, ist ohne den Weg, den er geht, nicht verständlich. Der Weg aus Für-andere-dasein, aus Leiden und Sterben macht seine Worte greifbar. Und in der Tradition ist nun zu diesem Weg, zum Verständnis dieses Weges zweimal das Bild des Einzugs zugeordnet: am ersten Advent, am Beginn der Weihnachtszeit, und am Palmsonntag, heute, zum Beginn der letzten Passionswoche. Merkwürdige Doppelung. Einmal steht das Bild für den *Anfang*, beim anderen Mal steht dasselbe Bild für das *Ende*. Und sollte man am Ende, am Beginn des Höhepunktes der Passion, nicht ein völlig anderes Bild erwarten: das Bild des Auszugs statt des Einzugs?

Einzug signalisiert doch Beginn, Auftakt, nicht Ende. Einzug – nimmt man das Bild in seinem Material – macht Hoffnung auf das, was kommt, auf das, in das es hineingeht. Wenn aber das Bild des Einzugs gerade auch am Ende steht, dann haben wir vielleicht Passion, mit viel Tränen und Traurigkeit, oft falsch verstanden, oft gerade nicht verstanden mit dem Tempo und mit der Dynamik der Chöre der Bach-Kantate, die wir eben gehört haben. Denn wenn das Bild des Einzugs am Ende steht – merkwürdige Paradoxie –, dann kann das doch nur heißen, daß dieses Ende, der Tod Jesu, kein Ende, kein Schlußpunkt ist, sondern für die, die nach ihm leben, bleibendes Signal immer neuen Anfangs. Anfangs wovon und Anfang welcher Art? Im Blick auf das Leben Jesu Anfang eines *andern* Lebens, einer *andern* Frömmigkeit, eines *andern* Glaubens an Gott, als Jesus sie zu seiner Zeit vorgefunden hat. Aber wenn man auf dieser Linie bleiben will, wenn man in dieser Spur weiterziehen will, dann doch ebenso Anfang eines Weges, auf dem man zu jeder Zeit Leben, Glauben, Frömmigkeit immer wieder anders begreifen muß, als man sie vorfindet. Alle Jahre wieder – anders. Glauben, das ist dann so etwas wie der immer neue Einzug in die immer andere Welt des Bestehenden, des Versteinerten, des Gewohnten, mit dem Ziel, daß diese Welt, daß unser Leben werden, wie sie ursprünglich von Gott gewollt sind: so menschlich, daß alle leben können. Nicht nur die Bevorzugten, zu denen wir alle, die wir heute morgen hier sitzen, gehören; nicht nur wir, sondern auch die, die schlechter dran sind als wir Gutgestellten; nicht nur die Herrschenden, nicht nur die, die im Lichte sitzen.

Einzug in die Welt, das wird dann oft auch heißen, mehr Fragen haben als fertige Antworten. Und das kann oder muß auch heißen, mehr Kritik haben, als Bestehendes fraglos bestätigen können. Das gilt für die Kirche, als offizielle Institution, das gilt für uns, die wir doch sagen, daß wir die Kirche sind.

II.

Vielleicht wird das alles noch deutlicher, wenn wir einen Blick auf das *zweite Bild* werfen, das in das Bild vom Einzug eingebettet ist.
Der Einzug Jesu wird von einer Gruppe Menschen umjubelt. Sie stimmen dem zu, was er sagt und was er will. Und als Jesus aufgefordert wird, sie zum Schweigen zu bringen, weil das stört, da sagt er: *Wenn diese werden schweigen, dann werden die Steine schreien.* Das heißt: Wenn die Zustimmung zu Jesus, zu diesem Einzug in die Welt des Bestehenden, mundtot gemacht wird – und Zustimmung geschieht ja nicht nur mit Worten, nicht nur im Jubel, sondern im Handeln –, wenn dies alles mundtot gemacht wird, dann werden die Steine schreien. Das ist ein schreckliches, ein schrecklich wahres Wort.
Ist das denn überhaupt so? Wenn es die Kirche und ihr Handeln, wenn es uns in der Welt nicht gäbe, würden dann die Steine schreien?
Es gibt Stellungnahmen, es gibt Verhaltensweisen der Kirche und einzelner Christen im Laufe der Jahrhunderte, die geben diesem Bild mitunter recht. Ein paar Widerstandskämpfer im Dritten Reich, ein paar anonyme Christen, von denen keiner etwas weiß, ein paar Kämpfer gegen Rassenvorurteile. Sie haben wohl etwas davon wahr gemacht. Wären sie nicht gewesen, die Steine hätten gewiß noch lauter schreien müssen. Aber wie oft ist die Kirche, sind wir alle diesen Weg gerade nicht gegangen? Wie oft haben wir in der Tat Steine schreien lassen, weil wir, die Kirche, geschwiegen haben? Untätig geblieben sind. Weil wir das schlechte Bestehende für das Bessere gehalten haben, aus Angst, aus Sorge, aus Bequemlichkeit, denn wir hätten ja den eigenen Vorteil, die eigene Position verlieren können. Also gerade nicht die Jesus zustimmende und das heißt entsprechend handelnde Kirche und solche Christen, sondern die Stummen, denen der Mund nicht erst verboten werden muß, weil sie ihn ohnehin gar nicht aufmachen. Die Kirchengeschichte kann's lehren. Die etablierte Kirche. Und die Steine schreien um uns her. Das Schrecklichste aber, es ist ein Schreien, so laut, daß man's gut überhören kann.

Wollen Sie ein Beispiel? Das ist so eine Sache. Für viele ist das Beispiel Alibi, weil man sagen kann: Es ist so weit weg, daß mich's nicht berührt. Und jedem sein Beispiel kann niemand geben. Darum nehmen Sie das Beispiel und lassen Sie sich dadurch inspirieren, ins eigene Leben hineinzusehen. Das Beispiel: Auch Christen, auch Kirchen, bis zu diesem Tag, beteiligen sich an rassischer Verfolgung, an rassischer Diskriminierung und Unterdrückung. Das ist nicht Einzug des Evangeliums in die Welt. Da schreien die Steine.

Nehmen wir die Bilder so, sehen wir den Weg Jesu so an, dann wird auch deutlich, was Passion, was Leiden heißen kann, gegen viele Verzerrungen im Lauf der Geschichte. Es geht um Leiden, damals wie heute, als einen Weg, auf dem sich Veränderungen vollziehen, die schmerzlos nicht zu haben sind. Passion ist Jesu Leiden für die Welt. Passion ist unsre Leidenschaft, mit der wir für andre leben, die unsere Vorzüge und Vorteile nicht haben, damit die Steine verstummen können. Das wäre Hoffnung für unsere Welt.

Zum Schluß: Was haben wir getan heute morgen? Etwas sehr, sehr »Traditionelles«. Wir haben uns ans Kirchenjahr gehalten, wie man das so tut, das Stichwort ›Passion‹ aufgenommen, was ja nahelag, und aus einer alten Geschichte zwei Bilder betrachtet.
War das traditionell? Ja, das war traditionell, wenn wir uns darauf einigen können, Tradition zu verstehen mit dem Wort eines französischen Politikers des vorigen Jahrhunderts. Der sagt: »Tradition bewahren, heißt nicht Asche aufheben, sondern eine Flamme am Brennen halten.« Eine Flamme am Brennen halten –: Einzug in die Welt. Damit die Steine nicht mehr schreien müssen.

4.5.2. Homiletischer Kommentar

Zur allgemeinen Situation:

Palmsonntag/Universitätsgottesdienst.
vgl. 4.3.2.

Welche Tagesereignisse bestimmen die Situation und welche Erwartungen/Voraussetzungen bringen die Hörer mit?
vgl. 3.2.3.

Ein erheblicher Teil der Universitätsgottesdienstteilnehmer ist relativ traditionsbezogen; eine andere nicht kleine Gruppe ist eher kirchen- und auch traditionskritisch, kommt aber gleichwohl. Die Aufgabe, die aus solchen divergierenden Voraussetzungen – und damit ja immer auch bis ins Unbewußte gehenden Erwartungen – für den Prediger entsteht, stellt sich mir folgendermaßen dar:

- Den eher Traditionsbezogenen ist vor Augen zu führen, daß die Berufung auf Jesus immer Kritik am Bestehenden, also gerade auch an der Kirche und an uns selbst, einschließt;
- den eher Kritischen ist vor Augen zu führen, daß Kritik nicht aus Kirche und Gottesdienst herausführen muß, sondern ihren Ort innerhalb von Kirche und Gottesdienst hat.

Unter *diesem* Aspekt stellt sich das Thema »Palmsonntag« und Beginn der Karwoche. Unter *diesem* Aspekt habe ich die Geschichte vom Einzug Jesu in Jerusalem (Evangelium als Altarlesung, vor der Predigt nicht wiederholt) durchdacht – also mit einer an den Text herangetragenen homiletischen Fragestellung. Dabei hat sich m. E. gezeigt, daß der Text durch diese Fragestellung nicht vergewaltigt wird, sich nicht dagegen sperrt, sondern sie fruchtbar zu füllen vermag. Dies besonders dann, wenn alles weitgehend konzentriert bleibt auf zwei eindrucksstarke und plastisch verwendbare Bilder: der *Einzug* und die *schreienden Steine.*

Das Predigtkonzept hat sich in seinen Grundzügen hier also aus einer bestimmten Einschätzung der verschiedenen Hörergruppen und einer darauf bezogenen Reflexion eines Lesungstextes ergeben. Alle Entfaltungen und Ausführungen der Predigt erklären sich allein von daher.
Ein besonderes Problem stellt in diesem Zusammenhang die Entfaltung des Bildes von den »schreienden Steinen« dar. Bei stärker traditionsbezogenen und darin weniger kritischen Hörern ist oft zu befürchten, daß Beispiele, die zur Konkretisierung der Kritik am Bestehenden beigebracht werden, umgekehrte Wirkungen haben als der Prediger will. Sie konkretisieren zwar – aber sie dispensieren zugleich auch, weil sie ja fast unvermeidlich von der ureigenen Situation wegweisen. Also kann man sich, platt gesprochen, dabei beruhigen, daß es *anderswo* schlimm ist. Deswegen kann es auch geboten sein, Beispiele zu verweigern, aber dann ausdrücklich und mit eben dieser Begründung. Im vorliegenden Fall habe ich einen Zwischenweg versucht: auf die Gefahren solcher Beispiele eindeutig hinzuweisen, aber ein knappes dann doch zu geben.

4.6.1. *Reformation und Antirassismus*
(Mainz, 1. November 1970)

I.

Wir gedenken heute der Reformation. Aber wie soll man das machen, ohne die Gegenwart zu verlieren? Ich sehe nur einen Weg: In erster Linie nach *Folgen* und *Wirkungen* der Reformation zu fragen, sie in unsere Lage einzuzeichnen und den Weg *weiterzugehen.* Aus der Vielfalt der Folgen und Wirkungen greife ich zwei heraus.

Durch die Reformation ist in das neuzeitliche Bewußtsein etwas getreten, was so vorher *nicht b*ewußt war, und es ist seitdem nicht mehr wegzudenken, nämlich dies: *Veränderung* des überliefert Bestehenden ist nicht einfach Untreue, sondern es kann Neues an den Tag bringen, kann neue Freiheit schaffen, kann neu lehren, was christlich heißt. Veränderung, als Entschluß und als Lebensform, ist durch die Reformation als *notwendige Möglichkeit* erwiesen. Dahinter können christlicher Glaube und Kirche nicht mehr zurück. Die Folgen der Reformation gehen nun aber gerade in diesem Punkt weit über die Kirche hinaus. Denn dieses inspirierende, bewegende positive Verständnis von Veränderung des Bestehenden gilt seitdem für jeden Lebensbereich. Die Weichenstellungen der Neuzeit sind sozusagen durch die Reformation vorbereitet.

Aber der Folgenreichtum jenes neuen Verständnisses von Veränderung wird von einer andern Seite her noch erregender. Daß der Ansatz der Reformation so über die Kirche hinaus in die *Welt* wirkt, besagt zugleich: Mit der Reformation ist das Christentum nicht mehr auf die Kirche begrenzt. »Die Reformation bedeutet das Ende des allein kirchlichen Zeitalters des Christentums« (Trutz Rendtorff).

II.

Geht man so an Thema und Anlaß des heutigen Gottesdienstes heran, dann kann einem zweierlei geschehen. Es kann geschehen, daß Themen und Texte der christlichen Überlieferung an die Nieren gehend *welthaltig* werden – und es kann geschehen, daß Themen der »Welt« zum Thema des »Glaubens« werden *müssen.* Mir ist das im Zusammenhang der Ereignisse während der Vorüberlegungen zu dieser Predigt gerade so ergangen.

Und zwar *einerseits* im Zusammenhang dieser beiden Sätze:

Selig sind, die da hungert und dürstet nach der Gerechtigkeit; denn sie sollen satt werden.

Und: Selig sind, die um der Gerechtigkeit willen verfolgt werden; denn das Himmelreich ist ihrer (Mt 5,6 + 10).

Andererseits: Wenn man heute Veränderung für nötig hält und zugleich das Wort Gerechtigkeit hört, dann steht nur noch eins zur Debatte, nämlich: Wie *wir* uns dann in unserer Welt heute *verhalten* wollen. Wie schwierig diese Frage ist, hat sich gezeigt. Ich möchte es verdeutlichen an einer Entscheidung, die die Synode der Hessischen Kirche am vergangenen Wochenende nach einer erregenden, vielstündigen Debatte gefällt hat.

Dies ist die Lage: In unserer Welt, die wir für aufgeklärt und fortschrittlich halten, werden Menschengruppen aus rassischen Gründen in einem Maß unterdrückt, am Leben als Menschen gehindert, das wir uns hierzulande nicht mehr vorstellen können. Zum Leben in Gettos gezwungen, die Männer in Zwangsarbeitslagern, von Frauen und Familien getrennt, als Analphabeten gehalten durch Verweigerung von Ausbildung und Schule, ohne politische Rechte, *Beherrschte* im präzisen Sinn des Wortes. So heute in Mozambique, Angola, Rhodesien, Südafrika und anderswo. Und dies alles ist *bewiesen*, ist auch in der pauschalen Nennung keine undifferenzierte Übertreibung, weil es noch viel, viel Schlimmeres gibt, als ich angedeutet habe. Diese Menschen haben Jahre und Jahre um Reformen gebeten, und man hat sie ihnen verweigert.

Daraufhin haben sich Befreiungsgruppen gebildet. Sie kämpfen nicht um Vorrechte, sondern um das elementare Recht auf Leben. Diese Gruppen sind bekannt. Wenn man die Beschreibung ihrer Ziele und Tätigkeiten liest, stößt man auf folgende Stichworte: Rechtshilfe für Verfolgte und ihre Opfer, Information und Bewußtseinsbildung, Aufklärung der Bevölkerung, Protestaktionen, Entwicklungsplanung, Hilfsmaßnahmen usw. Der Ökumenische Rat, die Weltkirchenorganisation, hat einen Sonderfonds eingerichtet, um solche Gruppen zu unterstützen. Die Synode unserer Landeskirche hat beschlossen, diese Initiative sich zueigen zu machen und 100 000 DM zur Verfügung zu stellen.

Um die Gesamtsituation richtig zu verstehen, muß noch folgendes hinzugefügt werden: Diese Initiative des Ökumenischen Rates hat eine lange Vorgeschichte, und sie bietet keinerlei Überraschungen. Seit 1954 ist auf die Gefahren des Rassismus mit immer zunehmender Dringlichkeit hingewiesen worden.

1969 ist dann ein Programm zur Bekämpfung ausgearbeitet worden. Und ebenfalls 1969 haben die zuständigen Fachleute aller deutschen Landeskirchen diesem Programm *einstimmig* zugestimmt. 1970 sind als Konsequenz aus allem Vorangegangenen, als Realisierung, erstmals Mittel verteilt worden. Das muß man den Kirchenoberen ins Gedächtnis rufen, die heute sagen: Wir müssen erst noch weitere Klarheiten schaffen. Dazu *war* Zeit. Ist sie nicht genutzt worden?

Aber wo liegt nun überhaupt der Kern der Schwierigkeiten? Warum ist vielen der Beschluß unsympathisch, warum mußte die Synode fünf Stunden diskutieren, ehe es zu einer knappen Entscheidung kam? Es ist eine einzige Frage: Zugestanden die Unmenschlichkeit der Verhältnisse – aber können wir als *Kirche* Befreiungsbewegungen unterstützen, wenn doch nicht einfach problemlos auszuschließen ist, daß einige dieser Gruppen sich selbst gewaltsamer Mittel bedienen? Muß nicht die Kirche in jedem Falle Gewalt verurteilen? Unterstützt sie hier nicht Gewalt?

Darauf muß man sehr sorgfältig Punkt für Punkt antworten:

(1) Es ist wahr: Die Kirche kann nicht Gewalt gutheißen. Aber das heißt doch wohl in diesem Falle vor allem andern: Wir verurteilen die Gewalt derer, die andere unterdrücken; wir verurteilen die seit eh und je geübte, hier die nachweisbar leidenmachende Gewalt *von oben*. Kann es für *uns* etwas anderes als erstes Wort geben? Für uns, die wir oben und nicht unten sitzen? Für uns, die wir wissen, daß gerade das fatale Verhältnis zwischen oben und unten, zwischen Obrigkeit und Untertanen *auch* zu den Wirkungen der Reformation gehört!

(2) Was die mögliche, hier oder dort unvermeidbare Gewalttat der Unterdrückten, also die Gewalt von unten, angeht, möchte ich mit einem Bild anworten:

Man stelle sich eine Gruppe von Menschen vor, die von Aufsehern geschunden wird. Nachweisbar. Sie können es nicht mehr ertragen. Sie rufen nach draußen um Hilfe. In ihrer Ohnmacht und Not überwältigen sie den Aufseher und fliehen. Wenn ich diese Gruppe auf der Flucht träfe –:

- Darf ich ihr dann weiterhelfen, darf ich ihnen ihre Wunden verbinden, darf ich mit ihnen mein Brot teilen?
- Oder müßte ich sagen: Ich will nichts von Euch wissen, Eure Lage ist zwar bedauerlich, aber ich kenne Euch nicht, weil Ihr den Aufseher überwältigt habt? Leidet passiv, dann komme ich wieder.

(3) Ohne Bild: Ich habe in der Synode für die Unterstützung der Befreiungsbewegungen gesprochen und gestimmt. Warum?

– Weil es ein Ausmaß von Verstrickungen und Unrecht gibt, daß derjenige, der davon nicht betroffen ist, kein Recht hat, über die *Notwehr* der Betroffenen zu Gericht zu sitzen.
– Weil Solidarität mit Menschen, die in Not sind, auch dann geboten ist, wenn ich dabei selbst *schuldig* werde. Ich lebe nicht, um eine reine Weste zu behalten, sondern um andern leben zu helfen.

Mir scheint, an dieser Stelle schürzt sich der Knoten. Hier nämlich ist die *Kirche* in der Welt wie kein anderer gefragt: Sind wir bereit, uns mit Menschen solidarisch zu erklären, denen das Recht zum Leben beschnitten wird – auch auf die Gefahr hin, dabei hier oder dort mitschuldig zu werden? Was ist das größere Gut: meine bewahrte *abstrakte* Unschuld – oder: das Eintreten für den andern, der leiden muß, selbst wenn ich dabei in Verstrickungen gerate?

Vielleicht kann *juristisches* Denken so nur schwer fragen. Aber gerade wenn dies so ist, muß – wenn überhaupt irgend jemand – eine *christliche Kirche* genau so fragen, oder was sollte sonst noch das Reden von Vergebung und Liebe, freilich Vergebung und Liebe im konkretesten, vielschichtig-diesseitigen Sinne des Wortes.

So schwierig ist das mit der Gerechtigkeit. So schwierig ist es, wenn man Ernst damit macht, die Gerechtigkeit, von der bei Jesus die Rede ist, in die Landschaft unseres Lebens einzuzeichnen. Man kann es vielleicht so zusammenfassen:

Wenn nach Gerechtigkeit Hungernde und um einer besseren Gerechtigkeit willen Leidende selig gepriesen werden, dann heißt das: Es muß, es darf nicht bleiben, wie's ist. Es gibt die Möglichkeit von Veränderung in Richtung Abbau von Ungerechtigkeit. Bestehendes Unrecht hat nicht das letzte Wort. Und andererseits: Wenn solche Seligpreisung gelten soll, *wahr* werden soll, dann können wir nicht von uns absehen. Dann sind wir, die mehr Freiheit haben, gefragt, was wir für andere zur Verringerung des Unrechts tun können. Die Antwort liegt bei uns. Niemand nimmt sie uns ab.

Das ist die Lage, wenn wir 1970 der Reformation gedenken.

4.6.2. Homiletischer Kommentar

Zur allgemeinen Situation:

Reformationsfest/Universitätsgottesdienst.
vgl. 4.3.2.

Wie wirkt die Situation auf den Redner? Wie wirken sich diese Hörer für den Redner aus? Wie wirkt es sich für die Hörer aus, daß dieser Redner zu ihnen spricht?
vgl.: 3.2.4.

Ich gehe die drei Fragen nacheinander durch.

– *Wie wirkt die Situation auf den Redner?*
Ich stehe unter dem Eindruck der am Wochenende zuvor beendeten Tagung der Kirchensynode der Evangelischen Kirche in Hessen und Nassau, auf der eine vielstündige Debatte über die Beteiligung der Hessischen Kirche am Antirassismusprogramm des Ökumenischen Rates stattgefunden hat. Mit knapper Mehrheit haben sich die Befürworter des Antirassismusprogramms durchsetzen können (ich gehöre dazu). In der Aussprache sind alle denkbaren Argumentationen zum Thema »Gewalt« und zum Thema »Politik und Kirche« zur Geltung gekommen. Es ist etwas anderes, über solche Probleme mehr oder weniger distanziert nachzudenken – oder an einem Entscheidungsprozeß selbst teilzunehmen, in dem die grundsätzlichen Fragen mit einem Mal im Blick auf betroffene Menschen geradezu unheimlich konkret werden, und in dem zugleich in stundenlanger harter Diskussion gleichsam vorgezeichnete Gruppierungen unterlaufen werden: Theologisch Gleichgesinnte entscheiden sich politisch gegensätzlich, politisch bisher ähnlich Denkende gehen in *dieser* Frage verschiedene Wege, theologisch unterschiedlich Denkende treffen sich überraschend in der politischen Entscheidung. – Auf dem Hintergrund dieser Erfahrungen und Eindrücke kann ich von Reformation nur reden, sofern ich diese politische Entscheidung damit zusammenbringen kann. Ich arbeite daraufhin die zuvor schon fertig gewesene Predigt noch einmal völlig um und stelle die Verbindung her: Wirkungen der Reformation – Entscheidung über das Antirassismusprogramm.

– *Wie wirken sich diese Hörer für den Redner aus?*
Ich muß davon ausgehen, daß ein erheblicher Teil der Hörer politisch anders eingestellt ist als ich: stärker an bestehender

Ordnung orientiert, weniger an Veränderung bestehender Machtverhältnisse interessiert. Das dürfte sich auch hinsichtlich der Stellungnahme zum Antirassismusprogramm auswirken. Da die Entscheidung der Synode gerade in der Woche vor dem Universitätsgottesdienst ein erhebliches publizistisches Echo gefunden hat, gibt es vielleicht sogar auch eine gewisse Erwartung, meine Stellung zu erfahren, bzw. bestätigt zu erhalten, was man vermutet: Er wird wohl ... Das hemmt mich eigentlich nicht, eher im Gegenteil: Es motiviert mich zusätzlich, die Hörer davon zu überzeugen, daß die Kirche für das Antirassismusprogramm eintreten muß. Es motiviert mich, über manche Irrtümer und Fehlinformationen, auch in der Presse, aufzuklären. Da ein gegenseitiger Austausch von Argumenten und Gegenargumenten in der gegebenen Situation nicht möglich ist, wird mir immer deutlicher, daß der gebotene Weg in der Predigt weniger die Darlegung von Prinzipien oder Standpunkten sein kann, sondern das Thema muß an einem möglichst konkreten griffigen Beispiel erörtert werden. Wenn's glückt, muß das Beispiel, der »Fall« so beschaffen sein, daß es beim Hörer vorhandene Gegenmeinungen »unversehens« außer Kraft setzt. Ich *will* überzeugen.

– Wie wirkt es sich für die Hörer aus, daß dieser Redner zu ihnen spricht?

Ein kleiner Teil der Hörer kennt meine theologische und meine politische Position relativ genau, eine größere Gruppe vielleicht ungefähr. Diejenigen, die in den Gottesdienst kommen, obwohl sie wissen, daß sie grundlegend anderer Auffassung sind als ich, dürften eine verschwindend kleine Gruppe sein (aber es gibt wohl so etwas). Abgesehen von dieser letzten Gruppe spielen bei den Hörern, sicher zum Teil unbewußt, eine Reihe Erwartungen und Empfindungen mit: »man kennt ihn«; »er ist wer«; »Es ist Universitätsgottesdienst«; »er ist Professor – aber seine Kollegen denken nicht alle so ...« Es ist sicher falsch, über solche Regungen auf seiten der Hörer zu viel oder zu lange nachzudenken; es ist sicher ebenso falsch, sich über solche Regungen gar keine Gedanken zu machen. Denn sie wirken natürlich in die Situation des Hörens hinein. Deshalb muß man sich ansatzweise fragen, was beim Hörer vor sich geht – nicht um sich nur dem (für den Redner) »Positiven« anzupassen und das »Negative« beiseite zu wischen, sondern um unnötige Erschwernisse für den Hörer zu vermeiden bzw. um Möglichkeiten, besser verstanden zu werden, verantwortlich zu nutzen.

4.7.1. *Bilder über Bilder*
(Mainz, 7. Dezember 1975)

In den vertrauten Weisen der Musik, in den großen Bildern alter Texte rückt uns nahe, was bei manchem von uns mit Erinnerungen, mit Sehnsucht, mit eigener, besonderer Stimmung verbunden ist: Adventszeit, Vorweihnachtszeit, Zeit der Erwartung . . .
Worum geht es da eigentlich?

I.

Wenn jemand so fragt, dann sind wir gewohnt – in allen möglichen Situationen – als Antwort möglichst klar, möglichst logisch, in Begriffen einen Sachverhalt zu umschreiben. Wenn's gelingt, sind wir froh, weil wir meinen: Nun wissen wir Bescheid. Und oft ist dies ja auch der richtige Weg, im Beruf oder bei einem Vertrag oder einem Geschäft.
Aber geht das eigentlich immer so? Ist dieser Weg der logischen Ableitung, der rationalen Klärung der einzig mögliche?
Eins ist doch auffällig: In manchen Situationen trauen wir der Logik der Begriffe viel weniger zu als der Kraft von Bildern. Das spricht nicht gegen Logik und Verstand, sondern es zeigt erst einmal nur, daß es auch andere Sageweisen, andere Ausdrucksformen gibt.
Zu jemand, den wir lieben, sagen wir nicht: Der logische Schluß aus der Analyse Deiner Eigenschaften, verbunden mit der Tatsache, daß Dein Aussehen den Normen des Bundes-Instituts für weibliche Schönheit entspricht, führen mich zu der begründeten Einsicht, daß es richtig ist, Dich zu lieben – sondern wir sagen: *Du meine Sonne,* oder welches Gestirn oder Tier wir auch immer nennen mögen. Und das Bild sagt hier *mehr* als alle Logik.

II.

Darum will ich heute bei *Bildern* bleiben. Nicht weil ich gegen Vernunft und Denken bin, sondern weil wir *heute* vielleicht mit Bildern weiterkommen. Die Weihnachtszeit ist voller Bilder. Ich will sie nicht in logische Sätze übersetzen im Stil von: Advent heißt, daß . . .; oder: Advent ist, wenn . . . Sondern ich will Bilder anschauen, und ich lade Sie ein, sich auch Bildern hinzugeben. Es ist ein bißchen schwierig, weil ich ja mit Worten

schauen muß. Aber vielleicht gelingt's unserer gemeinsamen Einbildungskraft.
Ich nehme drei Bilder aus einem Lied.

III.

Erstes Bild: »O Heiland, herab, herab vom Himmel lauf!«
Was zeigt das Bild?
Den »Heiland«, oder wie immer wir den Menschen Jesus nennen wollen, der Gott auf Erden heimisch machen will, den Heiland *in Bewegung*. Nicht den herrschenden Christus, der oben sitzt, über allen thronend. Einen, der die unerreichbare Burg des Himmels verläßt, in großen Sprüngen. Keine Statue, sondern einen Läufer. Einen jungen Heiland. Stell' ich mir die Farben dieses Bildes vor, so denke ich: Es sind glühende, starke Farben, nicht schwarz-weiß, nicht blaß, auch nicht pastell. Ein Bild, das viele Gottesbilder, die wir haben, umstößt. Ein Gott, der dagegen ist, daß man ihn einsperrt: Sei es im Himmel, sei es in Kirchen, sei es in frommen Gewohnheiten, sei es auch in Gottesdiensten – nein, ein Gott der in der *Welt laufen* will. Gott als der Mit-Läufer unseres Lebens.
Es könnte sein, denke ich, daß dies ein Vexierbild ist: Der Heiland, im Leben der Menschen mit-laufend – wo ist er? Verborgen zwischen welchen Menschen? Wen überholt er, und wer meint, ihn zu überholen? Wie muß ich das Bild drehen und wenden, um ihn überhaupt zu erkennen?
Advent – Gott im irdischen Vexierbild ...

Zweites Bild: »Ihr Wolken, brecht und regnet aus ...«
Was sehe ich?
Dürres Land, rissiger Boden, harte Erde, die die Füße quält. Und dann: Die unerträgliche Trockenheit hat ein Ende, die Wolken bersten und schütten aufs Land. Es riecht nach Erde, nach Fruchtbarkeit. Was grau war, wird grün. Was hart war, wird weich. Es kann bald blühen. Es ist eine Lust zu atmen.
Welch ein Bild! Sehr irdisch. Sehr sinnenfroh. Natur und Kraft. Kein gewohntes religiöses Bild. Kein Andachtsbild. Oder doch? Ein neues Bild? Neue Frömmigkeit? Als Leben?
Advent – Gott in der Kraft blühenden Lebens ...

Drittes Bild: »O Sonn, geh auf ...«
Welches Bild beleuchtet sie?
Aufgehende Sonne – der Tag bricht an – die Nacht ist vergangen – Dunkel und Kälte müssen weichen ...

Es wird wärmer ...
Oder das Bild von der andern Seite genommen: Da stehen frierende Menschen, grau, der Weg ist dunkel – wie soll es weitergehen? Und es bricht die Sonne zwischen Wolkenfetzen hervor, es wird hell, es wird warm – da ist ein Weg. Die Irrfahrt in die Kälte, in der keiner den andern mehr wärmen kann, hat ein Ende. Die Sonne geht auf – du meine Sonne – einer wärmt den andern ...
Advent – Wärme des Sommers ...

IV.

Was hab' ich getan? Ist das eine Adventspredigt? Sind wir betrunken geworden von Bildern? Haben wir im Gefühl geschwelgt? Zu sehr?
Ja, trunken von Bildern. Denn ohne *diese* Trunkenheit, werden wir auch nicht klar *denken* können, wird unser Denken nicht seine Rückständigkeit, seinen Rückstand, seine Blässe, nicht seine Lebensferne verlieren. Jene Blässe, die da sagen läßt: Das sind ja *»nur«* Bilder. Wie armselig! Nein – erst die prallen Bilder des Lebens lassen uns die Fülle ahnen, die uns fehlt; jene Fülle, in der die Namen Gottes und die Namen Jesu nicht als trockene historische Protokollbezeichnungen stehen, sondern uns einweisen in die Kraft blutvollen menschlichen Lebens – eines Lebens, das andern Leben schenkt und nicht verweigert. Eines Lebens, das Freiheit mehr liebt als Macht und Beherrschung und Unterdrückung. Und das Schwelgen in Bildern – die ja wohl niemand lesen wird wie eine Gebrauchsanweisung für den Motor seines Autos – kann uns helfen, auf den Weg zu kommen.
Auf den Weg, den das Wort Advent signalisiert.
Advent: der menschliche Gott will Menschen, die einander göttliches Glück schenken.
O Heiland, reiß die Himmel auf!

4.7.2. Homiletischer Kommentar

Zur allgemeinen Situation:

Zweiter Advent / Universitätsgottesdienst.
vgl. 4.3.2.

Welche Materialien ziehe ich heran und wie bereite ich sie auf?
vgl.: 3.2.5.

Die Predigt basiert nicht direkt, sondern (»nur«?) indirekt auf biblischem Text. Direkter Text sind drei Zeilen aus dem Lied »O Heiland, reiß die Himmel auf«, deren Interpretation freilich durchgängig biblisch bezogen ist.
Ich halte solche Flexibilität in der Heranziehung biblischer Texte und anderweitiger Materialien für die Predigt grundsätzlich für nötig, um Verfahrensweisen und Aussagemöglichkeiten der Predigt zu verbreitern; übers Grundsätzliche hinaus sind sie *zwingend* nötig für alle Predigtsituationen mit relativ gleichbleibend wiederkehrenden Grundthemen, also besonders für die großen Feste des Kirchenjahres. Diese Flexibilität ist auch ein Gebot gegenüber regelmäßigeren Predigthörern.

Die Aufbereitung des in diesem Falle gewählten Materials war von folgenden Überlegungen bestimmt:
– Alltagserfahrung schon lehrt, daß die logisch-begriffliche Sprache allein nicht ausreicht, die Vieldimensionalität, die Vielschichtigkeit des Lebens, menschlicher Grunderfahrungen oder wesentlicher Einsichten auszusagen. Wenn das stimmt, dann ist es auch berechtigt, den Versuch zu machen, mit bildhafter Sprache in der Predigt umzugehen. Ich habe hier Bilder aus der Überlieferung gewählt; das muß aber nicht sein. Entscheidend ist nur, daß die Bilder die notwendige »Tiefe« haben.
– Mit Bildern umgehen kann daher nicht heißen: Bildhafte Sprache möglichst rasch und konsequent in Begriffe übersetzen. Das ist eine verbreitete Gewohnheit; dabei werden die Bilder dann lediglich entweder als Ausgangspunkt oder als begleitende Illustration genommen. Bilder sind etwas anderes als Illustrationen. Bilder halten für sich stand – Illustrationen können immer nur Beigaben sein. Also ging es um den Versuch, die ausgewählten Sprachbilder des Liedes in bildhafter Sprache zu »betrachten«. Anders gesagt: Bilder sollten *als Bilder* beim *Wort* genommen werden.
– Teil IV der Predigt ist demgegenüber in gewisser Weise inkonsequent. Mir schien diese Inkonsequenz unvermeidlich. In einer Kleingruppe, in geeignetem Raum, hätte die Predigt gewiß mit Teil III enden können, um in ein betrachtendes Gespräch über die Bilder überzugehen. Diese Situation war in einem großen, aller Kommunikation der Gottesdienstteilnehmer untereinander entgegenstehenden Kirchenraum nicht gegeben. Also schien es mir nötig, einen Schritt aus den Bildern herauszuführen, indem (abrundend, aber durchaus als Stilbruch) über die Bedeutung von Bildern *reflektiert* wird.

– Unter anderen räumlichen Bedingungen wäre zu erwägen, ob und ggf. wie in eine solche Ansprache auch ein (visuelles) Bild einbezogen werden kann. Ich denke dabei nicht in erster Linie an kirchliche Kunst, an keine traditionelle Weihnachtsdarstellung, sondern entweder an ein abstraktes Bild, das mit seinen Mitteln Dynamik, Bewegung (nicht Zerrissenheit) gestaltet, oder an eine naturalistische (oder expressionistische) Darstellung des Sommers, blühender, schwelgender Natur. Das Bild müßte, groß genug projiziert, dem Hörer während des ganzen Gottesdienstes vor Augen sein – sollte aber *nicht* kommentiert werden; vielmehr bliebe es dem Hörer überlassen, selbst Beziehungen herzustellen, hörend und sehend.

4.8.1. *Ich stelle mir vor ...*
(Michelstadt/Odenwald, 23. März 1975)

Ich freue mich, wieder bei Ihnen zu Gast zu sein, und ich danke Ihnen dafür – an diesem Sonntag, der so eigentümlich zwiespältig, so eigentümlich doppelbödig ist. Wenn man einen Augenblick länger darüber nachdenkt, weiß man nicht recht, worauf es hinaus will: auf der einen Seite jubelnder Einzug Jesu, Hosianna und Palmenwedel – aber wir wissen doch zugleich, daß dem Hosianna das »Kreuziget!« am Karfreitag folgt. Und sind's denn andere, die das »Kreuziget!« rufen? Andere als die, die »Hosianna!« jubeln?
So ist das Leben.
Ich möchte die Zwiespältigkeit, die Doppelbödigkeit noch ein wenig steigern, indem ich heute, am Palmsonntag, eine Geschichte von Jesus erzähle, eine bestimmte Geschichte. Ich hab' sie mir nicht ausgesucht; sie ist, wie man so sagt, der »verordnete« Predigttext dieses Sonntags. Vielleicht hätte ich gar nicht den Mut gehabt, *diese* Geschichte für heute zu wählen, als mir aufgegangen ist, was in dieser Geschichte steckt.

Eine Geschichte von Jesus. Wir kennen sie und kennen sie vielleicht doch noch nicht. Sie steht im Johannesevangelium, im 12. Kapitel in den Versen 1 bis 8. Aber ich will sie nicht verlesen, wie üblich, sondern ich möchte sie erzählen; ich möchte sie erzählen, so wie ich sie mir *vorstelle.* Natürlich subjektiv, wie *ich* sie mir vorstelle, als der, der ich bin; ein anderer müßte sie vielleicht anders erzählen. Ich will sie erzählen mit den Bildern, die mir dabei einfallen; Bildern, die die Phantasie schenkt; Bildern von damals, Bildern von heute.

Eine Geschichte:
Jesus ist eingeladen, ist auf einem Gastmahl, ist auf einem Fest, auf einer Party. Er und seine Jünger.
Und es geht die Tür auf, und eine Frau kommt herein.
Ich stelle mir vor: Eine schöne Frau kommt herein.
Und sie geht auf Jesus zu – und was tut sie? Damaligem Brauch entsprechend, so wie es damals üblich war, kniet sie nieder und salbt ihn, parfümiert ihn.
Aber eben doch nicht nur, wie es der Brauch so wollte, sondern über alle Maßen überschwenglich; den Brauch schier übersteigend, nicht nur das Übliche tuend. Mit andern Worten: Sie begrüßt ihn nicht nur, gibt ihm nicht nur die Hand – sie fällt ihm um den Hals vor Freude, sie herzt ihn, sie küßt ihn.
Die Frau – diesen Mann, Jesus.
Und sie sagt: Es ist so schön, daß du da bist. Daß ich dich habe. Ich freue mich, daß du da bist. –
Es ist die Begrüßung einer sich grenzenlos verströmenden Liebe, einer Zuneigung, die keine Grenzen mehr kennt.
Und sie löst ihr Haar – hatte sie's aufgesteckt, trug sie's geflochten? Sie löst ihr Haar, und sie hüllt ihren Jesus in ihr Haar ein, in ihr langes, in ihr schönes Haar. Diese Frau, ihren Jesus.

Es ist eine Liebesgeschichte. Sehr, sehr schön ...

Und einer der Jünger sagt – einer der Jünger! –: Darf das denn sein? Ja, was soll das, wo führt das denn hin? Einer der Jünger sagt: Meister, vergißt du dich? Wo bleibt denn unser Programm? Unser Plan, Meister!
Und Jesus sagt, die Frau ansehend – ich stelle mir vor, lächelnd sagt er: Es ist gut so. Er sagt: So ist es gut. –

Es ist eine tolle Geschichte.

Ich will eine Zwischenbemerkung machen, ehe wir in diese Geschichte noch ein wenig hineinsehen. Wir wissen ja heute alle, wenigstens einigermaßen, wie die Evangelien entstanden sind. Dabei ist sicher wichtig, daß man sich immer wieder klar macht: Diejenigen, die den »Stoff«, das »Material« der Evangelien gesammelt, geordnet, bearbeitet haben, das sind Leute, die das *nach* Jesu Tod tun. Als die Evangelien entstehen, weiß man also: Es ist die Rede von dem, der am Kreuz starb, der aber dennoch unter uns lebt. Die Evangelienschreiber stellen Jesus und seine Geschichte aus der Erfahrung seiner *Gegenwart* in ihrem Leben dar. Sie sind keine rasenden Reporter, die gleich-

zeitig mit Jesus berichten, sondern sie deuten die Geschichte Jesu: Der da starb, lebt weiter in dem, was er wollte.
Was heißt das alles für unsere Erzählung? Was heißt es, daß diejenigen, die gewußt haben, daß Jesus tot ist, an den Anfang des Berichts seiner Passion eine Liebesgeschichte gestellt haben? Und zwar nicht zufällig, sondern bewußt und mit Absicht. Was wollten sie damit sagen, daß sie es so angeordnet haben? Ich meine, sie wollten sagen: Der Passion Jesu gedenken heißt nicht in Tränen baden. Sie wollten sagen: Trauer allein ist keine Beziehung zu Jesus. Trauer genügt nicht. Sie wollten anschaubar machen: Jesus ist mehr und er ist ein anderer als ein vergangener großer Toter.
Wer er ist, das zeigt sich, wenn wir jetzt wieder in unsere Geschichte hineinsehen. Sie fängt an zu erzählen, wenn wir ein paar Fragen stellen.

Was könnten wir von Jesus sagen, wenn wir ihn nur aus dieser einen Erzählung kennen würden?
Wir könnten sicher feststellen: Ein Programm-Held, ein Programm-Fanatiker ist er nicht, sondern er ist offen für die augenblickliche Situation, für die momentane Begegnung, in die er hineingerät. Man müßte daher wohl auch sagen, daß man diesem Jesus nicht entspricht, daß man nicht auf seinen Weg kommt durch die Einhaltung von Prinzipien. Christlicher Glaube, der sich auf den Jesus dieser Geschichte berufen will, kann nicht meinen: Programmsätze, Dogmen, Katechismusaussagen unterschreiben und einhalten – sondern es geht darum, so offen zu sein für spontane Lebenssituationen jedweder Art, wie Jesus es in dieser Erzählung vor unsere Augen stellt. Solcher Glaube hat es dann also ganz entscheidend mit den Beziehungen zwischen Menschen zu tun. Und zwar mit den Beziehungen zwischen solchen Menschen, die sich nicht vermeintlich richtige Prinzipien oder Lehrsätze um die Ohren schlagen, sondern die frei sind, aufeinanderzuzugehen; die frei sind, aufeinandereinzugehen und dadurch vielleicht miteinander weitergehen können. Der Jesus dieser Geschichte ist auch sicher kein düsterer Held; er ist gar nicht unnahbar, wie wir ihn so leicht darstellen; sondern er ist offenbar sehr, sehr zugänglich. Die festgelegten Jesusbilder, an denen unsere Passionsfrömmigkeit so oft und so stark hängt, reichen nicht aus, um einen derart lebendigen Jesus einzufangen. Er ist, auch wenn wir jetzt in die Passionswoche hineingehen, mehr und ein anderer als der große Schmerzensmann. Auch der ist er, aber nicht nur der.

Und was für Menschen lernen wir kennen? Nur zwei: Maria, die Frau, und Judas, den Jünger, der spricht.

Maria – was tut sie denn? Sie schenkt verschwenderisch, sie schenkt in so begnadetem Leichtsinn, daß im Augenblick die ganze Fülle da ist. Das Geschenk dieser Frau, so völlig unsinnig für zweckvolles Denken, läßt eine Ahnung davon aufkommen, was wahres Schenken ist. Wahres Schenken heißt: sich selber schenken. Wir kennen es, daß man einander *etwas* schenkt. Dies Geschenk läßt ahnen, welche Beziehung, welche Fülle, welche Zuneigung im Spiele ist, wenn einer *sich* dem andern schenkt. Das ist Liebe. Und darum habe ich vorhin gesagt: Es ist eine Liebesgeschichte, die ich Ihnen erzählt habe. Weil es Liebesgeschichten von Jesus gibt, gibt es die Möglichkeit von Liebe in der Geschichte der Menschen. Die Frau kann sich schenken, weil sie ahnt, wieviel ihr widerfahren ist. Sie hat keine Absicht dabei, sie kalkuliert nichts, sondern sie gibt sich ganz. Wie schön, wo man so etwas kann.

Und *Judas* ist ein Jünger. Der fragt nach dem Programm. Der fragt: Wie stimmt das mit den Grundsätzen überein, nach denen wir angetreten sind? Er ist ein Jünger, und er fragt doch so pharisäerhaft. Vielleicht sind ja die Pharisäer gar nicht so weit weg, gar nicht einfach »die andern«? Vielleicht sind sie oft sehr tief in uns?

Wohin die Frage, die den Augenblick und seinen Anruf überspringende Frage nach Prinzipien, Programmen, Dogmen führen kann, das wissen wir alle: aus der Geschichte der Auseinandersetzungen zwischen Menschen, aus der Geschichte der Politik, aus der Geschichte der Kriege, aus der Geschichte weltanschaulicher Kämpfe – und ganz selbstverständlich nicht zuletzt aus der Geschichte der Kirche und des Glaubens. Die Kirche hat ihre Ketzer verfolgt. Die Kirche hat sich auseinandersetzen müssen – immer : müssen? immer : auseinander? – mit abweichenden Meinungen. Prinzipien, Programme sind hart und machen hart, meist dazu auch blind. In dieser Geschichte vertritt der Jünger sie.

Am Gegenüber von Maria und Judas könnte man weiterüberlegen. Vielleicht könnte es uns helfen, neu zu verstehen, was eigentlich Frömmigkeit heißt. Muß denn Frömmigkeit ein enges Kleid sein? Muß denn Frömmigkeit die genau vorgezeich-

nete Bahn all dessen sein, was man tut, oder meist: was man *nicht* tut? Warum ist Frömmigkeit bei uns nicht selten der Bestimmungskatalog für das, was man nicht darf? Darüber lohnt es nachzudenken. Und wie wäre es, wenn wir das ganze umdrehen, angeleitet durch den Überschwang unserer Erzählung? Dann ist Frömmigkeit die Fülle dessen, *was man darf!* Dann ist Frömmigkeit überströmende Freude, Widerschein göttlichen Glücks auf Erden unter Menschen. Dann ist Frömmigkeit der *offene* Horizont des Lebens – Fülle der Freude.
Und dies am Beginn der Karwoche? Darf man das eigentlich? Ich finde: Man darf, man muß. Was der große Schmerzensmann für uns in Bewegung gebracht hat, dem kommen wir nur nahe, wenn wir Jesus nicht in seiner Passion einsperren, sondern wenn wir im leidenden Jesus immer auch den *lachenden Jesus* sehen, der frohmachen will. Froh machen für unser Leben, froh machen für diesen Tag, froh machen für die heute beginnende Woche, an deren Ende Ostern steht.

4.8.2. Homiletischer Kommentar

Zur allgemeinen Situation:

Palmsonntag.
Michelstadt, Kleinstadt im Odenwald mit rund 14 000 Einwohnern, ist stark durch Beamte (Lehrer) und mittleres Management der umliegenden Industrie geprägt. Neubürger und Altbürger leben relativ beziehungslos nebeneinander. In der Gottesdienstgemeinde dominieren Handwerker und Hausfrauen, Arbeiter und Akademiker sind gleichmäßig wenig vertreten. Der Nachholbedarf der Gemeinde an »moderner« Theologie ist erheblich. Als Gruppe spielt die Stadtmission eine beträchtliche Rolle.

Welche Materialien ziehe ich heran und wie bereite ich sie auf?
vgl.: 3.2.5.

Da ich die spezielle Situation oder besondere Probleme der Gemeinde nicht kenne, kann ich nicht an sie anknüpfen. Palmsonntag, als Beginn der Karwoche, ist ein Termin im Kirchenjahr, der vertraut ist; also legt es sich nahe, von hier auszugehen.

Der Predigttext Joh 12,1 bis 8 – als Material, das ich in diesem Falle von Anfang an mit dem kirchenjahresgebundenen Anlaß zusammen locker erwogen habe – hat mich zuerst wenig gereizt. Das änderte sich, als ich auf die Idee kam, nach dem *erzählerischen* »Kern« der Geschichte zu fragen: Es ist eine Liebesgeschichte.

Die Konsultation der Kommentare von R. Bultmann und S. Schulz ergab: »... die ursprüngliche Pointe der Erzählung, daß nämlich die verschwenderische Tat der Liebe ihren besonderen Wert hat gegenüber verständig-zweckvoller Wohltätigkeit« (Bultmann), ist eingebettet in diverse theologische Interpretationszüge; ja, sie wird dadurch fast überdeckt. Das bestärkt mich in der Idee, mich für die Predigt nur am erzählerischen Kern, d. h. zugleich an der »ursprünglichen Pointe« zu orientieren. Ich halte es für erlaubt, aus *homiletischen* Gründen alle andern theologischen Aussagen des Textes beiseite zu lassen: die Anspielung auf Lazarus, die Salbung als Vorwegnahme der Salbung des Leichnams Jesu, die Empörung der Juden. Denn die homiletische Reflexion hat neben der Exegese ihr eigenes *Recht*, ihre eigene *Fragestellung* und ihr eigenes *Ziel*.
Aus dieser Entscheidung folgt der nächste Schritt: Soll die Predigt nur am erzählerischen Kern des Textes orientiert sein, dann verwirrt eine Verlesung des ganzen Textes mehr, als sie dem Verständnis der Predigt dienen könnte. Also ist die »Dimension« des Textes, um die es allein geht, in die Predigt selbst mithineinzunehmen. In stilistischer wie in inhaltlicher Hinsicht heißt dies aber: Es muß *erzählt* werden. Eine Liebesgeschichte ist ja kein »Textabschnitt«, in dem reflektiert wird, sondern sie will *so* erzählt sein, daß Sprache und Stil auf ihre Weise erfahrbar machen, *daß* es eine Liebesgeschichte ist. Das ist zu versuchen.

Gelingt eine *intensive*, den Hörer mit-nehmende Erzählung, so ist für den Aufbau der Predigt zu bedenken, wie man die erreichte Intensität wieder etwas zurücknehmen kann, weil niemand sie auf Dauer durchhält (weder der Prediger noch der Hörer). Der erzählenden Passage muß also eine stärker reflektierende, distanziertere folgen.

Als Gliederungsmöglichkeit bieten sich sodann die wenigen Personen der Erzählung an, um von jeder her eine etwas andere Perspektive zu gewinnen.

In einem Gedicht von E. Eggimann finde ich eine ungemein treffende poetische Analogie zu meinem homiletischen Konzept:

jesus
ich stelle mir vor
du hast maria magdalena
die schön war und
nach blüten duftete
geliebt
als du sie umarmtest
war ihre hingabe
so groß
wie deine göttliche liebe
ich stelle mir vor
diese nacht
ausserhalb der geschichte
die alle moral überwand
erlöse uns
jesus
von den christlichen sünden
mache uns frei

Nach einigem Zögern habe ich beschlossen, das Gedicht nicht zu verlesen, weil ich die Gemeinde zu wenig kenne und nicht ganz abschätzen kann, wie die Reaktionen sein werden. Aber ich werde einige sprachliche Anleihen machen (»ich stelle mir vor«).

4.9.1 *Lob der Zärtlichkeit*
(Mainz, 25. Dezember 1972)

I.

Ich will reden von etwas, was viele belächeln, manche auch beschimpfen; von etwas, woran sich viele beteiligen, sehr viele, wenn auch oft ein bißchen verschämt, weil sie's eigentlich nicht wahrhaben wollen. Und ich will es gleich sagen: Ich will davon reden, ohne darüber die Nase zu rümpfen.

Wovon ich reden will?
Von den Wogen des Gefühls, auf denen wir an Weihnachten schwimmen; ja, auch vom weihnachtlichen Kitsch.
Wovon also soll die Rede sein:
- von Engelshaar und Glöckchenklang;
- vom rührenden Christkindchen;
- vom Traum der heiligen Nacht, dem wir uns für ein paar Stunden, singend und sinnend, hingeben;

- von Liedern wie:

  Süßer die Glocken nie klingen
  als zu der Weihnachtszeit,
  s'ist als ob Engelein singen
  wieder von Frieden und Freud.
- oder:

  Sohn Gottes in der Höh,
  nach Dir ist mir so weh.
  Tröst mir mein Gemüte,
  o Kindlein zart und rein,
  durch alle deine Güte,
  o liebstes Jesulein.
  Zeuch mich hin nach dir.
- Und hierher gehören auch:
  Weihnachtsansprachen, nicht nur in der Kirche, in denen sogenannte harte Männer oft sehr weiche Wünsche formulieren, mit einem kleinen Tremulo in der Stimme.

Was ist das eigentlich alles? Tand und weihnachtliches Tandaradei? Über das ernsthafte Menschen besser stillschweigend zur Tagesordnung der Welt übergehen?
Vielleicht. Aber es steckt viel mehr dahinter. Mehr als jene meinen, die sagen, man solle das alles lassen oder wenigstens nicht beachten. Was dahinter steckt, wird erst deutlich, wenn wir die Frage *so* zuspitzen:

Was ist das eigentlich für eine Welt, in der Menschen es nötig haben, einmal im Jahr, drei Tage lang, ihrem Gefühlsüberschwang auf diese Weise Luft zu verschaffen, ihrer Gefühlssehnsucht – oftmals verzerrt – nachzugeben?

Was ist das für eine Welt, unsere Welt, in der viele von uns *so* leben?

II.

Es ist eine Welt, *unsere* Welt, in der die Menschen, in der wir offenbar das Jahr über keine Möglichkeit haben, miteinander so zärtlich zu sein, wie wir's Weihnachten ein bißchen verbogen tun. Weihnachten ist für viele von uns Jahr um Jahr die einmalige Gelegenheit für: verlorengegangene, aber doch wohl ersehnte, erhoffte, erträumte *Zärtlichkeit.* Zärtlichkeit im Sinne von Zuwendung und Sich-Preisgeben-dürfen.
Was ist das für eine Welt?

Es ist eine Welt, in der angeblich Männer Geschichte machen. Und Männer haben hart zu sein. Ein deutscher Junge weint nicht. Eine Welt, in der nichts *ist* und nichts *gilt*, wer einmal nur Spaß an der Freud' hat, statt ernsthaft sein Aktenköfferchen zu tragen. Eine Welt, in der der Streit zwischen Glück und Pflicht, zwischen Arbeit und Spiel, zwischen dem kürzesten Weg zum Ziel und der Lust an Umwegen immer schon vorentschieden ist. Wie? So: »Segen ist der *Mühe* Preis.« Früher war's auf Kissenplatten gestickt – heute wissen wir's auch so.
In dieser Welt muß Angst sein. Angst davor, nicht zu bestehen. Oder: Angst nicht *gerechtfertigt* zu sein. Solche Angst erlaubt nicht, zärtlich zu sein. *Der* Luxus ist zu groß. Allenfalls Weihnachten, für ein paar Stunden, kann man sich's *»leisten«*. Und dann: wie eine Verlegenheitslösung. Vielleicht merken es Kinder am ehesten. Daran nämlich, wie Erwachsene sie behandeln. Übertrieben fordernde Härte – wieweit das geht, können wir wissen – und sentimentales Getue haben hier dieselbe Wurzel.

III.

Sieht man die Dinge so an, dann ist der weihnachtliche Gefühlsüberschwang wie ein *Signal*. Auch da noch, wo er kuriose Blüten treibt. Was sagt das Signal? Es macht sichtbar, es deckt auf: unser aller verschüttete, oft gerade im Weihnachtskitsch verdeckte, entstellte *Sehnsucht nach Zärtlichkeit* in einer verhärteten Welt. Wer könnte sagen, er sei von dieser Sehnsucht frei?
In dieser Sehnsucht, so möchte ich behaupten, sind wir dem, worum es Weihnachten geht, ganz nahe. Auch noch in ihren fragwürdigen Formen. Denn in ihrer Fragwürdigkeit verraten sie etwas. Was? Die Armseligkeit mißlungenen, entstellten, in sich verkrümmten menschlichen Lebens.
Dem aber gilt die Weihnachtsbotschaft. Sie gilt gerade *solchen* Menschen, sie gilt der *harten* Erde, sie gilt *unserer* Angst. Sie ist die Einladung zu einem neuen, aller Härte absagenden Verständnis von Welt und Mensch. Dies nämlich heißt, nimmt man Worte ernst, daß Jesus der *Heiland* der Welt ist. Hier liegt, blättert man's in Zeit und Geschichte auf, schier Unfaßbares: das Ende der genormten Welt – das Ende der Zwänge. Wer kann das fassen? Im schwachen Abglanz weihnachtlicher Gefühlsseligkeit schimmert ja noch etwas *Richtiges* durch. Aber: falsch eingegrenzt und krampfig gelebt.

IV.

Theologische Fachleute mögen die wissenschaftlichen Nasen rümpfen: Nach dem, was wir jetzt überlegt haben, nehme ich in aller Freiheit das Wort *Zärtlichkeit* als Signalwort für *Evangelium*, für menschlich-menschennahes Evangelium, das wir aus der Weihnachtsgeschichte herauslesen könen. Aus den Bildern, aus den Worten: Das Wort ward *Fleisch*. Gott wird *Mensch*, und das heißt: Um *Gott* geht es in dem, wessen der *Mensch* zum *Leben* bedarf. Sollte es denn Zufall sein, daß uns hier unser Heil als *Kind*, in einem Kind begegnet. Solche Zufälle gibt's nicht. Aber: Wie, wodurch allein kann ein Kind erfahren, daß Leben, Leben unter Menschen, schön und reich und glücklich sein kann? Dadurch, daß Menschen da sind, die es umfangen und umfassen, ja, die es herzen und küssen, kurz: die ihm *Zärtlichkeit* zum Zeichen ihrer Liebe schenken. Und sogleich auch umgekehrt: Dies Kind macht *uns* frei zur Zärtlichkeit. Sollte das denn alles nur für Kinder gelten? Ach nein. Daß aber Kinder in unserer Welt es so oft *nicht* erfahren, das macht uns auf die Folgen aufmerksam – Folgen, in denen wir leben . . .
Weihnachten ist die Einladung, gegen so viel Richtiges, das uns tot macht – gegen so viel Prinzipien, die uns hart werden lassen – und gegen so viel Pflicht und Gesetz und Notwendigkeit – gegen dies alles: den Traum der Zärtlichkeit ins Leben einzulassen. Oder: Die Liebe Gottes in *irdischen Gebärden* zu leben, zu gewähren und zu empfangen.
Warum sträuben wir uns? Warum sind wir eher hart oder herb als zärtlich?
Weil, wer zärtlich ist, in Gefahr steht, sich selbst aus der Hand zu verlieren. Wohin und an wen? Wer weiß. Da setzt Kontrolle ein. Denn wer verliert *sich* schon ohne weiteres gern? Denn: Wird's nicht jemand mißbrauchen? Aber wie nun: wenn wir uns *aneinander* verlieren würden?! Wie, wenn Zärtlichkeit diesen Weg zur Liebe bereiten hülfe? Wie, wenn Zärtlichkeit bedeutete: nicht immer *sich selbst* ansehen, sondern von sich absehen und *einander* ansehen können? Ob das nicht schönster Gewinn für *alle* wäre? Ja, das wäre es. Darum muß man Weihnachten predigen: Mut zur Zärtlichkeit, als den Weg der Liebe – gegen alle Angst. Und nun kann ich auch sagen: Mut zum Glauben. Denn Liebe *ist* übersetzter, gelebter, konkreter Glaube.

Flucht in die Idylle?, hör' ich fragen. Schwärmt er nun auch? O nein.

Es könnte nämlich sein, daß wir auf diesem Weg entdecken: Dies führt gerade nicht aus den Realitäten heraus – vielmehr: Dieser Weg führt in *neue Wirklichkeit* hinein. Also auch: Zärtlichkeit, Liebe als Politikum? Zu Ende gedacht: ja. Denn so wird Welt neu, weil man Leben anders sehen muß; weil Menschen einander anders ansehen müssen. Mit anderm Blick. Das male sich jeder für sich aus – vom engen Kreis der Familie bis in die Weite der Welt.
Was kann ich uns allen zum Schluß wünschen? Nur eins:
Ein zärtliches Weihnachtsfest – als Ausdruck jener Liebe, die uns *neu* macht, in der wir *neu* werden können.

4.9.2. Homiletischer Kommentar

Zur allgemeinen Situation:

Weihnachten/Universitätsgottesdienst.
vgl.: 4.3.2.

Wie werde ich sprachlich vorgehen, welche Differenzierungen werde ich in der Form anstreben?
vgl.: 3.2.6.

Ausgangspunkt für die Gesamtanlage der Predigt ist die inhaltliche Entscheidung, die ich in der Auseinandersetzung mit der Situation, mit den Erwartungen und der Gestimmtheit der Hörer und mit meiner inhaltlichen Absicht gefällt habe: Ich möchte die Emotionen, die »weihnachtlichen« Gefühle der Hörer im vollen Sinne ernst nehmen und ganz und gar *positiv* verstehen, im Sinne einer zwar geheimen und oftmals korrumpierten, aber ganz und gar berechtigten Sehnsucht.
Der sprachliche Einsatz muß daher stark emotional sein, in einer Mischung von inhaltlich gefühlsbetonten Kurz- und Langzitaten aus bekannten Liedern, die auch durchaus mit Emotion gesprochen werden sollten.

Diese Passage wird überführt in eine reflektierende Fragestellung. Sie endet also in gewisser Weise mit einem sprachlichen Bruch. Dieser Stilbruch entspricht durchaus der Realität, in der die Hörer leben. Um den Hörer mitzunehmen und Spannung aufzubauen, wird an dieser Stelle eine offene *Frage* die angemessene, weil zum Weitergehen einladende Form sein. Die folgenden Abschnitte haben ihre Schwierigkeit darin, daß die

Ambivalenz der Anlage durchgehalten werden muß: Einerseits wird die emotional bestimmte Situation der Hörer zum positiven Thema gemacht (Stichwort: Zärtlichkeit – und gerade nicht: Kitsch), andererseits wird darüber reflektiert, bis hin zu der Aussage, daß Zärtlichkeit und Evangelium miteinander zu tun haben. Sprachlich-stilistisch entspricht dieser Ambivalenz, daß dauernd beide Sprachebenen miteinander verschränkt werden müssen: die *emotionale* und die *rational-gedankliche.* Oder anders gesagt: Expressivität und Reflexion dürfen hier auch stilistisch gerade nicht getrennt werden, sondern müssen im Ductus der Predigt in ihrer Zusammengehörigkeit erfahren werden können.

4.10.1. *Heiligkeit und Heiterkeit*
(Ammerswil/Schweiz, 28. September 1975)

I.

Ich freue mich, bei Ihnen zu Gast zu sein. Und ich sage zugleich: Es ist schwer, als Gast zu predigen.
Warum? Indem ich versuche, die Schwierigkeiten in Worte zu fassen, wird zugleich etwas davon deutlich, was das eigentlich heißt: predigen, oder noch gefüllter, wie die Theologen gern reden: *das Wort Gottes predigen.* Warum ist es schwierig?
Weil Sie mich und mein Leben nicht kennen, weil ich Sie und Ihr Leben nicht kenne. Aber – so wird jetzt vielleicht der eine oder andere denken –: Geht es denn nicht in der Predigt um *Gottes* Wort? Geht es denn nicht um den *Glauben?* Und kann man denn davon nicht auch reden, ohne sich zu kennen, ohne viel voneinander zu wissen?

Meine Antwort lautet: Nein, man kann eigentlich nicht. Oder nur mit Mühe, nur so allgemein, daß es langweilig ist. Weil es nämlich »Wort Gottes« oder »Glauben« nicht allgemein, nicht »an sich«, *nicht ohne unser Leben* gibt. Es gibt nicht den Glauben »als solchen«, sondern was Gott oder Glaube heißt, das werden wir nur gewahr, das »geht uns auf«, wenn wir unser *Leben,* uns *selbst,* wie wir sind, sofort mit einbringen. Deswegen muß man *voneinander* wissen, wenn man *miteinander* von Gott reden will. Darum sage ich: Es ist schwer, heute morgen hier zu predigen.

II.

Aber es ist auch nicht unmöglich. Dann hätte ich Ihre Einladung ja nicht angenommen. Ich kenne zwar Ihr Leben nicht im einzelnen; es fehlt mir ein wenig die Farbe – aber ganz fremd ist es mir auch nicht, denn Ammerswil liegt ja nicht auf dem Mond. Also müßte es vielleicht doch gelingen, daß wir uns miteinander verständigen, wenn wir ein Thema finden, das uns alle, Sie und mich, umspannt. Dabei hilft mir ein Abschnitt aus dem Alten Testament.

Da heißt es im 3. Buch Mose am Anfang des 19. Kapitels: *»Ihr sollt heilig sein, denn ich bin heilig, der Herr, Euer Gott.«* Und dann folgt eine lange Reihe von Verhaltensregeln: für Kinder und Eltern, für den Gottesdienst, für die Armenfürsorge, für den Umgang mit Nachbarn, Fremden, Freunden. Und am Schluß, dies alles zusammenfassend, heißt es: *»Du sollst Deinen Nächsten lieben wie dich selbst.* Ich bin der Herr.«

Ihr sollt *heilig* sein – das heißt: so leben, wie menschliches Leben im besten Sinne gewollt ist. Ihr sollt *heilig* sein: Das wird in diesem *alten* Text für die Hörer *damals* im Material ihres *konkreten Lebens* entfaltet. Weil es Gott und Glauben nur dort gibt. *Heiligkeit* – das ist Heil auf Erden. Wohl unter Menschen. Wo dies ist, da ist Gott.

Darüber wollen wir einen Augenblick weiter nachdenken. Mit ein paar Bildern, ein paar Situationen, die hoffentlich für Ihr Leben wie für mein Leben zutreffen.

III.

Ihr sollt heilig sein – was könnte das heute heißen? Wenn wir es im Material *unseres* Lebens sagen sollen?

Ich will es – als Beispiel – von einer Ecke her sagen, die vielleicht überrascht. Aber mir liegt an dieser Ecke, weil sie lebensentscheidend ist.

Heilig sein – das heißt: *mit andern lachen können.* Heiligkeit ist Heiterkeit des Lebens. Denn wer lacht, läßt andere leben. Wer lacht, kann nicht brutal sein, weder zu seinen Kindern noch zu seinen Untergebenen. Wer brutal ist grinst.

Ich will Ihnen eine Geschichte erzählen, eine »Lachgeschichte«:

Die Geschichte von den Rosinenbrötchen

Einmal hat der Vater zum Kind gesagt: »Bitte, lauf doch schnell für mich zur Post und kauf mir dreißig Briefmarken.« Und die Mutter hat gesagt: »Auf dem Rückweg kannst du beim Bäcker drei Rosinenbrötchen holen.« Das Kind ist mit dem Geld fortgegangen. Es war gar nicht weit bis zur Post. Aber die anderen Kinder haben auf der Straße gespielt, und das Kind hat ihnen zugesehen und ein bißchen mitgespielt. Dann ist es zur Post gelaufen. Es hat drei Briefmarken gekauft, und dann hat es beim Bäcker dreißig Rosinenbrötchen geholt, zwei große Tüten voll, das Kind konnte sie kaum schleppen. Der Vater hat gelacht und gerufen: »Jetzt muß ich Rosinenbrötchen auf meine Briefe kleben!« Und die Mutter hat auch gelacht und schnell Kaffee gekocht, und sie haben Rosinenbrötchen gegessen, bis sie Bauchweh hatten. (Ursula Wölfel)

Eine Kindergeschichte? Ja. »Nur« eine Kindergeschichte? O nein.
Gewiß gibt's Einwände. Daß man zum Beispiel sein Geld nicht für Rosinenbrötchen ausgeben kann, wenn man viele wichtige Briefe fortschicken muß (aber: das Kind wird nicht jeden Tag mit dreißig Rosinenbrötchen heimkommen). Oder, daß ein Kind auch lernen muß, einen Auftrag auszuführen (aber: die Geschichte sagt gar nicht, daß ein Kind dies *nie* lernen soll).
Aber was die Geschichte sagt, ist genug:
- bei Pannen lachen können;
- aus einem Versehen kein Staatsverbrechen machen;
- *miteinander*, alle Beteiligten miteinander *lachen*, statt immer nur tierisch ernst von Pflicht, Auftrag, Sorgfalt, Arbeit zu reden – *miteinander lachen* können, hilft *miteinander leben.*

»Heilig« sein heißt dann: Einander lachend leben helfen. Lachen läßt leben. Wie der Vater in jener Geschichte.
Ist das wenig? O nein! Denn ich bin ganz sicher: Gott, der die Fülle wohlgelungenen Lebens will, ist ein *lachender* Gott. Sein Lachen ist über der Welt, wo wir uns Leben gewähren, schenken.

IV.

Denkt man unsere Lachgeschichte weiter und macht einen allgemeinen Satz daraus, dann lautet er: Du sollst Deinen Nächsten lieben wie dich selbst. Damit dieser Satz nicht unversehens zu einem neuen Gesetz wird *(Du sollst!)*, darf man ihn eigentlich nur lächelnd sagen:
- mit einem *zögernden* Lächeln: lieben?
- mit einem *staunenden* Lächeln: ich – mich?
- mit einem *überraschten* Lächeln: es gibt doch so viele »Nächste« – solche und solche . . .

Es ist schon ein atemberaubend ungewöhnlicher Satz! Daß jemand mir sagt: Du sollst deinen *Nächsten* lieben – das verstehe ich als moralischen Appell leicht. Und zugeben muß ich: Was *Selbstliebe* ist, das weiß ich. Aber hier ist beides, was einander so fern, so entgegengesetzt scheint, *zusammengespannt.* Und darüber hinaus: Daß gerade dieser scheinbare Gegensatz aufgehoben ist, das heißt *heilig leben.*
Dies ist, wo immer es spurenweise Ereignis wird, *neues Leben.* Nicht düstere Selbstverleugnung oder gar Selbstverneinung – die Geschichte der Frömmigkeit kennt manches Beispiel – macht mich frei für andere Menschen, sondern *zu andern ja sagen, für andere da sein, andere leben lassen* und ihnen dabei zu helfen, auch in ihrem Anderssein – das kann ich als einer, *der zu sich ja sagt.* Der sich über sich nichts vormacht. Bis dahin: Der sich die Liebe, die er andern schuldet, auch selbst gönnt. Es gibt Menschen, die unmenschlich mit sich selbst umgehen, und *deswegen* nicht frei sein können, sich andern zuzuwenden.
Merken Sie, welch ein großer Atem, welche Gelöstheit hier in unser Leben hineinkommt? Hier fallen Beklemmungen, hier kann hartes Leben reich an Empfindung werden, kann Leben werden, was es ist: Freude, Wohlsein, Zärtlichkeit. Das ist: *Evangelium.*

4.10.2. Homiletischer Kommentar

Zur allgemeinen Situation:

Kein besonderer Anlaß.
Dorfgemeinde, in der gutbürgerlicher Mittelstand dominiert (Handwerker, Angestellte, Bauern). Die älteren Gottesdienstteilnehmer haben – übertragen auf deutsche Schulverhältnisse – überwiegend Hauptschulabschluß, die jüngeren zum erheblichen Teil Realschulabschluß. Für die Situation allgemein, aber auch für einen nicht unbeträchtlichen Teil der Gottesdienstteilnehmer ist gegenüber der Kirche eine Haltung charakteristisch, die man als »interessierte Distanz« bezeichnen kann. In dieser Haltung findet sich Aufgeschlossenheit, Neigung zur Kritik sowohl gegenüber »Traditionalismus« wie auch »Progressivität«, die landläufige Maßstäbe allzu rasch hinter sich läßt. Die Gemeinde ist anspruchsvolle Predigten gewöhnt.

Wie baue ich die Rede/Predigt auf?
vgl.: 3.2.7.

Nach Vorüberlegungen in verschiedenen Richtungen und nach der Reflexion diverser Materialien entscheide ich mich im Blick auf die gegebene fremde Situation (ich kenne die Gemeinde überhaupt nicht, ich weiß nur, daß es eine Dorfgemeinde ist) für folgenden Aufbau:

I.: Als Ausgangspunkt bietet sich die konkrete Situation an: gegenseitige Unkenntnis als Erschwerung der Predigt. Reflektiert man diese Tatsache *homiletisch-rhetorisch*, so ergibt sich, was *theologisch* in aller Regel nicht »vorgesehen« ist: Wenn man nichts voneinander weiß, ist es schwer, miteinander von Gott zu reden. Das »extra nos« des Wortes Gottes ändert da faktisch gar nichts. Das gilt im Blick auf die Hörer, auch wenn die Dogmatik widerspricht.

II.: Die Aporie, in der Abschnitt I. endet, macht es notwendig, eine Brücke zu bauen. Dazu dient der Text 3. Mose 19 als Material. Oder in einem andern Bild: Er ist Vehikel, um über die Kluft des Nichtkennens und eventuellen Nichtverstehens hinwegzukommen. Dazu eignet er sich besonders, weil die Grundaussage: »Ihr sollt heilig sein« in konkreten Verhaltensregeln ausgeführt wird.

III.: Auf Schritt II. muß eine unmittelbare, möglichst überraschende »moderne« Konkretisierung des »Ihr sollt heilig sein« folgen. Ich wähle dafür als Schlüsselwort die anthropologisch ungemein relevante Fähigkeit des Menschen, *lachen* zu können. Was Lachen in konkreten Lebenszusammenhängen heißt, ist sodann nicht diskursiv zu erörtern, sondern in einer »Lachgeschichte« zu vermitteln (aus U. Wölfel, 23 Lachgeschichten).

IV.: Schritt IV. muß Schritt III. auswerten und weiterführen. Insofern knüpft er auch an Schritt II. an. Dabei rückt jetzt – dem Ductus des Textes aus 3. Mose 19 entsprechend – statt des »Ihr sollt heilig sein« in den Vordergrund: »Du sollst deinen Nächsten lieben wie dich selbst«. Auf dem Hintergrund von Schritt IV., und auch ihn überschreitend, ist die Vielschichtigkeit dieses Satzes, seine menschliche Realistik, die psychologische Wahrheit eingeschlossen, herauszuarbeiten. Von da aus kann deutlich werden, was »Evangelium« heißt.

V.: Möglich, aber nicht zwingend nötig, ist ein abschließender Schritt: Tonlage und Atmosphäre von Schritt IV. aufnehmend, könnte mit einer poetischen Aussage geschlossen werden, die

Schritt IV. noch in eine andere Dimension hinein verlängert und dadurch eventuell den Eindruck für den Hörer verstärkt. Aber was wäre geeignet?

4.11.1. *Frieden*
(Rüsselsheim, 11. November 1973)

I.

Wir kennen alle die Schwierigkeit, etwas zu verstehen, was anderen Menschen gesagt worden ist, deren Lebenssituation uns fremd ist. Einen Brief an einen Menschen, den wir nicht kennen, geschrieben vor hundert Jahren, empfinden wir leicht als komisch: Die Sprache ist uns fremd; die Anspielungen durchschauen wir kaum, weil wir die Lage des Briefschreibers nicht kennen und die des Empfängers auch nicht. Genauso ergeht es uns oft mit Erzählungen oder Aussagen der Bibel. Der Abstand ist zu groß, die Situation ist zu fremd. Der Zugang scheint versperrt. Wir sagen dann: Das *verstehe* ich nicht – mein Leben ist anders.
Aber es gibt auch leichteres Verstehen, leichteren Zugang. Nämlich dann, wenn – trotz aller Unterschiede – die *Situation*, in der ein alter Text entstanden ist, uns vertraut ist, ja vielleicht sogar auch die unsere ist. Das gibt es. Dann kann er uns was lehren.
Zum Beispiel:
Menschen suchen vor Zeiten Frieden. Gewiß, sie leben unter anderen Bedingungen als wir. Sie *sind* andere als wir. Aber *daß* Menschen nach Frieden fragen – das können wir verstehen. Diese Frage ist ausgesprochen im 85. Psalm. Da wird zuerst Gott angeredet, der sein Volk gnädig durch die Geschichte geführt hat, und darauf folgt, aus einer Not heraus, die Frage: Willst Du uns denn nicht wieder erquicken, daß dein Volk sich über Dich freuen kann? Die Antwort auf diese Frage und Bitte ist unser Predigttext –:

> Redet denn Gott nicht vom Frieden,
> den er seinem Volk zusagt,
> denn sie sollen nicht ohne Hoffnung sein.
> Seine Hilfe ist denen nahe, die ihn fürchten,
> auf daß in unserem Lande Ehre wohne;
> daß Güte und Treue einander begegnen,
> Gerechtigkeit und Friede sich küssen;

daß Treue auf der Erde wachse und
Gerechtigkeit vom Himmel schaue;
daß uns auch der Herr Gutes tue und
unser Land seine Frucht gebe;
daß Gerechtigkeit vor ihm her gehe
und seinen Schritten folge. (Ps 85,9–14)

Suchen wir nicht auch Frieden? Also ist uns die Situation wenigstens nicht fremd. Sehen wir zu, *wie* in ihr gesprochen wird und *was* gesagt wird.

II.

Vom Frieden, den man ersehnt, wird in jenem Stück aus dem 85. Psalm in *Gedichtform* gesprochen, in großer bilderreicher Sprache. Sprechen wir auch so? Ist uns diese Sprache fremd?
Ja, sie ist uns weithin fremd. Und das ist verräterisch. Wo in unserer Welt vom Frieden gesprochen wird, da wird in der Sprache von Verträgen, Abmachungen, Bestimmungen, Grenzziehungen – kurzum in der Sprache von *Programm* und *Gesetz* geredet. Unbestreitbar – das muß *auch* sein. Ohne dies geht es gewiß nicht. Aber: Die Sprache des Gesetzes, die Sprache der Vereinbarung trägt nur, wenn sie das zweite ist. Das erste ist: die Sprache der Bilder – der große Entwurf. Die Bilder, die Entwürfe, die großen Utopien, in denen unser *Herz* schlagen kann und nicht nur unser Hirn gefragt ist. Das möchte ich ein wenig erläutern.
Wenn zwei Menschen einander lieben, dann diskutieren sie kaum als erstes steuerrechtliche Fragen. Wie reden sie als erstes? In Bildern, in bildhafter Rede, in der sie einander und sich selbst sagen, was sie füreinander sind ... Und *danach* muß man sicher auch manches regeln. Die *Regelungen* leben von den *Gefühlen*, die sie tragen. Das ist die Reihenfolge.
Frieden ersehnen – da ist es nicht anders. Vielleicht ist auch deswegen so wenig Frieden in der Welt, weil wir den *Bildern unserer Herzen*, weil wir der *Kraft unserer Gefühle* so wenig Raum lassen. Weil wir meinen, der Mensch bestehe nur aus Verstand. Wenn wir aber umlernen, nicht um gefühlsselig oder gefühlsduselig zu werden, auch nicht um dem Verstand den Kampf anzusagen – wenn wir aber umlernen und uns erlauben, unser Herz sprechen zu lassen, erst dann leben wir voll und rund. Dann ist auch in Vereinbarungen anderes Leben. Unser Psalm, seine Sprache lehrt uns, in Bildern des Herzens, in

Bildern der Sehnsucht überschwenglich zu denken. Mag dies für manche Ohren schwärmerisch klingen, irreal – nein: *Realisten* sind wir erst, wenn wir auch *Träumende* sind. Träume schaffen Wirklichkeit – Wirklichkeit braucht Träume. So kann sie stückweise neu werden.

III.

Liest man unseren Psalm von *dieser* Seite, dann wird zugleich sichtbar: Vom Frieden wird hier nicht im Sinne einer *statischen Ordnung*, sondern im Sinne eines *dynamischen Prozesses* gesprochen.

Dies ist nämlich ein Gegensatz. Frieden als Gesetz, statisch, das der eine diktiert – und Frieden als ein *Weg*, auf den wir *miteinander* kommen müssen; auf dem sich dann erst zeigen muß, *wie* Frieden aussieht. Das gilt für Israel und Ägypten, und es gilt, wenn zwei Menschen streiten.

Unser Psalm hat diese Dynamik des *Suchens* und *Findens*, die Dynamik der *Bewegung*. Das kann man rasch erkennen, wenn man auf einzelne Formulierungen achtet. Es heißt:

– Güte und Treue sollen einander *begegnen;*
– Gerechtigkeit und Friede sollen sich *küssen;*
– Treue soll auf Erden *wachsen;*
– das Land möge *Frucht geben;*
– Gerechtigkeit *geht* vor Gott her und *folgt* seinen Schritten.

Hier ist nichts »fertig«, nichts abgeschlossen, sondern die Entwicklung, der *Prozeß zum Frieden* ist offen, ist in Bewegung. Friede »kommt«, wo man sich auf diesen Prozeß einläßt. Friede wird nicht gemacht, sondern: Es wird *erfahrbar*, was Frieden ist.

Noch einmal: Das gilt im Großen wie im Kleinen, zwischen streitenden Völkern, Gruppen oder einzelnen. Man muß ein Stück Wegs *gemeinsam gehen*, wenn Friede sich einstellen soll – jeder ein Stück Weg des *andern*. Das ist gegen unser Prinzip, daß der jeweils Stärkere sagt, wie der sogenannte Friede zu sein habe. So wird kein Frieden, weil darin Gerechtigkeit nicht wohnt.

Ich habe gesagt, daß Friede erfahrbar wird, sich einstellt, sich *schenkt*. Ist unser Tun denn unbeteiligt? O nein. Aber *in* unserm Tun, verwickelt in Leben und Geschichte, erfahren wir, daß die Kraft und das Glück des Friedens mehr sind als die Summe unseres guten Willens, mehr und anderes. Die Wirklichkeit ist mehr als unsere Anstrengung. Dies soll nicht lähmen, macht unser Tun beileibe nicht überflüssig, sondern es zeigt den Reichtum, die Fülle, die Größe dessen, was Leben ist. Davon reden, heißt von Gott reden. Von dem Gott, der in keiner Definition, in keiner Formel zu fassen ist – dessen *Name* für jene *Fülle* steht, für jenen unauslotbaren *Reichtum*, aus denen sich uns, den Friedlosen, Frieden schenkt.

Was ist das für ein Gott? Wie kann man von ihm reden? Ich komme zurück auf das, was ich vorhin gesagt habe: in *dynamischen Bildern!* Kein Bild reicht aus – zahllose sind nötig. Es ist der Gott,

- mit dem man über Mauern springen kann (Ps 18,30);
- der Heil und Gerechtigkeit will und schenkt – für uns, die wir unheil und ungerecht sind;
- der der Liebhaber des Lebens ist;
- der halten und helfen und tragen will, auf daß wir einander halten und helfen und tragen.

Es ist der Gott des Friedens, dessen Friede nicht nur unsere Vernunft, sondern auch noch unsere Träume einholt.

IV.

Begibt man sich auf den Weg der Bilder, in den Prozeß des Friedens, dann kann unser Leben neu werden. Das ist das Ende von viel Gewohntem – es ist die *Zumutung*, die in neuem Leben steckt.

Ich schließe mit einem Gedicht, daß dies in *Bildern* und als *Bewegung* zum Ausdruck bringt:

> Schüttle den Staub
> der Gemeinplätze
> aus deinen Kleidern
> kämme den Flitter
> billigen Beifalls
> dir aus dem Haar
> reinige dein Gesicht
> von der Schminke
> glatter Verbindlichkeit.
> Höre nicht
> auf das Gelächter
> des Spottes – nicht
> auf das Klingeln
> der Münzen –
> steig ein

in die Barke der
Wahrheit
und steuere gegen
den Strom.

4.11.2. Homiletischer Kommentar

Zur allgemeinen Situation:

Kein besonderer Anlaß.
Industriestadt im Rhein-Main-Gebiet mit rund 62 000 Einwohnern.
Die Gemeinde liegt in der Altstadt. Gottesdienstbesucher sind überwiegend Handwerker, Angestellte und Arbeiter, nur wenige Akademiker. Die Offenheit für moderne theologische und politische Fragestellungen ist vergleichsweise groß, Bereitschaft zum Gespräch zwischen verschiedenen Gruppen und Auffassungen ist vorhanden.

Wie baue ich die Rede/Predigt auf?
vgl.: 3.2.7.

Thematik und Absicht bestimmen den Aufbau. Ich will:
- vom Frieden reden,
- und zwar anhand eines alten Textes,
- der stark poetisch geprägt ist
- und dazu einlädt, über die Notwendigkeit poetischer Sprache nachzudenken.

Die Absicht der Predigt und die Eigenart des Materials (Psalm 85,9–14) legen es in diesem Fall zwanglos nahe, relativ dicht am Text zu bleiben.

Daraus ergibt sich folgende Aufbaumöglichkeit:
I.: *Ausgangspunkt:* Verstehensschwierigkeiten, am Beispiel eines Briefes – übertragen auf biblische Texte.
Umkehrung: Verstehensmöglichkeiten bei vergleichbaren Fragesituationen.
Als Beleg dafür: Textverlesung (nach Luther).
II.: Die Sprache, in der der Psalm vom Frieden spricht. Nach der konkreten Einführung in I. (Briefbeispiel) ist II. eine *Reflexionspassage,* freilich so plastisch wie möglich formuliert, in der *über* Sprache gesprochen wird – nicht mit der Absicht des Philologen oder des Linguisten, sondern um an den Verkürzungen unseres Sprechens zu zeigen, wo und wie unser Leben gestört ist.

III.: Nach der Reflexion in II. steht in III. der *Text des Psalms* im Vordergrund. In III. wird überprüft, weitergeführt, konkretisiert, was in I. vorbereitet ist.
IV.: *Schluß:* Thematik und Absicht legen es nahe, in poetischer Sprache zu schließen, und zwar jetzt in zeitgenössischer Sprache, um so dem Irrtum zu wehren, poetische Sprache sei stets alte Sprache.

Einen deutlichen Höhepunkt, auf den alles zusteuert, hat die Predigt nicht; sie ist eher spiralförmig angelegt, Thema und Problematik von verschiedenen Seiten her umkreisend. Die größte Beanspruchung des Hörers dürfte in II. liegen, der Zugang in I. ist ohne Schwierigkeiten, und III. und IV. sind leichter zugänglich als II.

5. Schluß: Zur Analyse von Reden und Predigten

5.0. Vorbemerkung

Die abschließenden Hinweise zur Analyse von *gedruckten* (bzw. schriftlich vorliegenden) Predigten sind ausgesprochenermaßen an der Arbeitssituation des einzelnen Predigers oder Predigthörers bzw. einer Arbeitsgruppe mit begrenzter Zeit und begrenzten Voraussetzungen orientiert. Daraus folgt: Wortstatistische Untersuchungen, zu deren Auszählung man einen Computer braucht, sind sinnvoll und ergiebig, aber für unseren Zusammenhang können sie nicht zur Debatte stehen. Ebenso gilt, daß sprachwissenschaftliche Analysen, die ein Linguistikstudium voraussetzen, hier nicht unsere Sache sein können. Es geht vielmehr darum, einen Weg für die Analyse zu finden, der unter den gegebenen begrenzten Bedingungen von Predigern und Predigthörern begehbar erscheint.
Dies bedeutet konkret:
- es ist ein Katalog flexibler Fragestellungen zu entwickeln, der die Analyse der Beliebigkeit entnimmt und so erst sowohl verschiedene Reden wie auch verschiedene Analysen vergleichbar macht;
- mit sprachlichen Beobachtungen sind auf reflektierte Weise inhaltliche Folgerungen zu verbinden, die ansatzweise auf eine »ideologiekritische« Analyse abzielen;
- sprachwissenschaftliche Fragestellungen sind dabei in dem Maße hereinzunehmen, in dem sie für den Nichtfachmann erreichbar und nachvollziehbar sind.

5.1. Zur Methode

In der Analyse von Reden und Predigten geht es um *sprachliche* Beobachtungen, aus denen *inhaltliche* Folgerungen gezogen werden. Dies kann, was den Ausgangspunkt angeht, auf zweierlei Weise geschehen:
- es werden sprachliche Beobachtungen unter bestimmten Fragen an den Text gesammelt, um aus ihnen Aufschluß über inhaltliche Aussagen zu gewinnen;
- es werden inhaltliche Fragestellungen an den Text herangetragen, die nur aufgrund sprachlicher Beobachtungen beantwortbar werden (also auch *zuerst* zu sprachlichen Beobachtungen veranlassen).

In der Analyse sind also aus methodischen Gründen zeitweilig die sprachliche Form einerseits und die inhaltliche Aussage andererseits voneinander zu unterscheiden. Dies ist eine methodische Unterscheidung, die die sachliche Einheit von Form und Inhalt in keiner Weise aufhebt, sondern – im Ergebnis der Analyse – erkennbar werden läßt.
Daraus folgt: wer analysiert, muß *zwei* Schritte *nacheinander* tun. Der Zusammenstellung sprachlicher Beobachtungen *folgt* ihre Auswertung hinsichtlich des Inhalts.
In der inhaltlichen Auswertung der sprachlichen Beobachtungen sind die wertenden Aussagen zu begründen. Wer Folgerungen bezüglich des Redeinhalts aus sprachlichen Beobachtungen zieht, ist dabei stets – bewußt oder unbewußt, partiell oder total – von bestimmten vorgängigen Annahmen, Wertungen, Setzungen oder Einschätzungen bestimmt. Er geht von einem »Gesamtverständnis« (des jeweiligen Themas oder auch des Lebens, des Glaubens, der Gesellschaft usw.) oder von Teilstücken eines solchen Gesamtverständnisses aus und wertet von dort aus den Inhalt. Hier also liegen die Begründungen. Sie müssen in der Analyse stets mitausgesprochen werden, damit auch die Analyse und nicht nur die zur Debatte stehende Rede wiederum der Kritik offensteht.

5.2. *Ein Beispiel*

5.2.1. Rede/Predigt: »Zum Gedächtnis des Kaisers«

gehalten am 26. Januar 1919 in der Weißfrauenkirche zu Frankfurt a. M. von Pfarrer Kübel*

Wenn alle untreu werden,
So bleiben wir doch treu;
Daß Dankbarkeit auf Erden
Nicht ausgestorben sei.

Mit diesem Entschluß haben wir uns am Vorabend des 27. Januar versammelt. Wir gedenken des fernen Kaisers! Nicht um

* Die Rede erschien damals als Heftchen mit folgender Vorbemerkung: Es war dem Vorstand der Weißfrauengemeinde und mir ein Bedürfnis, den Abendgottesdienst des 26. Januar zu einer Gedächtnis-

Widerstand gegen die Obrigkeit wachzurufen, die jetzt Gewalt über uns hat. Wir leisten ihr den schuldigen Gehorsam, zumal unserem Volk die Rückkehr der Ruhe und Ordnung vor allem andern nottut, die Stetigkeit der neuen Entwicklung, gleichviel in welcher Staatsform. Wir gedenken des Kaisers als eines Mannes, der war, nicht mehr ist, wie eines Toten; für unser Deutsches Reich sind Kaisertum und Kaiser tot. Wir gedenken seiner mit der Pietät, die den Toten, mit der Ehrfucht, die dem Namen »Kaiser« geziemt, mit dem Freimut, der den Nacken vor der Menge nicht beugt und auch vor dem Kaiser sich selbst treu bleibt, und doch zugleich mit der bebenden Scheu, die die Tragik dieses Lebens, dieses Schicksals in uns entzündet.

Denn eine ungeheure Tragik umhüllt den Kaiser und sein Geschick. Der Kaiser hat unser Volk und Vaterland leidenschaftlich geliebt und seine ganze Persönlichkeit dafür eingesetzt; und gerade an seiner Persönlichkeit ist der Kaiser und mit ihm unser Volk gescheitert. Sein Verstand hatte klar und scharf erkannt, wessen die Zukunft unseres Volkes bedurfte; aber sein Gemüt und seine Phantasie blieben befangen in der Romantik verflossener Geschlechter. Groß und stolz kam das Wort aus seinem beredten Mund, aber vor der entscheidenden Tat ist seine Hand meist zurückgeschreckt. Wie oft waren seine Entschlüsse richtig und kraftvoll, aber die Wucht des Anlaufs ist nutzlos verpufft. Der Zauber seines Geistes hat alle Welt geblendet, er selbst aber war blind gegen unechte Geister. Sein Sinn stand aller wahren

---

feier für den Kaiser auszustatten. Die Feier wurde an den beiden vorangehenden Sonntagen von der Kanzel aus angekündigt, auch luden Karten zur Teilnahme ein; von der ursprünglich geplanten Einladung durch die Presse sahen wir ab, um jeder falschen Deutung der Feier vorzubeugen. In letzter Stunde bekam der Arbeiterrat von dem Plane Kenntnis. Der Polizeipräsident beschränkte sich jedoch darauf, daß er mich in sehr loyaler Weise bitten ließ, die Feier um der öffentlichen Ordnung willen wieder abzusagen, und mir, falls sie dennoch stattfinde, die Verantwortung für die Folgen zuschob. Ich glaubte, die Verantwortung tragen zu können. Die Feier verlief denn auch ohne jeden Zwischenfall. Die Kirche war überfüllt, wie im Anfang des Krieges. Das Eingangslied »Was mein Gott will, das g'scheh allzeit« gab dem Gottesdienst die Richtung. Gebet, Einzelgesang, Schriftverlesung Klagelieder Kapitel 5, Chor und Cello waren auf den Ton des Schmerzes und der Ergebung in den Willen Gottes gestimmt. Nach meiner Rede, Gesang von zwei Versen des Liedes »Was Gott tut, das ist wohlgetan« und nochmaligem Einzelgesang wies Psalm 126 den Weg in eine lichtere Zukunft, der Knabenchor antwortete mit dem freudigen Bekenntnis »Ist Gott für mich, so trete gleich alles wider mich«, der letzte Vers des Liedes »Was mein Gott will« schloß die Feier. Begleitet von den Klängen der alten Kaiserhymne ging die Gemeinde auseinander. Pfarrer Kübel

Größe offen, aber kein wahrhaft Großer kam neben ihm empor. Er hat alles gewollt, ehrlich, redlich gewollt, – aber was er erreicht hatte, zerrann in wenigen Wochen jammervoll in Nichts.

Keine Regierung in ganz Europa war so heiß auf das Wohl der arbeitenden Klasse bedacht wie die unseres Kaisers; hat doch der Kaiser im Jahre 1890 Bismarck entlassen, weil ihm der auf dem Wege der sozialen Reform hemmend entgegentrat. Und gerade die Arbeiter haben sich am völligsten vom Kaiser abgewendet. Die Sozialdemokratie hatte er gutgläubig als eine vorübergehende Erscheinung betrachtet; nun ging er vorüber, und die Sozialdemokratie herrscht an seiner Statt. Unsere Kriegsflotte war sein gewaltigstes und bestes Werk, die blauen Jungen sein ganzer Stolz; und die wurden die ersten, die die Brandfackel in unser Volk warfen, selbst sein Schloß haben sie sich nicht geschämt zu plündern, und unsere Flotte ist, unbesiegt, bis zum kleinsten Unterseeboot im Besitz unserer Feinde.

So könnten, so müßten wir fortfahren in schmerzlichster Wehmut. Sehen wir aufs Ganze, so war der Kaiser von drei großen Zielen beherrscht. Er wollte von dem Tag an, da er den Thron bestiegen hatte, seines Amtes so walten, daß er dereinst guten Gewissens Rechenschaft ablegen könnte: der Welt und Weltgeschichte für die Erhaltung des Friedens, seinen Vorfahren, sonderlich Wilhelm I., für die Wahrung der preußisch-deutschen Weltmacht und dem Herrn der Heerscharen für die Handhabung seiner Herrschergewalt. Und jedes dieser Ziele hat sich in sein volles Gegenteil verkehrt!

Es ist und bleibt die Wahrheit, daß der Kaiser den Frieden wollte, den Frieden um jeden Preis, von 1888 bis 1914. Um des Friedens willen hat er alles getan, um mit allen Völkern gutzustehen, und hat es gerade dadurch mit allen verdorben; um des Friedens willen begehrte er, jedermanns Freund zu sein, und wurde eben dadurch jedermanns Feind. Nicht böser Wille, nur falsche Maßregeln haben von der Entlassung Bismarcks an die Welt gegen uns geeint und es England, Rußland und Frankreich möglich gemacht, den Krieg gegen uns zu entfesseln und zugleich den Schein der Schuld auf uns zu wälzen. An den letzten Ereignissen, die zum Ausbruch des Krieges führten, trifft den Kaiser keine Schuld. Die Feinde draußen und die Feinde des Kaisers im eigenen Land haben kein Dokument ans Licht gefördert, das den Kaiser ernstlich belastet. Die Weltgeschichte wird dereinst gnädig über ihn richten, gnädiger als jetzt unser eigenes Volk. Aber für den Augenblick hat sich der ganze Fluch des Krieges auf sein Haupt geworfen. Mag sein, daß gerade morgen, an seinem sechzigsten Geburtstag, um ihre eigene, unsühnbare Schuld am Ausbruch des Krieges zu überdecken, die Machthaber unserer Feinde beschließen werden, von Holland die Auslieferung des schuldigen Kaisers zu erzwingen. Und unser Volk schweigt und will nichts davon wissen, daß die Schmach zuletzt doch auf uns selber zurückfällt!

Seinem Großvater, Wilhelm I., war der Kaiser in rührender Pietät zugetan: »Im Mittelalter hätte man solch einen Mann heilig gesprochen«. Wie oft glaubte er, bei einer Parade Wilhelm I. und seine Paladine im Geist zugegen! Wie oft hat er sich und den Truppen damit geschmeichelt, daß der hohe Herr bei seinen Fahnen Besuch gemacht und dem Manöver des Armeekorps zufrieden zugeschaut habe! Und heute? Wie soll der Kaiser jetzt vor dem Geist Wilhelms I. bestehen? Welcher Jammer, welche Verzweiflung muß seine Seele packen, wenn ihn der alte Kaiser nach dem Erbe fragt, das er ihm vor dreißig Jahren so fest, so unangreifbar übergeben hat? Was ist aus unserem armen Vaterland geworden, was wird noch aus ihm werden? Schon würfeln die Feinde über unser Schicksal, wie zur Zeit des Dreißigjährigen Krieges, und gestalten unsere Zukunft, ohne daß wir auch nur mitreden dürften. Schon schicken sie ihre Werber aus, damit das deutsche Blut fortan fließe, wie zur Landsknechtszeit, in fremdem Sold und das deutsche Schwert andere Völker zu der Macht emporführe, die uns versagt geblieben ist!

Und die Verantwortung vor Gott? Der Kaiser war sich dessen gewiß, daß er allein von Gottes Gnaden herrsche. Es war keine persönliche Überhebung, es war die Quelle seines Pflichtgefühls, wenn der Kaiser bekannte: »Sie wissen, daß ich Meine ganze Stellung und Meine Aufgabe als eine Mir vom Himmel gesetzte auffasse und daß ich im Auftrag eines Höheren stehe, dem ich später einmal Rechenschaft abzulegen berufen bin. Deshalb kann ich Sie versichern, daß kein Abend und kein Morgen vergeht ohne ein Gebet für Mein Volk.« Was haben die Gebete genützt? Was mag durch das zerquälte Herz des Kaisers gehen, nachdem nun Gott der Herr gekommen ist und ihn zur Rechenschaft gezogen hat? War wirklich das ganze Leben dieses unseres Kaisers auf einen Wahn gebaut?

So zieht sich die Tragik erdrückend, unerträglich durch das Wesen und Leben des Kaisers. Die Menge sieht dergleichen nicht, sie achtet nur auf das, was vor Augen liegt, auf den verlorenen Krieg. Wir wollen wahrer und tiefer schauen, bis auch unser Volk den Weg zur Wahrheit und Gerechtigkeit wieder findet. Wie können wir aber jetzt, in unserem Gemüt, die Tragik lösen?

Das wird keinem gelingen. Die Tragik unseres Volkes und die tragische Gestalt des Kaisers – wir sehen sie vor uns, wir erleben sie an uns, und wir gehen hinweg, erschüttert von solchem Los!

Wir können nur eins: wünschen, hoffen, beten, daß Gott, der die Seele des Kaisers so geformt hat, wie wir sie kennen, daß Gott, an den der Kaiser von ganzem Herzen geglaubt hat, ihm Erquickung, Trost, Kraft, Frieden schenke. Am 31. Oktober 1898 hat der Kaiser, tief ergriffen von der Erinnerung an das irdische

Leben Jesu, in Jerusalem bekannt: »Nicht Glanz, nicht Macht, nicht Ruhm, nicht Ehre, nicht irdisches Gut ist es, was wir hier suchen, wir lechzen, flehen und ringen allein nach dem einen, dem höchsten Gute, dem Heil unserer Seelen.« Seinem Volk hat er damals zugerufen, »daß alle, die den Namen des gekreuzigten Herrn tragen, in dem Zeichen dieses hochgelobten Namens ihren Wandel führen zum Siege über alle aus der Sünde und der Selbstsucht kommenden finsteren Mächte«. Gott helfe dem Kaiser zum Sieg auch über die finsteren Mächte des Schicksals! Bei der Konfirmation seines jüngsten Sohnes hat sich der Kaiser vor Jesus Christus gebeugt, dieser persönlichsten Persönlichkeit: Jesus Christus trage ihm nun sein Kreuz, damit der Kaiser glaube, auch wenn er nicht mehr sieht, und sich der ewigen Liebe tröste, auch wenn er ihre Spuren nicht mehr findet! Auch das Wort seines Großvaters, das der Kaiser einmal angeführt hat, daß er nämlich durch Demütigungen mehr gelernt habe als durch alle Siege, mache Gott an dem Kaiser jetzt zur Wahrheit!

Wir aber bleiben dem edlen, hochgemuten, ritterlichen Kaiser treu; sein Unglück bindet uns noch fester an ihn als zuvor sein Glück! Wir danken ihm für alles, was er aus reinem Herzen gewollt, für alles, was er in unendlicher Liebe zu unserem Deutschen Reich vollführt hat. Wir danken ihm an dieser Stätte auch für alle Wohltaten, die er unserer evangelischen Kirche, ohne seine Macht jemals zu mißbrauchen, als ihr Schirmherr und Oberbischof erwiesen hat. Und wir legen das Schicksal unseres Kaisers für Zeit und Ewigkeit in die Hand des barmherzigen Gottes.

Unser Volk aber führe Gott durch die Nacht der bösen Gegenwart hindurch, vorwärts zu neuem Licht! Amen.

5.2.2. Fragestellungen für die Analyse

Die folgende Liste ist *unabgeschlossen* und also von Fall zu Fall durch weitere Fragen zu erweitern. Umgekehrt ist auch nicht damit zu rechnen, daß *jede* der genannten Fragestellungen für *jede* Rede ergiebig ist.

Was kennzeichnet die sprachliche Gestalt der Rede?

- Umgangssprachliche Redewendungen?
  keine
- Saloppe Redewendungen?
  keine
- Schichtorientierte Sprache?
  mittelschichtorientiert (»elaborierter Code«); klare Entgegensetzung zwischen der »Menge« (114) und »Wir wollen wahrer und tiefer schauen« (116).
- Fachsprache?
  keine
- Klischeehafte Wendungen? Topoi (literarische, historische, zeittypische)?
  »die blauen Jungen« (44); »unser armes Vaterland« (92); »Wesen und Leben« (113).
  »seines Amtes walten« (52); »Herr der Heerscharen« (56); »die Weltgeschichte wird dereinst« (72); »Fluch des Krieges« (74); »der hohe Herr« (86); »schon würfeln die Feinde« (94); »das deutsche Blut« (97); »in fremdem Sold« (98); »das deutsche Schwert« (98); »Zeit und Ewigkeit« (153).
- Dominierende Wortfelder?
  (1) hinsichtlich Haltung/Einstellung: »Pietät« – »Ehrfurcht« – »Scheu« – »Wehmut«
  (2) hinsichtlich historischer Urteile: »Tragik« – »Geschick« – »Schicksal« – »finstere Mächte« – »Nacht der bösen Gegenwart«
  (3) hinsichtlich der Persönlichkeit des Kaisers:
  b) »groß« – »stolz« – »kraftvoll« – »gewaltig«
  b) »ehrlich« – »redlich« – »rührende Pietät« – »edel« – »ritterlich«
- Bildhafte Redewendungen?
  »bebende Scheu« (17); »das zerquälte Herz« (109); »aus reinem Herzen« (147); »Brandfackel« (46).

- Tautologien, Leerformeln?

  siehe: Doppelungen, Reihungen, Häufungen.

- Syntax und Textstruktur?

  überwiegend feststellende Sätze (durchgängig), in die feststellenden Sätze eingeschoben: ausrufende Sätze, z. B.: »Wie oft ...« (28; 84); »Welcher Jammer ...« (89); »Was ist ...« (92); »Gott helfe ...« (135).

  An einer Stelle massiver Einsatz von Fragesätzen (88 ff.).

- Anspielungen, Zitate, Parodistisches?

  Aussprüche des Kaisers werden als Zitate eingearbeitet (103 ff.).

- Doppelungen, Reihungen, Häufungen?

  »klar und scharf« (23); »groß und stolz« (26); »richtig und kraftvoll« (28); »gewaltigstes und bestes« (44); »so könnten, so müßten« (49); »Welt und Weltgeschichte« (53); »ist und bleibt« (59); »welcher Jammer, welche Verzweiflung« (89 f.); »wahrer und tiefer« (116); »wünschen, hoffen, beten (123); »Erquickung, Trost, Kraft und Frieden« (126); »edlen, hochgemuten, ritterlichen« (145).

Wie ist die Rede/Predigt gegliedert?

1. (1–18): Einleitung, schließend mit dem Stichwort »Tragik«
2. (19–48): Entfaltung der »Tragik« in Gegenüberstellungen
3. (49–112): Die »drei großen Ziele« des Kaisers:
   3.1. (59–81): Friedenswille
   3.2. (82–99): Wahrung des Erbes in Verantwortung gegenüber den Vorfahren
   3.3. (100–112): Verantwortung vor Gott
4. (113–156): Schluß, mit Wiederaufnahme des Stichworts »Tragik« und Weiterführung in Richtung Gebet (123 ff.) und Treuegelöbnis (145 ff.).

Gibt es eine vorherrschende Redestruktur (Argumentationsweise, Behauptung?)?

Zwar – aber – Argumentation (24 ff.)
Entgegensetzungen (36 ff.)

Leitmotivisches?

Der Begriff der Tragik, am Anfang eingebracht (17), akzentuiert das Gesamtverständnis (119).

Was will der Redner/Prediger erreichen?

Einsicht in die »Tragik« des Kaisers (113), d. h. zugleich: er will eine bestimmte politische Sicht des Kaisers, des Krieges, des Kriegsendes und der Gegenwart vermitteln (59 ff.).

Wofür und wogegen nimmt der Redner/Prediger Stellung?

Für den Kaiser als Menschen, für des Kaisers »große Ziele« (50); implizit *gegen* die gegenwärtige politische Situation (70 ff.).

Welche spezifischen Mittel/Materialien werden eingesetzt?

Politisch-biographische Wertungen, Kaiserworte und eine religiöse Schlußinterpretation werden miteinander verbunden.

Worüber wird in der Rede aufgeklärt, informiert?

Der Hauptteil der Rede bietet eine teils biographische, teils politisch wertende Skizze des kaiserlichen Wirkens.

Wie verteilt sich Rationalität und Emotionalität in der Rede?

Situation, Absicht (vgl. Anm. 1) und entsprechende Wortwahl sowie Satzkonstruktion machen die Rede durchgängig überwiegend emotional.

Gibt es »irrationale« Aussagen?

Rational nicht aufschlüsselbarer Zusammenhang zwischen dem Anfang »Wir gedenken des Kaisers ... wie eines Toten« (11) und dem Schluß »Wir aber bleiben dem ... Kaiser treu« (145).

Wie versteht der Redner/Prediger seine Rolle als Redner/Prediger?

vgl. Anm.: Es ist dem Redner ein »Bedürfnis«, und er glaubt, »die Verantwortung tragen zu können«.
Der Redner versteht sich als Trauerredner, der einen großen Gescheiterten betrauert: »Er hat alles gewollt, ehrlich, redlich gewollt, – und was er erreicht hatte, zerrann in wenigen Wochen jammervoll in Nichts« (33). Dabei macht er sich zum Sprecher derer, die »wahrer und tiefer schauen« (116), denn: »Die Menge sieht dergleichen nicht, sie achtet nur auf das, was vor Augen liegt ...« (114).

Welche Rolle weist der Redner/Prediger seinen Hörern zu?

Die Hörer werden als Teilnehmer einer Trauer- und Treuefeier angeredet, die mehr sehen als die »Menge« (s. o.).

Wie ist die Redesituation zu charakterisieren?

vgl. Anmerkung: Eingangslied »Was mein Gott will, das g'scheh allzeit« – »Ton des Schmerzes und der Ergebung in den Willen Gottes« – Lied: »Was Gott tut, das ist wohlgetan« – Kaiserhymne als Ausklang.

5.2.3. Auswertung der sprachlichen Beobachtungen

Die Analyse ist in 5.2.2. aus Raumgründen nur insoweit durchgeführt, daß einerseits das Verfahren deutlich werden kann, andererseits inhaltliche Konsequenzen gezogen werden können.

Aus der Analyse lassen sich folgende inhaltliche Schlüsse ziehen:

(1) Der Redner versteht sich und seine Zuhörer als zu einer elitären Gruppe gehörig. Die Gegenüberstellung zwischen »Wir« (die »wahrer und tiefer schauen«) und der »Menge« dokumentiert den Anspruch des Redners, sein Selbstbewußtsein, ebenso wie das taktisch geschickte Kompliment an die Hörer: »Wir« sind etwas Besonderes. Damit ist im konkreten Fall gleichzeitig gesagt, daß die einen politisch klug, die andern, die »Menge«, die politisch anders denkt, politisch dumm, undankbar, wenn nicht gar gefährlich ist. Reaktionär ist solche Beurteilung und Selbsteinschätzung deswegen, weil das Urteil nicht aus einer versuchsweise »objektiven« Analyse der politischen Situation gewonnen, sondern vorausgesetzt wird, um sodann – unter dem Titel »Gedenken«! – politische Wertungen im Stil von Behauptungen vorzutragen.

(2) Die Eigenart des »Wir gedenken des fernen Kaisers« beweist dies. Hinter dem Mantel scheinbarer Distanzierung vom ehemaligen Kaiser wird er glorifiziert. Der Schlüsselbegriff dafür heißt: »Tragik«. Nicht zufällig rahmt der Hinweis auf die Tragik – sie »umhüllt den Kaiser und sein Geschick« (19 f.), und sie zieht sich »erdrückend, unerträglich durch das Wesen und Leben des Kaisers« (113 f.) – den Hauptteil der Rede ein. Dabei ist der Begriff der Tragik, als individual-biographische Wertungskategorie verwandt, geeignet, die notwendige historisch-politische Analyse zu verhindern und statt dessen persönliches Mitleid zu erregen. Dies zeigt sich in der Einzelausführung auf Schritt und Tritt. Vorrangig eingesetztes Mittel ist dafür der Aufbau von Entgegensetzungen, und zwar sowohl im Blick auf die Person des Kaisers wie auch im Blick auf politische Ereignisse. Baumuster solcher Entgegensetzungen sind: »Sein Verstand hatte klar und scharf erkannt . . ., aber sein Gemüt und seine Phantasie blieben befangen« (23 ff.), oder: »Keine Regierung in ganz Europa war so heiß auf das Wohl der arbeitenden Klasse bedacht . . . und gerade die Arbeiter haben sich . . . abgewendet« (36 ff.). Diese Entgegensetzungen sind die grammatisch-syntaktische Basis, auf der das Bild von der »Tra-

gik« des Kaisers aufgebaut wird. Jeweils der zweite Teil der Entgegensetzungen entschuldigt entweder den Kaiser oder klagt andere an. Die historische Wahrheit bleibt dabei auf der Strecke (vgl. nur 13 ff.). Zugleich ist die Folge, daß dem Hörer teils unterschwellig, teils ausdrücklich eine unvermeidlich negative Wertung der politischen Veränderungen nahegelegt wird – wiederum mehr angesonnen als argumentativ belegt.

(3) Diese massive politische Fehleinschätzung – entweder wußte der Redner nicht, wovon er sprach, oder er *wollte* nicht wissen, wie die Zusammenhänge in Wahrheit waren – wird durch die emotionale Wucht ihrer Darbietung um so eindrucksvoller. Das Klima, dessen der Redner für seinen Redeinhalt und seine Zielsetzung bedarf, schafft er sich von vornherein durch den Rahmen der Veranstaltung (vgl. Anmerkung), und umgekehrt wird der Rahmen durch die Redeabsicht in bestimmter Richtung interpretiert: die Liedtexte und die Lesung aus Klagelieder 5 bis hin zum Celloton dürften *hier* zu einer Grundstimmung von Selbstmitleid und Schicksalsergebenheit führen – einer Grundstimmung also, die genau zur »Tragik« des kaiserlichen Schicksals paßt. Der Redner selbst befördert dies sodann durch die Wahl der sprachlichen Mittel: emotional in den klischeehaften Wendungen und Bildern, bedrängend in den Reihungen und Häufungen (vgl. die entsprechenden Fragen in 5.2.2.).

(4) Die religiöse Dimension, die der Redner durch die Aussage, daß der Kaiser sich »vor Gott« verantwortlich wußte, geschickt in die Rede einbaut, ist dem politischen Programm der Rede paßrecht eingeordnet. Von Gott wird geredet, um vorher Gesagtes, um die gegebene politische Wertung zu befestigen. Der Ausgangspunkt liegt auch hier beim tragischen Individuum: »Wir können nur ... wünschen, hoffen, beten, daß Gott ... ihm Erquickung, Trost, Kraft, Frieden schenke« (123 ff.). Das kaiserliche Individuum vor Gott ist eher im Blickfeld als die Lage aller – vermutlich ist es dem Redner auch wichtiger als die »Menge«. Die Menge aber möge Gott aus der »Nacht der bösen Gegenwart« führen »zu neuem Licht« (155 f.). Der Hörer muß erschließen, warum die Gegenwart vor Gott böse ist: weil es eine Zeit ohne Kaiser ist? Und was wird der Hörer im »neuen Licht« sehen, was *soll* er sehn: welche politische Landschaft?

(5) Absicht, Wirkung und Funktion der Rede liegen nicht darin, das zu leisten, was in der Folge von 1945 »Aufarbeitung der Vergangenheit« oder »Trauerarbeit« (Mitscherlich) genannt worden ist; vielmehr hält der Redner seine elitären Hörer im Wunschbild einer Vergangenheit fest, die so nicht war, und hin-

dert sie damit, Verantwortung für die eigene, ungeliebte Gegenwart zu übernehmen.

Belege, Materialien, Hintergründe zu Abschnitt 5.

zu 5.2.1.:

Zitierte Literatur:

aus: W. Schubring (Hg.), Politische Predigten. Unter dem Gesichtspunkt der Überparteilichkeit gesammelt (1930)

Weitere Literatur:

– *ideologiekritisch:*

J. Ritsert, Inhaltsanalyse und Ideologiekritik. Ein Versuch über kritische Sozialforschung (FAT 4001/1972)
H. Ide u. a. (Hg.), Soziale Fronten in der Sprache (1972) 1 ff.

– *sprachwissenschaftlich:*

H. F. Plett, einführung in die rhetorische textanalyse (1973[2])
Ders., Textwissenschaft und Textanalyse (UTB 328/1975)

– *rhetorisch:*

H. Schlüter, Grundkurs der Rhetorik (dtv 4149/1974) 308 ff.
H. Geissner, Rede in der Öffentlichkeit (1969) 59 ff.
Ders., Rhetorik (1974) 143 ff.
W. Schafarschik, Herrschaft durch Sprache (reclam 9501/01a) 132 ff.

– *politisch:*

K. Burke, Die Rhetorik in Hitlers »Mein Kampf« und andere Essays zur Strategie der Überredung (es 231/1967)
L. Winckler, Studie zur gesellschaftlichen Funktion faschistischer Sprache (es 417/1970)
H. D. Baroth (Hg.), Schriftsteller testen Politikertexte (1967)
W. Dieckmann, Sprache in der Politik (1969)
H. D. Zimmermann, Die politische Rede ([3]1975)

– *homiletisch:*

J. Konrad, Die evangelische Predigt. Grundsätze und Beispiele homiletischer Analysen (1963)
W. Born, Kriterien der Predigtanalyse (1971)
R. Bohren, Predigtlehre (1974[3]) 402 ff.; 544 ff.
R. Heue/R. Lindner, Predigen lernen (1975) 73 ff.

Schließlich seien jedem Prediger *K. Tucholskys* »Ratschläge für einen schlechten Redner« wärmstens empfohlen:

Fang nie mit dem Anfang an, sondern immer drei Meilen vor dem Anfang! Etwa so:

»Meine Damen und meine Herren! Bevor ich zum Thema des heutigen Abends komme, lassen Sie mich Ihnen kurz ...«

Hier hast du schon ziemlich alles, was einen schönen Anfang ausmacht: eine steife Anrede; der Anfang vor dem Anfang, die Ankündigung, daß und was du zu sprechen beabsichtigst, und das Wörtchen kurz. So gewinnst du im Nu die Herzen und die Ohren der Zuhörer. Denn das hat der Zuhörer gern: daß er deine Rede wie ein schweres Schulpensum aufbekommt; daß du mit dem drohst, was du sagen wirst, sagst und schon gesagt hast. Immer schön umständlich.

Sprich nicht frei – das macht einen so unruhigen Eindruck.

Am besten ist es: du liest deine Rede ab. Das ist sicher zuverlässig, auch freut es jedermann, wenn der lesende Redner nach jedem viertel Satz mißtrauisch hochblickt, ob auch noch alle da sind ...

Sprich, wie du schreibst. Und ich weiß wie du schreibst. Sprich mit langen, langen Sätzen – solchen, bei denen du, der du dich zu Hause, wo du ja die Ruhe, deren du so sehr benötigst, deiner Kinder ungeachtet, hast, vorbereitet, genau weißt, wie das Ende ist, die Nebensätze schön ineinandergeschachtelt, so daß der Hörer, ungeduldig auf seinem Sitz hin und her träumend, sich in einem Kolleg wähnend, in dem er früher so gern geschlummert hat, auf das Ende solcher Periode wartet ... nun, nun ich habe dir eben ein Beispiel gegeben. So mußt du sprechen.

Fang immer bei den alten Römern an und gib stets, wovon du auch sprichst, die geschichtlichen Hintergründe der Sache. Das ist nicht nur deutsch – das tun alle Brillenmenschen ...

Kümmere dich nicht darum, ob die Wellen, die von dir ins Publikum laufen, auch zurückkommen – das sind Kinkerlitzchen. Sprich unbekümmert um die Wirkung, um die Leute, um die Luft im Saale; immer sprich, mein Guter. Gott wird es dir lohnen.

Du mußt alles in die Nebensätze legen. Sag nie: »Die Steuern sind zu hoch.« Das ist zu einfach. Sag: »Ich möchte zu dem, was ich soeben gesagt habe, noch kurz bemerken, daß mir die Steuern bei weitem ...« So heißt das.

Trink den Leuten ab und zu ein Glas Wasser vor – man sieht das gerne.

Wenn du einen Witz machst, lach' vorher, damit man weiß, wo die Pointe ist.

Eine Rede ist, wie könnte es anders sein, ein Monolog. Weil doch nur einer spricht. Du brauchst auch nach vierzehn Jahren öffentlicher Rednerei noch nicht zu wissen, daß eine Rede nicht nur ein Dialog, sondern ein Orchesterstück ist: eine stumme Masse spricht nämlich ununterbrochen mit. Und das mußt du hören. Nein, das brauchst du nicht zu hören. Sprich nur, lies nur, donnre nur, geschichtele nur.

Zu dem, was ich soeben über die Technik der Rede gesagt habe, möchte ich noch kurz bemerken, daß viel Statistik eine Rede immer sehr hebt. Das beruhigt ungemein, und da jeder imstande ist, zehn verschiedene Zahlen mühelos zu behalten, so macht das viel Spaß.

Kündige den Schluß deiner Rede lange vorher an, damit die Hörer vor Freude nicht einen Schlaganfall bekommen. (Paul Lindau hat einmal einen dieser gefürchteten Hochzeitstoaste so angefangen: »Ich komme zum Schluß«.) Kündige den Schluß an und dann beginne deine Rede von vorn und rede noch eine halbe Stunde. Dies kann man mehrere Male wiederholen.

Du mußt dir nicht nur eine Disposition machen, du mußt sie den Leuten auch vortragen – das würzt die Rede.

Sprich nie unter anderthalb Stunden, sonst lohnt es gar nicht erst anzufangen.

Wenn einer spricht, müssen die andern zuhören – das ist deine Gelegenheit! Mißbrauche sie.